新訳 道は開ける

D・カーネギー
田内志文＝訳

角川文庫
18853

How to Stop Worrying and Start Living
Dale Carnegie
1948 年版

目次

道は開ける

序文

私がなぜ、この本を書いたのか

三十五年前、まだ若造だった私はニューヨークで不幸のどん底を生きていた。どうやってトラックを運転すればいいのかも知らないのに、暮らしのためにトラックを売っていた。知らなかっただけではない。知りたくもなかった。自分の仕事が嫌でたまらなかった。毎日ゴキブリたちに悩まされながら、西五十六番街にある安アパートで暮らす毎日が、嫌でたまらなかった。今でもよく憶《おぼ》えている。壁にずらりと吊《つる》したネクタイから新しい一本を取ろうと足を踏み出せば、蜘蛛《くも》の子を散らすように床の上のゴキブリたちが逃げて行ったものだ。そして、こちらもおそらくゴキブリまみれだったに違いない安レストランでしか食事のできないような暮らしも、すっかり嫌になっていた。

毎日夜になると、私は片頭痛を抱えて孤独なアパートに帰って来た。失望と不安、苦しみ、そして反骨心が生み出す片頭痛だった。大学時代に描いていたはずの夢がすっかり悪夢へと変わってしまったのだと思うと、反骨心は泉のように湧いてきた。こんなものが人生と呼べるのだろうか？　あんなにも待ちわびたはずの命の冒険は、果たしてこんなものだったのだろうか？　嫌な仕事に追われ、ゴキブリまみれの部屋に住み、安い食事にしかありつけず、将来には何の希望もない。私は好きなだけ読書をし、学生時代に思い描いていたような本をこの手で書きたくてたまらなかった。

仕事をやめたところで失うものは何もなく、得るものばかりであるのは分かっていた。金持ちになることなど私にはどうでもよく、私はただ、満ち足りた人生を送りたいだけだったのだ。ひとことで言うならば私は、若者が誰でも直面する人生の岐路に立っていたのである。だが、そこで下した決断が、私の将来をぐるりと変えることになった。この三十五年間、私は自分でも想い描いてすらいなかったような、幸福で報われた人生を歩むことができてきたのである。

私の下した決断は、こうだ。嫌な仕事はやめる。そして、ミズーリ州ウォレンスバーグの教員養成大学で学んだ四年間の経験を活《い》かし、夜間学校の成人クラスで教壇に立つのだ。そうすれば毎日本を読み、授業の準備をしながら、長編小説でも短編小説でも書くことができる。とにかく「書くために生き、生きるために書く」という人生を私は欲していたのだった。

さて、夜間学校でいったいどんな科目を教えよう？　大学時代を思い返していろいろと考えてみた私は、話術について受けたトレーニングと経験こそが、仕事のうえでも人生でも、これまでもっとも役立ってきてくれたことに気がついた。いったいなぜだろう？　それは、私の人間の小ささと自信のなさとを打ち消し、人と対等にわたりあう勇気を与えてくれたからに他ならなかった。自分の考えを人前ではっきりと述べることができる人物には、自然とリーダーシップが備わってゆくのだということもよく分かった。私はコロンビア大学とニューヨーク大学の夜間公開講座に教師の口を求めたが、残念ながらどちらの大学も、私がいなくても何とかなるということだった。

その返答に私はひどく落ち込んだが、今にして思えば、あれは幸運だったとしかいえない。というのは、それがあったからこそ、その後YMCAの夜間学校の教壇に立つことができたからである。短期間で確固たる成果を求められたことは、非常に大きな挑戦だといえた。教室にやって来る大人たちは、学位や社会的名声を求めて来るわけではない。ただひたすら、自らの問題をどうにかしようと思って来るのである。

誰も彼も、ビジネス・ミーティングで臆《おく》することなく自らの意見を語りたいと願っていた。セールスマンたちは、顧客の自宅周辺を歩き回って勇気を絞り出すような自分とは、おさらばしたがっていた。彼らは自らを成長させ、落ち着きと自信とを身につけたいと願っていたのだ。そうして出世し、家族のためにもっとたくさんのサラリーを持ち帰りたいと。彼らは授業料を分割払いにし、成果がないと思えば払ってくれなかった。給料を固定給ではなく歩合給で貰《もら》っていた私が生活するためには、確実な成果を弾《はじ》き出さなくてはいけなかった。

当時の私はハンデを背負わされて教壇に立っているように感じていたが、今にして思えば、あれこそがかけがえのない訓練になっていた。学生たちにやる気を起こさせ、彼らが自分の問題をクリアする手助けをしなくてはいけなかったのだ。

私は、彼らが続けて教室に姿を見せてくれるよう、どの講義でも彼らの心を揺さぶり続けるために工夫をしなくてはいけなかった。

やり甲斐《がい》のあるこの仕事が、私は大好きになった。驚いたのは、ビジネスマンたちが目を見はるようなスピードで着々と自信を身につけ、昇進し、収入を上げていったことだ。授業は、私の想像を遥《はる》かに超える成功を収めようとしていた。三期を迎えるころには、当初ひと晩五ドル払うことすら渋っていたYMCAは、歩合によりひと晩三十ドルもくれるほどになっていたのだった。講義が始まったばかりのころは話術しか教えていなかったのだが、年が進むにつれて、受講しにくる大人たちには「いかに友人を作るか」「いかに人に影響力を持つか」ということも必要なのだと分かってきた。そこで、ちょうどよい教科書を探してみたのだが見つからないので、自分で書いてしまうことにした。書いたと言っても、ただ普通に書き綴《つづ》ったというわけではない。この本は、授業にやってくる人びとの経験から育ち、花開いていったのである。私はこの本を『How to Win Friends and Influence People（邦題：『人を動かす』）』と名付けた。

書いたのは単純に自分が受け持つ授業のためだけだったし、他に執筆済みだった四冊の本にしたって誰も知らないような有様だったので、まさかベストセラーになるなどとは思ってもいなかった。今生きているなかで、自分の本が売れて私ほどびっくりした著者というのも、珍しいだろう。

さらに年が進むと、そうした大人たちにとってもうひとつ強大な問題があることに、私は気づいた。それは不安である。私のクラスに出席する人びとの大半は、重役やセールスマン、技師、会計士などが占めていたが、そうして業種が多岐にわたっているというのに、彼らの多くは共通の問題を抱えていたのである。クラスには、OLや主婦たちも参加していたが、彼女たちもまったく同じだった。私は、どう不安と闘うかが書かれた教科書を探さなくてはいけなくなった。そこで五番街四十二番通りに立つ大きな図書館へと出向いてみたのだが、驚いたことに、「不安《worry》」という言葉をタイトルに掲げた本は、わずか二十二冊しか見つからなかった。「イモムシ《worms》」についての本は、百八十九冊もあるというのにだ。イモムシに関する本は、不安に関する本の九倍もたくさんあるのである！　こんなことが、あっていいのだろうか？　人間にとって不安が最大の問題のひとつならば、高校や大学で「どう不安と闘うか」が教えられていても、当然なのではないだろうか？

だが、そんなクラスを持っている大学の話など、私は一度たりとも耳にしたことがなかった。デヴィッド・シーベリーは自著『心の悩みがとれる――もっともっと自信をもって生きられる』（三《み》笠《かさ》書房　加《か》藤諦三《とうたいぞう》訳）のなかで「人は、経験のプレッシャーに対してほぼ何の準備もせずに大人になる。本の虫にバレエを踊れというのと同じくらい、無知なままで」と述べている。

その結果、なにが起きているかご存じだろうか？　今や病院のベッドの半数以上は、神経や情動に問題を抱えた患者たちで埋め尽くされているのである。

私はニューヨーク公立図書館の棚に並んだ、二十二冊の不安に関する本を読んでみた。さらに、不安についての本を見つければすべて買い求めてもみた。だが、自分のクラスで使えるような本には一切お目にかかることができなかった。そこで私は、自分で書いてしまうことにしたのである。

この本を書く準備を始めたのは、今から七年前のことになる。まず手を着けたのは、あらゆる時代の哲学者たちが不安についてなにを語っているのかを調べることだ。また、孔子《こうし》からチャーチルにいたるまで、ありとあらゆる伝記という伝記を読みあさった。さらに、ジャック・デンプシー、オマール・ブラッドレー将軍、マーク・クラーク将軍、ヘンリー・フォード、エレノア・ルーズベルト、ドロシー・ディックスなど、各界の著名人たちにも話を聞いた。だが、それは手始めに過ぎなかった。

だが、そうしたインタビューや読書によるリサーチなどより、遥かに重要な準備がある。五年の長きにわたり、自分たちの教室で——不安に立ち向かうための研究所で仕事に取り組んだことである。私の知る限り、この分野に関しては世界初の、そして世界唯一の研究所だ。そこで私たちがしていたことを、ご紹介しよう。まず、不安を乗り越えるためのルールをひと揃い受講生たちに伝えて、それを私生活で実践してもらい、その収穫を授業で話し合ったのである。自分が過去に使った不安対処法を話して聞かせてくれた受講生たちもいた。

この経験を通し、私は人がどう不安を克服したかについて、地上の誰よりも多くの話に耳を傾けてきたと自負している。また、手紙で何百通と送られてきた不安の克服体験談もすべて読んできた。どれも、アメリカとカナダにひろがる全百七十都市で開かれている成人クラスで受賞した体験談ばかりである。つまり、この本に書かれていることは絵空事の類《たぐい》ではないということだ。それに、いかにして不安を克服しえるかなどという、学術書の類でもない。私がこれからお見せするのは、何千という人びとが実際にどうやって不安を克服してきたのかが手短に、そして簡潔に書かれた実際の記録である。本書が実際に役立つ一冊であることには、太鼓判を押そう。どうかじっくりとお読みいただきたい。

この本の中に登場するのは、どこを探しても見つからない偽名や架空の人物たちではない。ごくわずかの例外を除き、名前も住所も記してある。これは嘘偽りない、真実の記録を書いた一冊なのだ。

フランスの哲学者、ヴァレリー《レ》は「科学とは『こうすれば成功する』という確実な方法論《シピ》の集合体だ」と述べている。その言葉を借りるならば、この本はまさしく「不安を克服するための確実な方法論の集合体だ」といえる。だが、憶《おぼ》えておいていただきたい。この本には目新しいことではなく、普段ならば人があまりしないことが書かれている。なぜなら、取り立てて新しいことを学ぶ必要などないからだ。私たちはすでに、どう満ち足りた人生を送ればよいのかを知っている。誰しも黄金律や「山上の垂訓」を読んだことがあるはずだ。私たちにとって問題なのは無知であることではなく、無行動であることに他ならない。この本の目的は太古より語られてきた根本的な真理を再び分かりやすい形で書き直し、あなたが行動に移すことができるよう揺さぶり起こすことである。あなたがこの本を手に取ったのは、ただ単にどんな本なのかを知りたかったからではないはずだ。あなたは、どうすればいいのかを知りたいのだ。

さあ、それでは始めよう。もし最初の83ページまで読んでも、不安を克服し人生を楽しめるようになるための新たなる力やひらめきを得られなかったのならば、ゴミ箱に放り込んでしまっても構わない。この本は、あなたのための本ではなかったということだろう。

デール・カーネギー

九つのヒント――この本を最大限に活かすために

一　もしあなたがこの本を最大限に活かしたいのであれば、どんなルールやメソッドよりも先に頭に入れるべき、とても大事なことがある。これを頭に入れておかないと、どんな原則を学んだところでその力がすべて発揮されることはない。
さて、その大事なこととは、いったい何だろうか？　それは「自分はなにがあっても学び、この不安から絶対に解放された人生を手に入れるのだ」という強い気持ち。それだけである。

その気持ちを育てるには、この本に書かれていることがいかに自分にとって重要なのかを、常に考え続けることだ。そうした知恵により、豊かで幸福な暮らしを生きている自分の姿を思い描くことだ。こう自分に語りかけてみるといい。「心の平穏も、幸福も、健康も、そしてもしかしたら収入さえも、いずれこの本を読むことで変わってゆくはずだ」と。

二　新しい章に入ったら、まずはざっと読んで全貌《ぜんぼう》を把握する。ここで次の章に進みたくなっても、暇つぶしに読んでいるのでなければ、進んではいけない。不安を消し去りたいと思うのならば、また章の頭まで戻って、今度はじっくり読んでいただきたい。長い目で見れば、このほうが時間の節約になり、結果にも結びつきやすいからだ。

三　何度でもページをめくる手を休め、たった今読んだことを熟考してみる。いつどんな場合に、そこに書かれた原則を活用できるのかを考えてみる。焦って先を急ぎながらページをめくるよりも、このほうが遥《はる》かに効果的だ。

四　読むときには赤ペンなり赤鉛筆なりを用意し、「これは自分に役立つぞ」と感じた原則を見つけたら傍線を引くこと。特に重要だと感じた原則などには分かるよう目印をつけておけば、読み進める意欲も高まるし、後で読み返すのもぐんと容易になる。

五　ある保険会社に十五年も勤めているある重役がいた。彼は毎月、自社が発行したすべての保険契約書に目を通していた。毎月毎月、毎年毎年、同じ契約書をずっと読み続けていたのである。なぜだろう？　なぜなら彼は、条項をはっきりと頭に入れておくにはそれしかないと、経験で知っていたからである。

私はかつて二年をかけて話術の本を執筆したが、そんなに入念に考え抜いて書いたというのに、ときおり「あの本には何を書いたろう?」と時間をかけて思い返さなくてはいけなくなる。人間は、驚くほどのスピードで物事を忘れるものなのだ。だから、ひととおりさっと読んだだけでは本書を最大限に活かすことはできないのだということを、頭に入れておいていただきたい。一度じっくりと時間をかけて読んだなら、毎月数時間ほどかけて、内容を振り返ってみるといい。本は、机の上の目に付くところに毎日置いておき、ときおりぱらぱらとめくってみること。いつでも「自分の人生はまだまだずっと豊かなものに、素晴らしいものになるのだ」という気持ちを持ち続けること。こうして振り返り、生活に持ち込み続けることこそが、この本に書かれた原則を習慣化し、無意識に行うことができるようになるための唯一の道だ。他に方法などありはしない。

六

かつて、バーナード・ショーは「人にものを教えても、その人はなにも学ばない」という言葉を残した。これはまさに彼の言うとおりで、なにかを学ぶというのはもっと自発的な行為なのだ。行動によって、人は学ぶ。だから、あなたがもしこの本に書かれた内容を身につけたいと願うのならば、自ら行動の中で試していかなくてはいけない。機会を見つけ、そこに応用してみるのだ。もし行動しなければ、なにを読んでもすぐに忘れてしまう。実際に使った知識だけが、人の心に焼き付くのだ。

たぶん、この本に書かれた原則の数々を常に応用し続けるのは、とても難しいことだろう。なにせ、書いているこの私にすら、すべての原則を活かしきるのは難しいことなのだ。だからあなたにはどうか、「自分は単に情報を得るためにこの本を読んでいるわけではないのだ」という気持ちを持っていただきたい。あなたは、新たな習慣を身につけようとして、今これを読んでいるのだ。あなたは、新しい人生を手にしようとしている。そのためには時間もかかるし、辛抱強さも必要だし、日々の取り組みは欠かせないものなのだ。

七　だから、何度でも本書を見返してほしい。「この本は不安と闘うための手引き書なのだ」と考えていただければいいだろう。もし、避けて通ることのできない問題に出会ったならば、不安に任せてはいけない。思いつきで行動したり、衝動的に道を選んだりしてはいけない。そうした選択は、だいたい間違っている。あなたがすべきことは、この本を開いて自分が傍線を引いた箇所を見直してみることだ。そこに書かれた原則を自分に応用し、その魔力を見届けることだ。

八　もし本書の原則を破ったのが妻に見つかったなら、そのつど罰金を払うこと。お目付役なのだと思えばちょうどいい。

　316ページをめくり、ウォール街の銀行家H・P・ハウエルとベンジャミン・フランクリンが、どうやって自らの過ちを正したのかを読んでみてほしい。この本に書かれている原則をあなたがどのくらい身につけているのかをチェックするのには、このふたりのメソッドを使うのがいい。結果はふたつある。

その一。あなたは、有意義でお金に換えられないことを今自分が学んでいることに気づく。

その二。あなたは自分の中に、不安を追い払い人生を生きてゆく力が、まるで月桂樹の木のように育っているのに気づく。

九　日記をつけること。そして、この本に書かれた原則を応用して成功したならば、それを書き留めておくこと。名前や日付、結果など、すべて具体的に書いておいてほしい。そうした詳細が、さらに大きなあなたの力を呼び起こしてくれるのだ。それに何年もたってひもといたとき、あなたは懐かしくてたまらない気持ちになるだろう。

まとめ

一　不安と闘うための原則を身につけるのだという、深く強い気持ちを持つ。
二　次の章に進む前に、ひとつの章を二回読む。
三　読んで気になることがあれば立ち止まり、「これをどう自分に当てはめられるだろうか」と考えてみる。
四　重要だと思うことには、傍線を引く。
五　毎月この本を読み返す。
六　機会があるごとに、この本に書かれた原則を使ってみる。この本は、日々の問題をクリアするためのハンドブックだ。
七　原則を破ったのが見つかった場合には、その相手に罰金を払うなど、規則を設けて取り組む。
八　どの程度自分が前進したのか、毎週チェックする。自分がどんなミスを犯したのか、どんな進歩をしたのか、未来に向けてなにを学んだのかを自分に訊《たず》ねてみる。
九　日記をつけ、この本に書かれた原則をいつどんなときに使ったのかを記録する。

パート1　そもそも不安とは何なのか

第一章　今日というひと区切りを生きる

一八七一年春、一冊の本に書かれた短い言葉が、ある青年の将来を大きく変えることになった。この青年はモントリオール総合病院の医学生だったのだが、最終試験に合格できるのか、その後どうすればいいのか、どこに行けばいいのか、どう開業し、どう生きてゆくための糧を得ればいいのか、とにかく不安にさいなまれていた。

だが、一八七一年に出会った本の一節により、彼はその世代を代表する最も高名な医師へと登り詰めることになる。かの有名なジョンズ・ホプキンス大学医学部を設立。そして、オックスフォード大学の欽定《きんてい》医学教授になるという、英国の医学者にとってこのうえない栄誉に輝き、さらに国王からナイト《騎士》の称号を与えられたのである。彼の死後、その人生を綴《つづ》った一四六六ページにもわたる上下巻の伝記が出版された。

彼の名を、サー・ウィリアム・オスラーという。では、一八七一年に彼から不安を取り除き人生を導く手がかりとなった、トーマス・カーライルの書いた一節をご紹介しよう。

「我々は彼方《かなた》に霞《かす》んで見えるなにかではなく、今手のひらの上にあるものごとへと目を向けるべきなのだ」

それから四十二年後、チューリップの花がキャンパスに咲く暖かい春の夜のこと。オスラーは、エール大学の学生たちにこう語った。

「四つの大学で教鞭《きょうべん》を執り、有名な本を書いてきた私のような人間を見れば、諸君らは『ああ、あの人の脳は特別製なんだ』と思うかもしれない。だが、それはちがう。近しい友人は、私の脳など極めて平凡で取るに足りないような脳だと言うよ」

では、彼が成功を収めた秘訣《ひけつ》とは、いったい何だったのだろうか？　彼はそれについて「今日というひと区切りを生きる」と言葉にしている。これは、どういう意味だろう？

エール大学で行った講演から遡《さかのぼ》ること数ヶ月。オスラーは大西洋を渡る豪華客船に乗っていた。船長が「急速展開！」と叫んでボタンを押すと歯車の回る音が鳴り響き、すぐさま船体各部の防水壁が閉まり始めた。

「諸君のひとりひとりは、この豪華客船よりも遥《はる》かに長い旅路をゆくことのできる、優れた有機体だ」。オスラーが学生たちに言った。

「私は諸君らに伝えたい。この船旅をより安全確実なものとするために、心の中に『今日というひと区切り』を持ち、それをコントロールする術《すべ》を身に付けるべきだと。ブリッジに乗り込み、大きな隔壁がきちんと働く様子を見守りなさい。ボタンを押せばいついかなるときであろうと、鉄の隔壁が過去を――死んだ昨日を今と隔ててくれる音が聞こえるはずだ。そうしたら今度は別のボタンを押し、まだ訪れぬ明日を今日と隔てるのだよ。そうすれば、今日はまず安全だ！……過去を閉ざしなさい。死んだ過去は埋葬すべきだ。……愚かなる人びとを惨めな死へと追いやる過去など、閉ざしてしまわなくてはいけない。……そして、未来の重荷を過去の重荷と一緒に背負おうなどとしたならば、よろめかずに今日を生きることなどできはしない。過去と同じように未来も、しっかりと閉ざしてしまわなくてはいけないのだ。……未来とは、今日のこと。……明日などという日はありはしないのだからね。我々は、今このときにしか救われない。未来を案じてばかりいたならば、いつまで経ってもエネルギーを浪費し、心をさいなまれ、不安に付きまとわれることになってしまう。……大きな隔壁で過去と未来とを閉ざし、『今日というひと区切りを生きる』という習慣を、諸君たちは育《はぐく》まなくてはいけない」

オスラーが言いたいのは、明日に備える必要など無いということだろうか？　いや、ちがう。そういうことではない。彼が言いたいのは、すべての知恵と情熱とを今日一日に傾けることこそが、明日に備える最上の手段であるということだ。未来への準備とは、そのようにしかできないものなのだ。

オスラーはエール大学の学生たちに、「今日一日のパンをお与えください」と、キリストの祈りから一日を始めるよう促した。

大事なのは、この祈りは今日のパンのためだけの祈りなのだということだ。昨日のパンは腐りかけだったという文句を言っているわけではない。それに「神よ、小麦畑はからからで、このところまた干ばつ続きです。この秋のパンはどうすればいいのでしょう?」「神よ、もし職を失えばどうやってパンを得ればいいのでしょう?」などと言っているのともちがう。

この祈りの言葉が教えてくれるのは、今日のパンのみを求めよということだ。今日のパンはただひとつ、私たちが食べることのできるパンなのだ。

ずっと昔のこと、一文無しの賢人が放浪していた。岩だらけで作物も実らず、人びとが貧しく生きるとある国でのことだ。ある日この賢人は丘の上で人びとに囲まれ、今に至るまで何世紀にもわたって引用され続けることになる言葉を残した。

「だから明日のことなど考えてはいけない。明日の悩みは、明日になれば勝手にやってくるのだから。一日には、一日分の苦労だけで十分なのだよ」

かつて数多《あまた》の人びとが、「明日のことを考えるなかれ」というキリストの言葉を拒絶した。東洋の神秘主義の香りがする、目先しか見ない者の言葉だとして拒絶したのである。人びとは口々にこう言った。

「いや、明日のことを考えずにどうするのだ。家族のことも守らなくてはいけないし、老後に備えて金を貯めなくてはいけない。未来のために計画を立て、用意をしておかなくてはいけないのだ」

間違いない。確かに大事なことだ。実を言うとこのキリストの言葉は三百年以上前に翻訳されたものなのだが、ジェームズ一世統治の当時と現在とでは、言葉の意味合いが変わってしまっている。三百年前は「考え《thought》」という言葉はしばしば「不安」という意味で用いられたのだ。現在の聖書では、この言葉はより正確に「明日に不安を抱くなかれ」と翻訳されている。

もちろん、明日のことは考えなくてはいけない。じっくり考え、計画と備えとをするべきだ。だが、不安を抱いてはいけないのだ。

戦時中、我々の軍を率いていた人びとは、明日のことを考えても、明日に不安を抱くようなゆとりはなかった。米国海軍を率いたアーネスト・J・キング元帥は言った。「私は最高の装備をほどこした最高の兵士たちを用意した。そして、考えに考え抜いた作戦を授けた。私にできるのは、それだけだったからだ」

「もし船が沈められてしまえば、それまでだ」。キング元帥は言葉を続けた。「沈んでゆく船を、指をくわえて見ていることしか私にはできないだろう。昨日のことでくよくよするよりも、明日のために時間を尽くすことこそ最善なのだ。昨日に囚《とら》われてしまったならば、私の命運も長くはないはずだ」

戦時中であろうとなかろうと、よき思考と悪しき思考とのちがいは変わらない。よき思考とは原因と結果とを踏まえ、論理的かつ建設的な計画へと繋《つな》がってゆくものだ。一方、悪しき思考とは、ストレスと神経衰弱へと人を導いていってしまう。

近ごろ、世界でもっとも有名な新聞であるニューヨーク・タイムズ紙の出版者、アーサー・ヘイズ・サルズバーガーに話を聞く機会に恵まれた。彼は、第二次世界大戦の戦火がヨーロッパに広がったのを見て恐れおののき、未来のことを不安に思うあまりほとんど眠れなくなってしまったのだという。夜中に何度もベッドを抜け出し、カンバスと絵の具とを持ち出すと、鏡を見ながら自画像を描こうとしたものだと彼は話してくれた。そして、絵のことなどなにも学んだことがないにもかかわらず、彼は不安をぬぐい去ろうと絵筆を走らせたのである。

氏がようやく不安を打ち消し心の平穏を見出《みいだ》したのは、聖歌『またひと足導き行かせたまえ』と出会い、その言葉を心に刻んでからのことだったという。

導きませ　愛なる光よ……
また一歩踏み出すことが叶《かな》うなら
たとえ道の果てが見えずとも

同じころ、ヨーロッパのある場所で軍服姿の若者がひとり、同じ教訓を学んでいた。メリーランド州バルチモアのニューホルム通りに住むテッド・ベンジャミーノというこの若者は、強い不安にさいなまれ続けたあげく、極度の戦闘神経症を患うことになってしまった。テッド・ベンジャミーノはこう書いている。

「一九四五年四月、不安に押しつぶされ続けた私は、ついに『特発性横行結腸』との診断を医師から申し渡された。強烈な苦痛を伴う病気である。もしあのとき終戦を迎えることができていなければ、私の肉体は間違いなく回復できないほど悪化してしまっていたことだろう。

私は、完全に疲れ果ててしまっていた。私は第九四歩兵師団の下士官として、戦死者処理業務を任されていた。戦闘中に死亡したり行方不明になったり、病院に収容されたりした兵士たちの記録をつけるのが、私の仕事だった。また、同盟国と敵国とを問わず、戦闘で命を落としたまま取りあえず戦場に埋められた兵士たちの亡骸《なきがら》をふたたび掘り起こすのも、私の仕事だった。そして彼らの所持品を揃え、家族や近親者など、その到着を待ちわびている人びとの元へと送り届けるのだ。そんな中、私はいつでも『自分はきっとひどい間違いを犯してしまうのではないか』という恐怖から、不安に付きまとわれていた。任務を成し遂げられるのかと思うと、心配でならなかった。まだ見ぬ一歳四ヶ月の息子をこの手に抱くことができる日が来るのだろうかと思うと、不安でしかたなかった。不安で神経をすり減らせ、私は十五キロも痩《や》せてしまった。今にも頭がどうにかなってしまいそうで、どうしてよいのかも分からなかった。両手を見れば、ほとんど骨と皮のようなありさまだった。このままでは、帰還するころには頭がおかしくなってしまっているのではないかと、恐ろしかった。小さな子供のように泣き崩れ、涙に暮れた。ひとりになるといつでも心がわななき、涙があふれ出した。バルジの戦いの火蓋《ひぶた》が切られてドイツ軍の大反撃が始まってからはずっと泣きどおしで、もう二度と元の自分になど戻れないのではないかとすら感じられた。

やがて私は、軍の医療施設に収容されることになった。そこで軍医から受けたアドバイスで、人生がぐるりと変わることになった。医師は私の身体をくまなく検査した後、問題は精神的なものだと教えてくれたのである。『テッド、人生とは砂時計のようなものだと考えてごらん』。先生が言った。『上半分には、数え切れないほどの砂粒が入っており、ゆっくりと、そして淡々と、細くなった中心部を通りぬけてゆく。もし私や君が、もっと多くの砂を一度に通そうと思ったりすれば、きっと砂時計を壊してしまうことになる。人は誰しも、この砂時計のようなものなんだよ。朝は、今日やるべきことが山ほどあるような気持ちで私たちは目を覚ます。だが一度にひとつずつ、ゆっくり淡々とこなしていくことを忘れてしまえば、私たちの心身の構造もまた、さっきの砂時計と同じように壊れてしまうことになるんだ』

私は、医師からその話を聞いたあの大切な日からずっと、それを実践し続けてきた。『一度に砂をひと粒だけ……。一度に仕事をひとつだけ』。そのお陰で心身ともに無事に終戦を迎えることができたし、その言葉のおかげで仕事でも今の地位を獲得することができた。今はバルチモアの商業信用会社で在庫管理業務を任されているが、そこでも戦時中とまったく同じ問題が起こるのだということを知った。とにかく、やらなくてはいけないことが山ほど一度に積み上がり、しかも時間はごくわずかに限られてしまっているのだ。在庫品の不足、新商品の登場、仕入れの手配、住所の変更や、支店の開店や閉店……とにかくいろいろなことが起こる。『一度に砂をひと粒。一度に仕事をひとつ』。

この言葉を何度も何度も繰り返しながら、私はできるだけ能率的に仕事を片づけようとがんばった。その結果、戦場で味わったようなあの苦しみを味わうことなく、今まで仕事を続けてくることができたのだ」

この現代を語るうえでもっともショッキングなことは、病院に用意されているベッドの半数は、過去と未来とに堆積《たいせき》した重荷の束縛に押し潰《つぶ》され、壊れてしまった、神経症や精神疾患の患者たちで埋まっているということだ。だが、もしキリストの「明日に不安を抱くなかれ」という言葉を胸に留めたり、サー・ウィリアム・オスラーの「今日というひと区切りを生きる」を実践していたりしたならば、彼らのほとんどは今ごろ幸福と充足との日常を送りながら、通りを闊歩《かっぽ》していたにちがいない。

私たちは今この瞬間、ふたつの永遠が交差する狭間《はざま》に立っている。無限に広がる過去と、そしてこれまでに流れてきた時間の端に突き刺さった未来との狭間だ。そのふたつのどちらにも、私たちは生きることができない。一秒たりともである。そして、そこを生きようとすると肉体も精神も破滅に追いやることになってしまう。だからこそ、自分が生きることのできる唯一の時間をしっかり受け止めなくてはいけないのだ。今この瞬間から、今夜眠りに就くまでの時間を。

「荷物がどんなに重くとも、日暮れまでならば私たちは運ぶことができる」。ロバート・ルイス・スティーブンソンはそう書いている。「一日だけならば、人はどんなにつらい仕事でも成し遂げることができる。日没までならば誰でも、暖かく、辛抱強く、愛情豊かに、純粋に生きることができる。人生の持つ真の意味とは、そういうものなのである」

そう、人生が私たちに求めるものはそれだけなのである。だが、ミシガン州サギノーのコート通りに住むE・K・シールズ夫人は絶望に駆られ、自殺する寸前になってようやく、就寝までを生きるのだということを学んだのだった。彼女は、私にこう語ってくれた。

「一九三七年に、私は夫を亡くしました。本当にひどく落ち込んだうえに、ほとんど一文無しになってしまいました。そこで、以前働いていたカンサス・シティのローチ・フォーラーという会社の社長であるレオン・ローチさんに手紙を書き、復職させてもらいました。以前は地方や都市部の学校を相手に、本を売ることで生計を立てていたのです。車は、その二年前に夫の病気が分かったときに売り払ってしまっていました。ですがなんとかお金を掻《か》き集めて中古車を一台買い、それでまた本の販売を始めたのです。

仕事に戻れば憂鬱《ゆううつ》からも解放されるはずと思っていたのですが、ひとりで運転し、ひとりで食事をする孤独感は、とても耐えられるものではありませんでした。それにあまりお金にならない地域もあり、車のローンを払うのもひと苦労といった有様だったのです。

一九三八年の春、私はミズーリ州ヴァーセイルズで仕事に出ていました。学校はお金を持っておらず、道路もひどいものでした。とても孤独で勇気もくじけ、あるときなどは自殺すら頭に浮かんだほどです。成功することなど、とてもできないと感じました。生き甲斐《がい》が、もうなにも無かったのです。毎朝目を覚まして人生と向き合うのが、嫌でたまりませんでした。怖いものだらけだったのです。車のローンも、家賃も、食費のことも、怖くてしかたありません。健康が衰えてゆくのも、病院に行くお金が手元にないのも、怖いことでした。私を自殺から引き留めていたのは、姉を悲しませたくないという思いと、死んだところで葬儀代すら出せないという気持ちだけでした。

　そんなある日、私を失意の淵《ふち》から引き上げ生きてゆく勇気を与えてくれるある文章と出会ったのです。そこに書かれていた目の覚めるような一文には、感謝の気持ちを忘れたことがありません。そこには、こう書かれていました。『賢者には毎日が新たなる人生である』と。私はそれをタイプライターで打ち出すと、運転中にいつでも目につくよう車のフロントガラスに貼り付けました。そして、一度に一日ずつを生きるだけなのであればそれほど大変ではないのだということに気づいたのです。昨日を振り返らず、明日のことを考えないということを学んだのです。毎朝、私は自分に『今日は新しい人生よ』と言い聞かせたものです。

　そうして私は孤独への恐怖から、求めることへの恐怖から解放されることができました。今は幸福ですし人生も上々で、気力と人生への愛で溢《あふ》れています。もう人生の恵みを見失い、恐れるようなことは二度とないでしょう。未来を恐れることなどないのだと、今は分かるのです。なぜなら、一度に一日ずつ生きてゆけることも、『賢者には毎日が新たなる人生である』ことも、私は知っているからです」

次の詩を書いたのが誰なのか、あなたはご存じだろうか？

幸福なる者とは

今日という日を我がものと呼べる者なり

「今日を生きたなら、明日は好きなだけ悪をなそう」

そう恐れず口にできる者なり

今書かれたと言われても、おかしくない詩ではないだろうか？　だがこれはイエス生誕の三十年もの昔、ローマの詩人ホラティウスが書いたものなのだ。

私の知るかぎり人類最大の悲劇とは、誰もが生きることを先延ばしにしてしまうことである。誰もが、今日窓の外に咲く薔薇《ばら》の花ではなく、遥《はる》か地平に咲き乱れる幻の薔薇の園を夢見てしまうのだ。

なぜ私たちはそれほどまでに――呆《あき》れるほどに愚かなのだろう？

「人生とは、なんとおかしな進み方をするものなのだろう？」。スティーブン・リーコックは語る。「子供たちは『大きくなったら』と言う。そして大きくなれば『大人になったら』と言う。それからやがて大人になれば『結婚したら』と言い、結婚したならしたでまた前言をひるがえし『定年を迎えたら』と口にする。そして、いずれ定年の日を迎えてふと振り返れば、そこには冷たい風が吹いているばかりで、すべてを逃し、失ってしまった後なのだ。そうして手遅れになってしまってから、『人生とは生きることの中に、目の前の一日、一時間の中にあるものなのだ』ということに気づくのだ」

デトロイトの故エドワード・S・エヴァンズはあわや自殺の寸前にまで自らを追い込んでようやく「人生とは生きることの中に、目の前の一日、一時間の中にあるものなのだ」ということに気がついた。エヴァンズが生まれて初めて得た仕事は、新聞売りであった。次に食糧雑貨店の店員へと転職すると、やがて七人の家族を養うために、彼は図書館の司書補になる。給料は少なかったが、どうしてもその仕事を捨てる思い切りが彼にはつかなかった。ようやく思い切って自ら事業を始めたのは、それから八年が過ぎてからのことだ。独立した彼は、借金をして得た五十五ドルを元手に始めた仕事で、年間二万ドルを売り上げるほどの成功を収めるまでになった。だが、そこへ強烈な不況が訪れた。彼は友人のために多額の手形の保証人となったが、この友人が破産してしまったのだった。

不幸は続けざまに降りかかった。彼が全財産を預けていた銀行が倒れたのである。彼は一文無しになったばかりか、そのうえ一万六千ドルもの借金を背負わされることになった。神経は、すっかり参ってしまった。

「眠ることも食べることもできませんでした」と、彼は私に話してくれた。「本当にどうしようもなく病んでしまったのです。取り巻く不安のせいで、病気になってしまったのです。ある日は通りを歩いているときに、意識を失い舗道に倒れてしまいました。もう歩くことができませんでした。ベッドに寝かされ、体はうだるような高熱に冒されていました。この高熱に体じゅうをむしばまれ、寝ているだけでも堪え難い苦痛でした。日々、私は弱ってゆく一方でした。そしてついに医師から、余命はあと二週間しかないと告げられてしまったのです。ものすごいショックでした。私は遺言書を作ると、ベッドの中で死を待ちました。あがいたり、思い悩んだりしたところで、どうしようもないのです。そう思うと妙に気が楽になり、私は眠りに落ちました。それまでは、続けて二時間と眠れたことは何週間もありませんでした。ですが、死を逃れられないと悟るやいなや、私は赤ん坊のように眠り続けることができたのです。絶望的な気持ちも消えていき、食欲も戻り、そげ落ちていた肉も戻りはじめました。

何週間か経つころには松葉杖《まつばづえ》をついて散歩ができるほどになり、六週間後には仕事への復帰も果たすことができました。かつては年に二万ドルを稼いでいましたが、週に三十ドルの仕事でもとても幸せでした。新しい仕事は、船で輸出されてゆく自動車のタイヤにかませるためのブロックの販売でした。私は学んだのです。もう不安など必要ないのだということを。過去を悔やむことなど必要ないのだということを。将来を不安に思うことなどなにもないのだということを。私はブロックを売ることに、時間とエネルギーと心とを注ぎ込み続けました」

エドワード・S・エヴァンズは、みるみる成功を収めていった。数年後、彼は長年にわたってニューヨーク株式市場に上場されたエヴァンズ・プロダクト社の社長に就任する。そして一九四五年にこの世を去るころには、アメリカでもっとも進歩的なビジネスマンのひとりとなっていたのである。グリーンランドへと飛行機で渡れば、彼らの名を冠したエヴァンズフィールド飛行場へと着陸する。

もしエドワード・S・エヴァンズが、不安を抱くのがいかに無駄なことなのかを知らず、一日という区切りを生きる道を知らずにいたとしたならば、ビジネスでも私生活でも、彼がこれほどの成功を収めることは、決してあり得なかっただろう。

キリスト誕生の五百年前、ギリシャの哲学者だったヘラクレイトスは弟子たちに「ただひとつだけ、変化しないものがある。それは『すべては変化する』という法則である」と話して聞かせた。「同じ川に二度足をひたすことは、誰にもできないのだ」と。川は絶え間なく変わり続けている。そこに足をひたす人間にしても、それは同じことだ。人生とは、絶え間なき変化である。唯一確かなのは、今日という日だけなのだ。そのたゆまぬ変化の先にある未来の問題を解こうとしたり、誰にも予期できない不確かな未来に頭を悩ませたりしたところで、いったい何の意味があるだろう?

古代ローマに、「その日を摘め《carpe diem》」という言葉がある。「今日を楽しめ」もしくは「今日を生きよ」という意味だ。今日を生き、存分に味わい尽くすことが大事なのだ。

ローウェル・トマスの哲学を紹介しよう。先日、私は週末を彼の農場で過ごしたのだが、そのときふと、目立つよう放送室の壁に『詩篇』百十八を飾った額縁がかけられているのに気がついた。

この一日は主の作られたもの。この恵みを喜ぼう。

ジョン・ラスキンは、ひとこと「今日」と刻まれた石ころを、自分の机の上に置いていた。私は石ころこそ置かないが、毎朝ひげそりに使う鏡に、ウィリアム・オスラーがいつでも机に置いていた一篇の詩を貼っている。インドの有名な戯曲家、カーリダーサの詩である。

夜明けへの言葉

今日をごらん！
それこそが命、本当の命だよ

その短き道に
すべての真実と現実とが横たわる
成長の喜びと
道を歩む栄光と

そして歩みきることの素晴らしさ

昨日はただの夢であり
明日《あした》とはただの幻想のこと
だが今日をちゃんと生きれば昨日は幸福な夢となり
明日は希望の幻想になる

だから今日をしっかりと見てごらん！
この言葉とともに夜明けを迎えよう

不安というものについて憶《おぼ》えておくべき第一のルールは「不安を人生から追い払いたいのなら、サー・ウィリアム・オスラーを見習いなさい」ということだ。

鉄の扉で過去と未来を閉ざし、今日というひと区切りを生きる

次に挙げる質問を自らに問いかけ、その答えを書き出してみることを、私はおすすめしたい。

一 自分は未来への不安に頭を悩ませたり、「はるか地平に咲き乱れる幻の薔薇の園」

を夢想して、今を生きることを先延ばしにしてはいないだろうか？

二　もう過ぎ去ってしまった過去のできごとにくよくよし、今という現実を曇らせてしまってはいないだろうか？

三　「今日を生きる」という決意とともに目を覚まし、一日を精一杯生きようとしているだろうか？

四　今日というひと区切りを生きれば、もっと人生を豊かにすることができるのではないだろうか？

五　いつ始めればいいのだろう？　来週だろうか？　明日だろうか？　それとも今日だろうか？

第二章　不安を取り去る魔法の公式

あなたは、この本をずっと先まで読むよりも、今すぐ確実に不安を解消できる方法を知りたくて、うずうずしてしまってはいないだろうか？

それでは、空調産業を立ち上げた天才技師であり、現在はニューヨーク州シラキュースにて世界的に有名なキャリア・コーポレーションの社長を務めている、ウィリス・H・キャリア氏が用いたメソッドをご紹介しよう。不安を解消するための最高のテクニックのひとつであるこのメソッドを彼から教わったのは、ニューヨークの技師クラブにてふたりで昼食を食べていたときのことだった。キャリア氏が言った。

「まだ若かったころ、私はニューヨーク州バッファローにあるバッファローフォージ・カンパニーという会社に勤めていました。ある日、ミズーリ州クリスタルシティにあるピッツバーク・プレートグラスという会社から、ガス浄化機を取り付けてほしいという依頼を請けました。ガスから不純物を取り除き、エンジンの損傷を防ぐための機械です。このガス浄化法は新しい技術でした。それまでに行ったテストは一度だけ――それも、違った状況下でのことです。ミズーリ州クリスタルシティで業務を始めると、予想もしていなかったトラブルに見舞われました。動作するにはしたのですが、私たちが保証していたほどの効果を発揮してくれなかったのです。

その失敗を受け、私は呆然《ぼうぜん》としてしまいました。まるで誰かに頭をぶん殴られたかのようなショックで、胃がきりきりと痛んでたまりませんでした。しばらくは、それが不安なせいで不眠症になってしまったほどです。

やがてふと我に返った私は、不安を抱いてもなにも改善などされないのだという当たり前のことを思い出しました。そこで、不安を忘れて問題と取り組む方法を見つけ出したのです。この方法は、実に効率的でした。今でもこの抗不安メソッドを、私は三十年以上にわたり使い続けています。

内容は三つのステップからなり、とてもシンプルで、誰にでもできます。

まずステップ一。恐怖心を棚上げして『最悪の場合どんな失敗が起こりえるのか』ということを、ありのまま検討してみることです。牢《ろう》に入れられたり、撃ち殺されたりするようなことは、まずあり得ません。ですが、役職を追われることはあるかもしれませんし、会社がこの機械を却下して二万ドルの投資を無駄にしてしまうかもしれません。

ステップ二。起こりえる最悪の事態を想定したら、今度は必要ならばそれを受け入れる決意をすること。私は自分に『もしこの仕事で失敗すれば経歴に傷が付き、もしかしたら職を失うことになるかもしれない。だが、もしそうなったとしても、私には新たな職を得ることができる』と言い聞かせました。確かに、条件はとても悪くなってしまうかもしれません。ですが、会社はどうでしょう？　会社はガス浄化の新方式を実験していることが分かっているわけですから、たとえ二万ドルがかかったとしてもそれは負担できる金額でしょう。実験の必要経費としてしまえばいいのです。

そうして最悪の事態を想定し、必要ならば受け止めようと気持ちを固めてしまうと、あるとても重要な変化が私に起こりました。ぱっと力みが抜け、しばらく感じたことが無かったような心の平穏が訪れてくれたのです。そのときから、私の思考はしっかり働きはじめたのです。

ステップ三。そこからは、心で受け止めた最悪の事態を改善すべく、落ち着いて時間と労力とを注ぎ込むことです。

そこで私は、いったいどうすれば今直面している二万ドルの損失を回避できるのか、その方策を模索しはじめました。そしていろいろと試算してみた結果、あと五千ドルの設備投資を追加すれば問題が解決できることを発見したのです。これを実践してみると、会社は二万ドルの損失どころか、一万五千ドルの利益を出すことに成功しました。

もしあのまま不安に囚《とら》われていたなら、きっとそうはいかなかったでしょう。不安とは、人から物事に集中する力を奪ってしまう最大の敵だからです。不安でいると考えがあちらこちらへ飛び回り、私たちは決定力を失ってしまいます。ですが無理にでも最悪の事態と向き合いそれを精神的に受け入れてさえしまえば、ぼんやりとした不安をすべて消し去り、集中して問題に取り組むことができるようになるのです。

私がそのことを実感したのはもうかなり昔のことですが、とにかくあまりに効果を発揮してくれたので、未《いま》だにそのメソッドに頼り続けているわけです。結果的に私は、不安とはほとんど無縁の人生を送ることができるようになりました」

さて、ウィリス・H・キャリアの編み出した魔法の公式は、なぜそれほどまでに心理的に有効かつ実践的なのだろう？　それは、不安でいるかぎり私たちを取り囲み視界を奪い去ってしまう黒雲の中から、私たちを引き上げてくれるからに他ならない。私たちの両足を、しっかりとこの大地に根付かせてくれるからだ。私たちは、自分がいったいどこに立っているのかが理解できる。もし足下を支えてくれる大地がなかったとしたら、物事をしっかり考えることなどとてもできはしない。

応用心理学の父ウィリアム・ジェームズ教授が亡くなり、三十八年になる。だがもし彼がまだ生きていてこの魔法の公式の話を聞いたなら、間違いなく心から賛同することだろう。それは、彼が自らの生徒たちに語った話からも明白だ。

「物事をありのままに受け入れなさい」と彼は言った。というのは「……目の前の事実を受け入れるということは、あらゆる不幸な状況を乗り越えるための最初のステップ」だからだ。

中国の思想家である林語堂《りんごどう》も同じように、ベストセラーとなった自著『生活の発見』（角川文庫　阪本勝《さかもとまさる》訳）の中で「本当の心の平穏とは、最悪の事実を受け入れるところから生まれる。これは心理学的にいえば、エネルギーの解放であると私は捉《とら》えている」

と述べている。

そう、これはまさにエネルギーの解放なのだ！　最悪の事態を受け入れてしまえば、私たちはもうなにも失うものがない。それはつまり、あとは上ってゆくだけということなのだ！　ウィリス・H・キャリアの言葉を思い出してみよう。「ぱっと力みが抜け、しばらく感じたことが無かったような心の平穏が訪れてくれたのです」。そして彼は、こう続けた。「そのときから、私の思考はしっかり働きはじめたのです」。

深く納得する言葉ではないだろうか？　だというのに、自らの苦境を受け入れることを拒み、状況を改善することを拒み、瓦礫《がれき》の中から大事なものを掘り出すことを拒み、そうして怒りと苦しみの中で人生を破滅へと追いやってしまった人びとは数限りなくいるのである。自らの運命を再構築しようともせず苦難と取っ組み合いを続け、鬱病《うつびょう》という苦しみの淵《ふち》の犠牲者となってしまったのだ。

では、ウィリス・H・キャリアの魔法の公式を自らの抱えた問題へと応用した人びとは、どうしただろう？　私の授業を受けに来ていた、ニューヨークのとある石油業者の話をしよう。

「私はゆすられていたんです！」。彼の第一声はこれだった。「そんなことは映画の中の話だとばかり思っていたし、自分の身に降りかかることがあるとは思ってもみませんでしたが、本当にゆすられていたんです！　ことの顚末《てんまつ》はこうです。私が社長を務めていた石油会社は、たくさんの配達トラックと運転手を抱えていました。当時は価格管理局《OPA》

の規則がとにかく厳しく、石油が配給制だったせいで、ひとつの顧客に配達できる量は限られていました。ですが私の知らないところで一部の運転手たちが得意先への配達量をちょろまかし、余った分を自分の客に売りさばいていたんです。

私が初めてその横流しのことを知ったのは、ある日政府の調査官がやってきて私に口止め料を要求してきたときのことでした。彼は運転手たちの不正の証拠となる書類を手に、もし払わなければこいつを地区検事局に持ち込んでやると言ったのです。

もちろん、私自身が咎《とが》めだてをされるいわれがないことは分かっていました。ですが同時に法律では、会社は従業員の行動に対して責任を負わなくてはいけないことになっているのも理解していました。それだけではありません。もしこの不正が法廷へと持ち込まれて新聞紙面に躍ったりすれば、間違いなく悪評が立って会社はおしまいです。父が二十四年前に立ち上げたその会社は、私にとって誇りだったのです。

不安のあまり、私はすっかり病んでしまいました。三日三晩、食事も睡眠もできなかったのです。ぐるぐるとどうしようもないことばかり考え、頭がおかしくなってしまいそうでした。言われるがままに五千ドルを支払うか、好きなようにしやがれと突っぱねてやるべきなのか。どちらに決めても、待っているのは悪夢です。

ところが日曜日、カーネギー・クラスの話術の授業でもらった『不安を取り払うには』というブックレットを、ふと手に取ってみたのです。読み始めると、ウィリス・H・キャリア氏のエピソードが目に留まりました。『最悪の事態と向き合え』ってね。

そこで私は自分に問いかけてみたんです。『もし自分が金を払わず、あの脅迫者が書類を地区検事局に持ち込んだらどうなるだろう？』とね。

答えはこうでした。最悪の場合、会社がつぶれてしまうことになるだろう。だけど、牢屋にぶち込まれるわけじゃない。風評で私がずたずたにされて終わりです。

そこで、今度はこう問いかけました。

『よし、仕事はだめになる。それは受け入れよう。次はどうなる？』

会社がつぶれるのだから、私は仕事を探さねばならなくなります。これはまあ、無理ではありません。私は石油のことを熟知していますし、私を欲しがる会社もいくつか見つかるでしょう。そう思うと、胸が軽くなってきました。三日三晩続いた憂鬱が、うっすらと晴れてゆくのを感じました。すると気持ちが落ち着き……自分でも驚いたのですが、思考が働きはじめたのです。

そこで私はステップ三に移り、最悪の事態をどう改善させるかを考えてみました。解決法を考えていると、それまでまったく気づかなかった角度から物事が見えてきました。自分の弁護士に事情をすべて話せば、私には思いつかなかった道を見つけてもらえるのではないかと思ったのです。そんなこと最初から考えろと思われるかもしれませんが、思いつくわけがありません。私はなにも考えず、ただ不安を転がしていただけだったのですから！　私はすぐに朝いちばんで弁護士に会うよう心を固めると、そのままベッドにもぐり込んで泥のように眠りました。

結末ですか？　弁護士は話を聞くと、地区検事局に行って洗いざらいすべて話してくるよう私に言ったんです。そのとおりにしました。返って来た言葉を聞いて、私は思わず耳を疑いました。なにせ、ここ数ヶ月にわたり同じような脅迫事件が相次いでおり、政府の調査官だと名乗ったあの男は、警察に指名手配されている容疑者だというではありませんか。自分が三日三晩もの間プロのゆすり屋に五千ドルを渡すかどうか悩んでいたのだと思うと、どっと体の力が抜けてしまいました。

この経験を通して、私は人生の教訓を学びました。今では、不安でたまらないような問題にぶち当たったら、まず『ウィリス・H・キャリアの公式』に当てはめるようにしています」

ウィリス・H・キャリアがクリスタルシティのガス浄化機の一件で頭を悩ませていたのと同じころ、ネブラスカ州ブロークンボウでもひとりの男が遺言状を書こうとしていた。名前をアール・P・ヘイニーというこの人物は、胃《い》潰瘍《かいよう》を患っていた。彼は潰瘍の権威を含め三人の医師たちから、手の施しようがないと宣告を受けていた。医師たちは、「あれを食べるな、これを食べるな」「不安や焦りに駆られず落ち着きなさい」と指示するだけに留《とど》まらず、遺言状を書くよう彼に申しつけたのである。

ヘイニーはこの潰瘍のせいで、高給の保証された仕事を追われてしまっていた。もはやすることも失い、未来への希望も失い、ただ死の訪れを待つばかりだったのだ。

そこで彼は、目を見張るようなものすごい決断をする。「どうせ大して長く生きることができないんだから、最大限に楽しんでやろうと思ったんです。ずっと、死ぬ前に世界一周旅行をしてみたいと思っていました。その夢を叶《かな》えるならば今しかないと、そう感じました」。彼は思い立つやいなや、すぐにチケットの手配をした。

医師たちはそれを聞くと色めき立った。「そんなことはさせられませんよ。旅になど出たら、海に葬られるのがおちというものです」

「いいや、そうはいきませんとも」。彼は答えた。

「私は家族たちに、ネブラスカ州ブロークンボウにある家族の墓に入ると誓ったんです。なんなら、棺桶《かんおけ》を買ってそれを持って行きましょう」

彼は言葉どおりに棺桶をひとつ買うとそれを船に積み込み、もし航行中に絶命するようなことがあれば、それを自分ごと冷凍庫にしまい込んで、帰港するまで保管する約束を取り付けてしまった。そうして彼は、ペルシアの詩人ウマル・ハイヤームのような決意を胸に旅立ったのである。

ああ、使えるものすべてを使いきるがよい
その身がすべて塵《ちり》となってしまう前に
塵は塵の中に、そして塵の下に横たわる
葡萄《ぶどう》酒もなく、歌もなく、詩人もなく、そして終焉《しゅうえん》もなく！

だが、彼の世界一周旅行は「葡萄酒なき旅路」とはならなかった。「ハイボールも長い葉巻も、好きなようにやりました」。ヘイニー氏が私に宛てた手紙には、そう書かれていた。

「命を落としかねない未知の国の食べ物まで、あらゆるものを食べ尽くしました。あんなに楽しかったことが、それまでどれだけあったでしょう！　ひるんだりすればそれこそ棺桶入りになりかねないような季節風や台風の中にだろうと飛び込んだものですが、私は心の底からそんな冒険を楽しんでいたのです。

船ではゲームをし、歌を唄《うた》い、友だちを作り、好きなだけ夜更かしもしました。やがて中国やインドを見て回ると、貧困と飢餓のはびこる東洋の国々を思えば、私が直面していた仕事のトラブルなどは天国のようなものだったのだと心で分かったのです。無意味な不安など吹き飛んでしまい、心が軽くなっていきました。やがてアメリカに帰国するころには体重が四十キロも増えていました。自分が胃潰瘍を患っていたことなど、すっかり忘れかけてしまっていたほどです。あんなに気分がよかったことなど、人生で一度たりともありませんでした。私は棺桶をさっさと元の葬儀屋へと売り飛ばすと、仕事へと舞い戻りました。それからというもの、病気などまったくせずにぴんぴんしています」

当時のアール・P・ヘイニーは、ウィリス・H・キャリアの抗不安メソッドのことなど耳にしたこともなかった。近ごろ、彼がこんなことを私に話してくれた。

「ですが、今は分かるんです。あのとき私は、まったく同じ原則を実行していたのだとね。死という訪れえる最悪の事態を受け入れ、自分を見つめ直したんです。そして、この世を去る前に目の前の人生を最大限に楽しみ、よきものにしてやろうとしたんです。もし船の上でも相変わらず不安にさいなまれ続けていたら、まず間違いなく棺桶に入って帰国するはめになっていたことでしょう。ですがすっかりリラックスし、私は忘れてしまったんです。そのときの心の平穏が、この命を救ってくれた新たなエネルギーを生み出してくれたのです」（アール・P・ヘイニーは現在、マサチューセッツ州ウィンチェスターの自宅で暮らしている）。

さて、二万ドルの契約を抱えたウィリス・H・キャリアを救い、脅迫されていたニューヨークのビジネスマンを救い、命の危機に立たされていたアール・P・ヘイニーを救ったこの魔法の公式。これはあなたが抱えた問題の答えではないだろうか？　あなたが諦《あきら》めているいろいろな問題を、解決へと導いてくれるものではないだろうか？

では、第二のルールをお伝えしよう。もし不安を抱えているなら、ウィリス・H・キャリアの魔法の公式にしたがい、次の三つをしてみること。

一　「最悪の場合、どんなことが起こりえるか？」と自分に問いかける。

二　必要ならば、それを受け入れる覚悟をする。

三　落ち着いて、最悪の事態を改善してゆく。

第三章　不安は人を食いつぶす

不安と闘う術《すべ》を知らないビジネスマンは
若くして死ぬことになる

アレクシス・カレル博士

以前、ある隣人が私の自宅の呼び鈴を鳴らし、家族で天然痘の予防接種を受けるよう勧めてきたことがあった。当時は彼のように隣人たちを訪ねて回っているボランティアの人びとが、ニューヨークじゅうに何千人といたのだ。おののいた人びとは、一刻も早く注射を受けようと何時間も列に並んで自分の番を待った。予防接種はすべての病院だけではなく、消防署、警察署、工場などでも受けることができた。二千人にものぼる医師や看護師たちが、夜も昼もなく人びとに予防接種を施していたのである。いったい何が、この大騒動の引き金になったのだろう？　ニューヨークでは八人が天然痘にかかり、そのうちふたりが命を落としていた。およそ八百万人の人口のうち、ふたりである。

今、私はニューヨークに居を据えて三十年以上になるが、不安という精神疾患――過去三十七年にわたり、天然痘の一万倍にものぼる被害を出してきた病である——に気をつけるよう警告しに来た隣人は、ひとりもいない。

現在、全米の十人にひとりが、主に不安や情緒的葛藤《かっとう》の起因する神経衰弱に苦しんでいるというのに、それを誰も警告しようとはしないのである。だから私はあなたの呼び鈴を鳴らして警告しようと、今この章を書いているのだ。

ノーベル生理学・医学賞を受賞したアレクシス・カレルの言葉に「不安と闘う術を知らないビジネスマンは、若くして死ぬことになる」というものがある。これはビジネスマンのみならず、主婦も獣医もれんが職人も同じである。

数年前、私はサンタフェ鉄道病院の医療部長であるO・F・ゴウバー博士とともに、テキサスからニューメキシコまでの自動車旅行に出た。メキシコ湾・コロラド・サンタフェ病院協会において医長の肩書きを持つ人物である。不安が人に及ぼす影響について話しているとき、博士がこんなことを言った。

「恐怖と不安とを捨てることができれば、病院を訪れる患者の七割は、自己治癒することができる。これは、彼らの病気が幻だという話ではないよ。虫歯と同じく本物の病気だし、ときにはその百倍も深刻な場合だってある。私のいう病気とは、たとえば神経性消化不良、胃潰瘍、不整脈、不眠症、偏頭痛、あとはあらゆる麻痺《まひ》症状の類《たぐい》のことだよ。

そうした病気は現実のものだし、それはまず間違いないことだ。この私も、胃潰瘍に十二年間も苦しめられた経験があるのだからね。

恐怖は不安を生み出す。不安に冒されれば人は気持ちを張り詰めさせ、神経をとがらせてしまうが、そのため胃の神経に起こった変化によって胃液に異常が引き起こされ、それがしばしば胃《い》潰瘍《かいよう》の原因になるんだ」

『神経が起こす胃のトラブル』の著者、ジョセフ・F・モンタギュー医学博士も、「胃潰瘍は、あなたの食べ物が起こしているのではない。あなたを食い物にするなにかが起こしているのだ」と、ほとんど同じことを言っている。

また、メイヨー・クリニックのW・C・アルバレス医師は「潰瘍の症状は情動的ストレスの程度によって左右される」と話しているが、この発言はメイヨー・クリニックで胃病の治療を受けた、一万五千人の患者たちのデータに裏付けられている。実際に胃病を抱えている患者の五人中四人には、なんの身体的要因も見当たらなかったのだ。恐怖、不安、嫌悪、極度の利己性、そして現実世界への適応能力の欠如。往々にしてそうしたものが、胃病や胃潰瘍を引き起こす原因になっていたのである。胃潰瘍は、致死性の病気だ。ライフ誌によると、現在では死因となる疾病の第十位に数えられているのだという。

最近私は、メイヨー・クリニックのハロルド・C・ヘイバイン博士と手紙でやり取りした。彼はアメリカ産業医師会連盟の年次集会で、自らが行ってきた総勢百七十六名、平均年齢四十四・三歳の会社重役たちに関する調査結果を発表した。すると、彼らのうち三分の一を上回る人数に、緊張の続く生活特有の疾患――心臓病、消化器系潰瘍、高血圧——が見受けられた。四十五歳にもなっていないというのに、重役たちの実に三分の一以上が、そうした疾患を抱えたまま仕事をしているのである。なんと高い代償だろう！　さらに、その代償を支払っても、まだ成功は手に入らないのである！

考えてもみてほしい。胃潰瘍という代償を、心疾患という代償を仕事のために支払い、手に入れたものを成功などと呼ぶことができるだろうか？　たとえ世界をまるごと手に入れたとしても、人は一度にひとつのベッドでしか眠れず、一日に三食しか食べることができないのだ。それならどんな権力を持つ重役などよりも労働者のほうが、ゆっくり眠り、好きなものを食べ、人生を謳歌《おうか》しているとしか思えない。私だって、鉄道会社や煙草会社を経営するために四十五歳で体を台無しにしてしまうくらいなら、アラバマあたりでバンジョーでも弾きながら、農家をしていたほうがいい。

煙草といえば、世界有数の煙草生産者が短い保養を取るために訪れたカナダの森で心臓発作を起こし、死亡した。一大帝国を築き上げた末に、わずか六十一歳で死んでしまったのである。彼は何年という人生を、ビジネスで成功を収めるために犠牲にしてしまったのだった。

私が思うに、巨万の富を築き上げたこの煙草王の人生は、八十九歳のときにミズーリ州で死んだ私の父の人生の半分も成功したとはいえない。父が文無しであったにもかかわらずだ。

有名なメイヨー兄弟は、アメリカ全土の病院のベッドは、半数以上が神経系の疾患を患う人びとで埋められているのだという。だが死亡した患者の検視時に現代科学の粋を究めた高性能顕微鏡で覗《のぞ》いてみると、彼らの神経はほとんどの場合、かのボクシング王者ジャック・デンプシーのそれと同じくらい健康だったのだ。彼らの抱える神経疾患は身体的な理由で引き起こされたのではなく、無力感やフラストレーション、不安、心配、恐怖、敗北感、絶望感といった、精神的なものが原因になっているのだ。プラトンが、こんなことを言っている。「医師の犯す最大の過ちとは、心を癒《いや》さず肉体だけを治療しようとすることだ。精神と肉体とは、切り離して考えられるようなものではない」

医療科学がこの偉大なる真実に気づくまで、実に二千三百年もの年月がかかってしまった。現在私たちは心身医学と呼ばれる、精神と肉体を同時にケアするための新たなる医学的分野を開拓しつつある。今こそ、それを成し遂げるべきときなのだ。現代医学はもう、かつて数え切れない人びとを死にいたらしめてきた天然痘、コレラ、黄熱病などの細菌性の病を克服してきた。だが、細菌ではなく感情――不安、恐怖、憎悪、フラストレーション、絶望――によって引き起こされる精神と肉体の崩壊には、ずっと太刀打ちすることができなかった。こうした心の病による死者はどんどん数を増やしながら広がっていってしまっているのだ。

医師たちの研究によると、存命中のアメリカ人の二十人にひとりは、人生に一度は精神疾患により入院するのだという。第二次世界大戦時に召集された若者たちの六人にひとりは、精神疾患により兵士として不適合と見なされ、家に帰されたのだそうだ。

しかしいったいなにが、心の病を引き起こしているというのだろう？　その答えは、まだはっきりと出てはいない。だが、恐怖と不安とが原因となってその多くを引き起こしているというのは、とてもありえる話だ。不安にさいなまれて潰《つぶ》され、現実へと立ち向かう気力を失って周囲と自分とを断絶してしまった人は、自分で創り上げた夢の世界の中に引きこもり、そうして不安を追い払おうとする。

今、これを書いている私の机には、エドワード・ポドルスキーの『不安を捨てて元気になれ』が置かれている。この本の章タイトルをいくつか紹介しよう。

不安が心におよぼす影響
高血圧は不安が増進させる
不安はリウマチの原因になりえる
不安を捨てて健康な胃を
不安は風邪を引き起こす
不安と甲状腺《こうじょうせん》
不安を抱く糖尿病患者

不安の中から人を導いてくれる一冊といえば、「精神医学界のメイヨー兄弟」のひとり、カール・メニンジャー博士の『おのれに背くもの』（日本教文社　草野《くさの》栄三良《えいざぶろう》訳）

も欠かせない。破滅的な感情に身を任せてしまえば人生がどうなってしまうのかについて、目を見はるような実情が記された本である。もし自分に背くのをやめたいのであれば、この本を手に取り、そして読み、友人にプレゼントするべきだ。たかだか数ドルではあるが、生涯忘れられない投資のひとつになることだろう。

どんなに頑丈な人間だろうとも、不安による病には関係ない。グラント将軍がこのことに気づいたのは、南北戦争が終焉《しゅうえん》に近づきつつあるころのことだった。当時、グラントは北軍の将として九ヶ月にわたり、南軍最後の砦《とりで》であるリッチモンドを包囲していた。南軍のリー将軍の兵士たちは疲れ果て、空腹に追われ、敗北してしまっていた。すべての連隊が一斉に逃亡してしまったのである。残った兵士たちは命を捧げるためにテントに集まって籠《こ》もり、泣き叫び、現実から逃げようとしていた。終わりのときはすぐそこだった。リーの兵士たちはリッチモンドにあった綿と煙草の倉庫に火をつけると、武器庫にも放火し、夜空を焦がすかのように何本も立ちのぼる炎の柱の下、街から逃げ出していった。グラントは逃走する南軍の左右と背後とを取り囲むようにして、激しく追撃《だ》。その間にシェリダン少将率いる騎馬隊が正面へと回り込み、線路を壊して補給列車を拿捕《ほ》したのである。

極度の頭痛のために半ば目も見えないほどだったグラントは自軍から遥《はる》かに遅れてしまい、一軒の農家の前で立ち止まった。彼はそのときのことを『回想録』の中にこう書いている。「私はひと晩じゅう、カラシを溶いた湯に足を浸し、手首とうなじにカラシの湿布を貼り付け、朝にはどうかよくなっていてくれと祈るような気持ちで過ごした」
翌朝、彼はたちどころに回復を見せることになる。だが、彼を治癒させたのはカラシの湿布などではなかった。リー将軍が降伏する意志をしたためた書状を携え、早馬が駆け付けて来たのである。

「将校が来たときも、私はひどい頭痛にまだ苦しんでいた。だが書状を見たその瞬間、それが吹き飛んでしまったのである」

グラントの具合を悪くさせていたのが不安、緊張感、そして感情であることは疑いようがない。だからこそ確信と達成感、そして勝利とを感じた瞬間に、彼は治ってしまったのだ。

七十年後、フランクリン・D・ルーズベルト政府で財務長官を務めたヘンリー・モーゲンソーJrは、悩むことで目《め》眩《まい》がするほど具合が悪くなることに気がついた。彼の日記には、大統領が小麦の価格をつり上げようと一日のうちに一億二千万キロもの小麦を買い込んだことで、ひどく不安になったと書かれている。

「見守りながら、私は文字通り頭がくらくらした。そして帰宅して昼食をとると、そのまま二時間もベッドに倒れ込んでしまったのである」

不安がいったい人をどう食いつぶしてしまうのか。それを知るには、別に図書館や病院に行くまでもない。たとえば今この本を書いている部屋の窓から外を眺めれば、隣家の一軒には不安により精神衰弱を引き起こされた隣人が住んでいたし、思い悩むあまり主人が糖尿病になってしまった家もある。株価の暴落のせいで、血糖値と尿糖値が跳ね上がってしまったのである。

かのフランス人哲学者モンテーニュは、故郷のボルドーで市長に選出されると、市民に向けてこう告げた。「皆さんの悩みをまとめてこの手に引き受ける覚悟です。ですが、肝臓や肺まで引き受ける気はありません」

私の隣人は株価の暴落という悩みを血流にまで取り込み、あわや死の寸前にまで追い込まれてしまったのだった。

不安はリウマチや関節炎の原因になり、人を車椅子へと追いやることもある。関節炎の世界的権威として知られるコーネル大学医学部のラッセル・L・セシル博士は、関節炎の主要な原因を四つあげている。

1　結婚生活の破綻《はたん》
2　経済破綻とそれゆえの精神的苦痛
3　孤独と不安
4　積年の恨み

もちろん、この四つのような情動が続いたからといって、それだけで関節炎になるというわけではない。他にもさまざまな要因があり、関節炎は引き起こされるのだ。だが、関節炎の原因になるもっとも大きな原因は、セシル博士があげたこの四つの精神状態なのである。たとえば私の友人の話をするが、彼は世界大恐慌のせいで直接のあおりを喰《く》らってガスを止められ、銀行からは担保に入れていた自宅の差押えを受けてしまった。そこでとつぜん彼の妻が関節炎を患いはじめたのだが、どんなに投薬しようと、どんなに食事に気をつけようと、経済がまた安定するまで彼女の関節炎が治ることは決してなかったのだ。

それに不安は、なんと虫歯すら生み出してしまう。ウィリアム・I・L・マゴニグル博士は以前米国歯科学会において「不安や恐怖、そして疑念といったネガティブな感情が続くと、身体のカルシウム・バランスが崩れて虫歯が引き起こされる」と述べた。また、ずっと完璧《かんぺき》な歯の持ち主だった自身の患者についても報告をしている。妻が突然の病に倒れて入院すると、わずか三週間の間に不安が原因で虫歯が九本もできてしまったというのだ。

皆さんは、甲状腺の過活動にさいなまれている人を見たことがあるだろうか？　私が目にした患者たちは体の震えが止まらず、死んでしまいそうなほど怯《おび》えており、そして実際に死んでしまうのだった。身体を制御している甲状腺が乱調をおこして心拍が異常に速まり、体がまるで酸素をめいっぱい送り込んだ溶鉱炉のようにとめどなく燃えさかってしまうのだ。そして、手術や処置を行ってこれを止めない限り、患者たちは文字通り「燃え尽きて」しまうのである。

すこし前、私はこの病気を患う友人とともにフィラデルフィアに行った。この手の病気を三十八年にわたり診てきた専門家にかかるためである。待合室に入った私たちは、大きな額縁に入れられた患者たちへのメッセージが壁にかかっているのを見つけた。友人の診察順を待ちながら、私は持っていた封筒にそれを書き留めてきた。

リラックスと楽しみ
人をリラックスさせ力を回復させてくれるのは、
健全な宗教と、睡眠と、そして笑いです。
神を信じ、よく眠り、
いい音楽を聴き、人生の楽しい一面へと目を向ける。
そうすれば、健康と幸福とが訪れるのです。

彼はまず最初に「そうなってしまう前に、どんな精神的な不安がありましたか？」と、友人に訊《たず》ねた。そして、もし今のように不安に任せ続けていると、心臓疾患、胃潰瘍《いかいよう》、糖尿病といった新たな病にかかってしまうだろうと告げた。

「そうした病はどれもこれも、深く繋《つな》がった親戚《しんせき》同士のような関係なんです」。そう、不安病というまさに親戚同士なのだ！

マール・オベロンは私に、自分が不安を克服した理由を話してくれた。思い悩むことによって映画女優の彼女が持つ最大の財産、美貌《びぼう》が損なわれてしまうというのだ。

「映画の世界できっかけを摑《つか》みたいと思っていたころは、不安で、怖くてたまりませんでした。ちょうどインドから帰ってきたばかりで、何とか仕事を探そうにもロンドンには誰も知り合いなどいませんでした。何人かプロデューサーに会っても誰も仕事などくれませんでしたし、わずかばかりのお金も、いつ底をつくか分かりません。二週間、口にしたのは水とクラッカーだけでした。不安なだけではなく、お腹がぺこぺこでした。自分にこう言いました。『映画の世界で生きて行こうなんて、あんた馬鹿じゃないの？　経験のないド素人だし、演技なんてしたこともないじゃない。ちょっと顔がきれいってだけで、いい気になっちゃって』鏡の前に行って、そこに映った自分を覗《のぞ》いて、驚かずにはいられませんでした。不安に蝕《むしば》まれてしまったあの顔！　見たこともなかったしわと、心配そうな表情。私ははっとして『こんなことをしてちゃだめ！　不安でいたって仕方ないじゃない。あなたには見た目しかないんだから、不安のせいでそれを台無しにしちゃいけない！』と自分に言い聞かせました」

不安ほど早く女性を老けさせ、衰えさせるものもあまり無い。不安でいると、表情が固まってしまう。ぎゅっと結んだ口はへの字になり、顔じゅうに小じわが刻み込まれてしまう。しかめっ面が、地顔になってしまう。髪の毛も白髪へと変わり、ときには抜け落ちてしまうこともある。色つやも失われ、にきびや吹き出もの、腫《は》れ物が顔を出してくる。

現在、アメリカ人の死因のトップは心臓病である。第二次世界大戦では、およそ三十万人の兵士たちが戦闘の犠牲となったが、同時期には二百万人の国民が心臓病で命を落とした。不安と極度の緊張に起因する心臓病である。アレクシス・カレル博士が「不安と闘う術を知らないビジネスマンは若くして死ぬことになる」という理由の大きなひとつは、心臓病なのだ。

また、農場労働者に比べると、心臓病で死亡する医師の数は二十倍にものぼる。これは、医師という職業が緊張感に満ち満ちているからである。

「神は人の罪業をお許しになる。だが、神経組織は許してなどくれない」と、ウィリアム・ジェームズは語っている。

恐るべき事実をご紹介しよう。毎年自殺で命を落とすアメリカ人の数は、一般的な五つの主な伝染病による死者数よりも多いのだ。

なぜ、そんなことが起こるのだろう？　答えはひとつ、「不安」である。

血も涙もない中国の将軍たちは拷問の際、水を入れた袋の下に連れて来た捕虜の手足を縛りあげ、昼夜を問わずぽたりぽたりと水攻めにし続けた。頭へと落ちてくるその水音がやがてハンマーを叩《たた》き付けるような音に聞こえるようになり、やがて捕虜は発狂したのだ。これと同じ方法論を用いた拷問が、スペインの宗教裁判や、ヒトラー統治下のドイツにあった強制収容所などで使用された。

不安は、ぽとりぽとりと落ちてくる水滴のようなものだ。その水滴のせいで、ときとして人は発狂し、自殺へと追いやられていってしまうのだ。

まだ私が純朴な田舎少年としてミズーリ州で暮らしていたころ、ビリー・サンデーが口にする地獄の業火の話を聞いて、恐ろしくてたまらず震え上がったものだ。だが、肉体的苦痛で人を焼き尽くす地獄の業火の話は、彼もしてはいなかった。たとえば、もしあなたがいつも不安を胸にくよくよしてばかりいたならば、いつの日かあなたは狭心症という、最も重い苦痛を味わうようなことになってもおかしくないのだ。

狭心症に襲われたなら、大の大人でも絶叫するほどの苦痛にさいなまれることになる。そして「神よ！ 神よ！ この苦痛を味わわなくて済むのなら、もう二度と何も不安になど思いません！」と叫ぶことになるだろう。もし大げさな話だと思うのならば、かかりつけの医師にぜひ訊ねてみてほしい。

あなたは人生を愛しているだろうか？ 健康で長生きをしたいと思っているだろうか？ そうならば、方法をご紹介しよう。また、アレクシス・カレル博士の言葉を引用させてもらいたい。

「この騒がしい現代都市のただ中でも心の平穏を保てる人は、神経疾患とは無縁の人物である」

喧噪《けんそう》が絶えることない現代の都市生活のなか、あなたは心の平穏を保つことができるだろうか？ もしあなたが普通の人間ならば、答えは「イエス」である。「断固としてイエス」である。人は、自分たちが思うよりも強いものだ。自分たちでも知らない内なる力というものを、我々は持っているものなのだ。ソローは名著『ウォールデン——森の生活』の中で、こう書いている。

「私がなにより励まされるのは、人はたゆまぬ努力によって人生を向上させてゆく力をはっきり持っているのだ、ということだ。もし胸を張って夢の道を歩き、思い描いた人生に向けて努力ができるのであれば、人は想像もしなかったような成功を収めることができる」

この本を手にとられたあなた方の多くは、アイダホ州コー・ダリーンに住むオルガ・K・ジャーヴィに劣らぬ意志の強さと内なる力を持っていると、私は断言してもいい。彼女は、いかなる不運な状況に見舞われようとも不安とは必ず消し去ることができるものなのだということを発見した。私は、この本に書かれた昔ながらの真理を実践すれば、誰にでもそれが可能なのだと強く言いたい。オルガが私に書いてきてくれたエピソードを紹介しよう。

「八年半前、癌に蝕まれていた私は、ゆっくりと苦しみながら死ぬのだと宣告を受けました。この国で最高の医学的権威であるメイヨー兄弟も、その宣告に異存はありませんでした。私を飲み込もうと大口を開けて死神が待ち構える袋小路に、私は追い込まれてしまいました。まだ若いのに、自分が死ぬなどとても受け入れられません！　私はどうしようもなくなってケロッグにいるかかりつけの医師に電話をかけると、胸の中に溜《た》まったものをわめき散らしました。先生は、聞きかねたような口ぶりで私に言いました。『どうしたんだい、オルガ。闘う気持ちもなくしてしまったのかい？　そうして泣いてばかりいたら、確実に死んでしまうよ。もちろん、最悪の事態になってしまったのは確かだ。だが、現実と向き合わなくては！　不安など捨てなさい！　不安を捨て、行動をするんだよ！』。それを聞くと、私はその場で誓いを立てました。握りしめた手の爪が肉に食い込み、背筋が凍るような気がしたほどです。『もう不安を捨てます！　絶対に泣いたりはしません！　もし精神に現実を超える力があるのなら、私は必ず勝ってみせます！　生きてみせます！』

私のようにラジウムが使えないほど進行してしまっている癌患者には通常、一日十分半のX線照射を三十日続けます。ですが私の場合は、一日に十四分半のX線照射を四十九日間も続けたのです。骨と皮のようになった体からは、まるで不毛の山肌のようにごつごつと骨が浮き出し、脚もひものように細くなっていましたが、私は不安など感じませんでした。涙を流したりも、絶対にしませんでした。むしろ笑ったのです。無理にでも笑顔を作ってみせたのです。

とはいえ、笑っていれば癌が治ると信じるほど、私も馬鹿ではありません。ですが、明るく暮らしていれば病魔と闘う力が強まってくれるはずだとは強く信じていました。そして真実はどうあれ、私は癌を治してくれる奇跡の力をこの身で体験したのです。マカフリー先生がかけてくれた叱責《しっせき》の言葉のおかげで――『現実と向き合わなくては！

不安など捨てなさい！　不安を捨て、行動をするんだよ！』という言葉のおかげで、ここ数年はかつてないほど健康に過ごすことができているのです」

この章を終えるにあたり、もう一度アレクシス・カレル博士の言葉を書いておこう。

「不安と闘う術《すべ》を知らないビジネスマンは若くして死ぬことになる」

預言者マホメットの熱狂的な信奉者たちは、コーランの言葉を胸に刺青《いれずみ》をしていたという。あなたがたもカレル博士の言葉を刺青として、胸に刻みつけたらどうだろう？

「不安と闘う術を知らないビジネスマンは若くして死ぬことになる」

カレル博士が言うのは、あなたのことではないだろうか？

パート1　まとめ
そもそも不安とは何なのか

ルール一　不安を人生から追い払いたいのなら、サー・ウィリアム・オスラーを見習いなさい。「一日というひと区切り」を生き、来ていない未来のことで気を揉《も》んだりしないこと。今日という日を就寝するまで生きること。

ルール二　もし不安の悪魔に追いかけられ、そして追い詰められてしまったならば、ウィリス・H・キャリアの魔法の公式を試してみること。

ルール三　不安でいればどんな代償を払わなくてはいけなくなるのか思い出すこと。「不安と闘う術を知らないビジネスマンは若くして死ぬことになる」

パート2　不安分析の基本テクニック

第四章　どのように不安をひもとき解決するか

私には忠実なるしもべが六人いる
（私の知識はすべて彼らに授かった）
六人の名前は「なに」「なぜ」「いつ」
「どのように」「どこ」「だれ」である。

ラドヤード・キップリング

パート1の第二章で説明した、ウィリス・H・キャリアの公式さえあれば、すべての不安を取り払うことができるだろうか？　もちろん、そんなことはありえない。すべての不安から解放されるには、あらゆる不安に対処できるよう「問題解析の基本的なスリー・ステップ」を身につけることだ。その三つのステップとは……。

1　事実を把握する。
2　事実を解析する。

3　決断を下し、決断に従った行動を取る。

分かり切ったことだろうか？　確かにアリストテレスもこのように人に教え、このように生きていた。私たちも、自分の日々を地獄に変えてしまっている問題があるのならば、このステップを使って解決すべきである。

さて、最初のステップ「事実を把握する」から見てみよう。なぜ、事実の把握がそんなに重要なのだろうか？　これは、ちゃんとそこを把握しておかないかぎり、合理的に問題を解決することができないからだ。これは私ではなく、コロンビア大学で学長を務めた故ハーバート・E・ホークスが二十二年もの長きにわたり口にし続けてきた言葉である。二十万人の学生たちの不安を取り払う手助けをしてきた彼から、私は「不安を生み出す最大の原因は、困惑だ」と聞いた。彼の言葉どおりにここに書いておこう。「世界にはびこる不安の半分は、人びとが決断を支える基本的な知識を持たぬままものごとを決断しようとするところから生まれている。たとえば、もし火曜日になにか直面すべき問題を抱えているとしたら、私はその火曜日が来るまで決断をしようとすら思わない。それまでは、問題を取り巻く事実を確認することに、全神経を傾けるよ。不安になることなど何もない。問題のせいで思い悩んだりすることもなければ、不眠症になったりもしない。ただシンプルに、事実の収集にのみ集中する。そうすると、火曜日がやって来るころには、事実の把握もすっかり終わり、問題は自ら解決されてしまっているものなんだ」

それが本当ならば、すべての不安から永遠に解放されるということではないかと、私はホークス学長に訊《たず》ねた。「そのとおり」。彼は答えた。

「今、私の生きている人生は、ほぼ完全に不安とは無縁の人生だといえるよ。人が事実を公平に、客観的に見ることに時間を費やしたならば、あらゆる不安というものは霧のように蒸発して消えてしまうものなんだ」

あえてここに、繰り返して書き出しておこう。

「人が事実を公平に、客観的に見ることに時間を費やしたならば、あらゆる不安というものは霧のように蒸発して消えてしまう」

だが、私たちの大半はどうだろう？ トーマス・エジソンの言葉に「思考という労力を支払わずに済ませることは、絶対にできない」というものがある。もしただひたすらに頭を悩ませる以外になにもせずにいれば、すでに頭の中にあるもの以外のものが見えなくなってしまう。見ようともしなくなってしまう。そうして、自分の抱く希望的観測を都合よく支えてくれる事実だけを探し求めて、偏った先入観を正当化してしまうのだ！

アンドレ・モーロワはこう話している。「人は自分の欲求にかなう物事を真実と受け止め、それ以外の物事には憤りを抱くものだ」

もしそうなのだとすれば、我々がこうも問題解決への答えを見つけ出すのに苦労するというのも、理解できる話ではないだろうか？　たとえば「二＋二＝五」という間違った考えのもとに数式と向かい合えば、小学二年生の計算問題を前にしても、我々は同じように頭を悩ませるに違いない。だというのに世間には、「二＋二は五になりえる！　五百になりえる！」と言い張り、自分や人の人生をどん底に貶《おとし》めてしまっている人びとがごまんといるのだ！

いったい私たちは、どうすればいいのだろう？　私たちがすべきは、感情に囚《とら》われずに思考することだ。ホークス学長の言葉を借りれば、「事実を公平に、客観的に」見つめなくてはいけないのだ。

不安の渦中にいると、これは簡単なことではない。不安でいれば、情動が激しくなってしまうからだ。だが、私は問題から一歩遠のきはっきりと、客観的に観察するためにはどうしたらいいのか、ふたつの方法を考えた。

1　事実を収集するのならば、「自分は人のために情報を集めているのだ」と自分を騙《だま》してみること。そうすることにより、自らの感情を打ち消し、冷静かつ公平な視点から事実を検証することができるからだ。

2　自分を不安にさせている問題にまつわる事実を集めるときに、相手側の弁護士となって自分を論破するつもりになってみること。言い換えるならば、自分には不利となる事実や、自分の願望を打ち壊すような事実を――つまり本当ならば見たいとも思わないような事実を思いつくかぎり集めてみる。

そうしたら、自分側と相手側という両側の立場から主張を書き留めてみる。すると往々にして、その二極端の間のどこかに真実が横たわっているのだ。

あなたに、これをはっきりと伝えておきたい。私も、あなたも、アインシュタインも、そしてアメリカ合衆国最高裁判所も、事実の確認もせずに真実を導き出せる頭脳など持ち合わせてはいない。トーマス・エジソンは、それをよく理解していた。死の床に就くまでの間に、彼は自らが直面した問題について書かれたノートを、二千五百冊も書き溜《た》めていたのだ。

問題解決のルールその一は、「事実を集めよ」だ。ホークス学長と同じように、問題を解決するのならばまずその前に、事実の収集を公平な視点から、そして徹底的に行うこと。

とはいえ、せっかくそうして集めた事実というものは、分析して理解しない限り、まず役に立つことはない。

私はいろいろと回り道をしてようやく、事実というものは書き出してから分析するほうがずっと簡単なのだということに気がついた。実際、淡々と事実のみを紙に書き出してゆくことで、人は間違いのない決断へとぐんと近づくことができるものなのだ。チャールズ・ケタリングは「問題とは、きちんと明確化しさえすれば半分は解けているものだ」と言っている。

実際のできごとを通して、これがどんなことかを説明しよう。中国では「百の言葉より一枚の絵」というが、ある男の話を聞けば、あなたにも私の言う「具体的行動」がどんなものなのか、お分かりいただけるはずだ。

数年ほど前から知り合いの、ガレン・リッチフィールドという男がいる。東洋で大成功を収めたアメリカ人ビジネスマンのひとりである。日本が上海を占領していた一九四二年、リッチフィールドは中国にいた。これからお話しするのは、私の自宅を訪れた彼が聞かせてくれたエピソードだ。

「日本軍は真珠湾襲撃の直後、今度は上海へと押し寄せて来た。僕は上海にあるアジア生命保険の経営をしていた。日本軍は、将校の肩書きを持つ清算人を私のところによこすと、私と一緒に社の資産を清算するようにと命じてきた。協力しなければ、どうなるか分からないと言う。『どうなるか分からない』とは、つまり死を意味していた。

選択の余地もなかった私は、仕方なく言われたとおりにした。だが、将校に手渡したリストからは七十五万ドルの有価証券だけは除外しておいた。なぜなら、その有価証券は香港支店のもので、我々上海支店のものではなかったからだ。だが、日本軍がそれを見つけたらいったいどうなるかと、気が気ではなかった。見つかるのも、時間の問題だった。

ことが露見したとき私は留守で、オフィスには会計課長が残っていた。彼いわく、日本人将校は顔を真っ赤にして怒り狂って呪いの言葉を吐き散らし、彼のことを泥棒、犯罪者とまで言ったらしい。私は、日本軍を欺いたのだ！　それが何を意味しているかは考えるまでもなかった。自らブリッジハウスに飛び込むような真似をしたのだ！

ブリッジハウスというのは、日本の秘密警察が持つ拷問部屋のことだった。そこに入れられるくらいならと、自ら命を絶った友人が私には何人かいた。また、そこで十日間にわたる拷問と取り調べを受けた後に死亡してしまった友人もいた。私はそんなところに入る道を、自ら選んだのである。

その知らせを聞いたのは日曜の午後のことだった。もし私が問題解決のテクニックを身につけていなかったなら、きっとあのとき震え上がっていたに違いない。もう何年も私は、問題にぶち当たるたびにタイプライターの前に座り、ふたつの質問と、その答えを書き記すようにしていた。

1　自分はなにを不安に思っているのだろう？

2　その不安を打破するためになにができるだろう？

かつては、わざわざ書き記したりはしなかったのだが、数年前、質問と答えとを両方書き出すと思考がはっきりすることに気づいたのだった。

そこで午後のうちにまっすぐ上海ＹＭＣＡにあった自分の部屋へと行き、タイプライターと向かい合った。まず『自分はなにを不安に思っているのだろう?』と書く。答えは、明日の朝にブリッジハウスへ放り込まれるかもしれないことだった。

そこで、次の質問をタイプした。

『その不安を打破するためになにができるだろう?』

それから四時間ほど考えて自分の取りうる行動を四つ書き出すと、さらに、その行動がもたらすであろう結果も一緒に書き出した。

1　日本人将校に事情を説明する。だが、彼は英語ができない。通訳を介して説明すれば、また彼を激怒させるかもしれない。そうすれば、冷酷なあの将校は、わざわざ私をブリッジハウスに放り込んで尋問したりせず、ひと息に殺してしまうかもしれない。
2　逃亡。これは不可能だ。日本軍は常に私の動向に目を光らせている。YMCAの自室への出入りすら監視されている。逃げたりしようものなら、即座に捕まって銃殺されるだろう。
3　この部屋に留《とど》まり、二度とオフィスには近づかない。おそらくそうしたらあの将校はいぶかって兵士をここによこし、私になんの釈明の機会も与えずにブリッジハウスに放り込んでしまうだろう。
4　いつもどおり、月曜朝にオフィスに出勤する。将校はもしかしたら多忙にしており、私のしたことなど思い出したりしないかもしれない。思い出したとしても、もう冷静になっており私を咎《とが》め立てしたりしないことも考えられる。そうなれば、万事問題がなくなる。それに、咎められたら説明することもできるはずだ。つまり、何食わぬ顔をして月曜にオフィスに行けば、ブリッジハウスから逃れるためにふたつの機会を得られるということになる。

私は即座に第四案に決めると、月曜の朝にいつもどおり出勤することにした。心底ほっとした。

翌朝出勤すると、将校はくわえ煙草で椅子に腰かけていた。そしてなにも言わず、いつものように私をにらみつけた。それから六週間後、ありがたいことに彼は東京へと帰っていき、私の不安は解消されたのだった。

先にも書いたとおり、私の命を救ってくれたのは、あの日曜の午後にあらゆる考えられる行動を書き出し、予想される結果を書き出し、落ち着いて結論へと自分を導いていったことだろう。もしあれがなければ、私は取り乱し、躊躇《ちゅうちょ》し、間違った行動を取ってしまっていたかもしれないのだ。問題のことなどろくに考えず、結論に思い至らずに過ごしていれば、あの日曜の午後は不安で半狂乱になってしまっていたに違いない。夜だって、一睡もできなかったはずだ。そして月曜の朝にはすっかりやつれ果てた不安げな顔でオフィスに姿を現し、あの将校に疑念を抱かせ、なにか行動に出させてしまっていたかもしれないのだ。

結論へと到達することの重要さを、私は今までに何度も何度も経験してきた。不安にかられてぐるぐると頭を悩ませたまま、何かを決めてしまうようなことは、絶対にいけない。不安とは、明確な決断へと到達した時点で半分は消えるものだと私は学んだ。そして、その決断を実行に移したとき、さらに四十％が消えるのだということも。

つまり、この四つのステップを取ることで、不安の九十％は解消されるということなのだ。

1　何が不安なのかを明確に書き出す
2　自分に何ができるのかを書き出す
3　どうするべきかを決める
4　その決断を、即座に行動に移す

ガレン・リッチフィールドは現在、ニューヨークのジョン・ストリートに立つ、保険業界と金融業界を代表する大企業、スター・パーク＆フリーマンにて、東洋担当取締役を務めている。

前述したとおり、彼は現在アジアでのアメリカのビジネスにおいて、最重要人物のひとりである。そして、彼をその立場まで押し上げてきたのが、ここに紹介した「不安を解析し、正面から取り組む」というメソッドなのだ。

このメソッドの優れているところは、いったいどこなのだろう？それは問題の中心部まで効率的に、しっかりと、そしてまっすぐ降りていけるところである。とにもかくにも重要なのは、絶対に欠かすことのできない第三のルール「何らかの行動をとる」ということに尽きる。行動に移さないかぎり、いくら事実を見つけ出して分析しようとも、それは単なるエネルギーの無駄使いに過ぎないのだ。

ウィリアム・ジェームズは「判断を下してあとは行動するだけという段階になったら、結果に対する責任や懸念は一切捨て去ること」と言っている。ここで彼の言う「懸念」とは、「不安」とまったく同義である。つまり「事実に基づきしっかりと決断を下したなら、行動に移すべし」と言っているのだ。立ち止まって考え直したりしてはいけない。くよくよと思い悩み、道を引き返してしまったりしてはだめなのだ。自分を疑えば、その疑いが新たなる疑念を呼ぶ。絶対に、振り向いてはいけない。

かつて、オクラホマでもっとも重要な石油業者、ウェイト・フィリップスに、いったいどうやって決断を下しているのかを訊《たず》ねたことがある。

彼の答えはこうだ。

「問題について考えていると、ある程度を過ぎたところから、困惑と不安とが湧き起こってくることに気づいた。そうなってしまったら、どんなに調査しようと、熟考しようと、いいことなどひとつもありはしない。そのときこそ、決断して行動を起こし、二度と振り向くことをやめるタイミングなのだ」

さあ、今すぐガレン・リッチフィールドのメソッドをあなたの不安に当てはめてみてはどうだろう？

質問その一　自分は何を不安に思っているのだろう？

質問その二　それに対して自分に何ができるだろう？

質問その三　自分が問題解決のために採ることのできる道

質問その四　いつから行動に移すのか

第五章　仕事の悩みを半減させる

もしあなたがビジネスマンでこの章のタイトルを見たならば、きっとこう言うだろう。
「なんて馬鹿なタイトルなんだ。私はもうこの業界で十九年も食っているんだぞ。他人が知っていることだったら、私だってとっくに知っている。仕事の悩みをどう半減させればいいかなど、赤の他人になど分かるものか」

気持ちは分かる。もし数年前に私がこれを見れば、きっとあなたと同じように鼻で笑ったことだろう。「調子のいいことばかり言って、なんと安っぽいのだろう」と。

率直に言おう。もしかしたら私には、あなたが抱えるビジネス上の悩みを半減させることなどできないかもしれない。突き詰めて言えば、そんなことができるのはあなた自身しかいないからだ。だが私には、先人たちがいったいどうやってそれを成し遂げたのかを伝え、残りをあなたの手に委《ゆだ》ねることができる。

本書の53ページにおいて、アレクシス・カレル博士の言葉を引用したことを思い出してほしい。「不安と闘う術《すべ》を知らないビジネスマンは若くして死ぬことになる」

悩みとは、それほどまでに深刻なものだ。だとすれば、仮に私がそれを解決するために十%でもお役に立てたならば、それは見上げたものだと思っていただけないだろうか？　思っていただけるならば、とてもありがたい。

では、ある重役がいったいどうやって不安の五十%だけでなく、さらにはそれまで仕事上のトラブル解決に費やしていた時間を七十五%も削減することができたのかをお話しするとしよう。

念のために言っておくが、ここに登場するのは「ジョーンズ氏」や「ミスターX」もしくは「オハイオ州に住む知人」といった架空の人物ではない。そうした曖昧《あいまい》な話は、誰の胸にも響きはしない。その人物の名は、レオン・シムキンという。ニューヨーク市ニューヨーク二〇番のロックフェラー・センターに立つアメリカ随一の出版社、サイモン&シュスターの総支配人を務めてきた人物である。

そのレオン・シムキンの言葉どおりに、彼の話を紹介したい。

「十五年間にわたり、私は毎日会議を開いては、問題を取り上げて話し合いを続けていた。あれをすべきか、これをすべきか、なにもしないでおくべきか……と。室内には緊張感が張り詰め、誰もが椅子の上で体をよじったり、歩き回ったりしながら、議論はいつまで経ってもぐるぐると空転し続けた。おかげで夜を迎えるころになると、私はもうくたくただった。もうずっと一生こんななのかとばかり思っていた。十五年も同じことを繰り返してきたというのに、もっといい方法はないものだろうかなどと、露ほども考えたことがなかったのだ。もし誰かに『不安に費やすその時間は七十五%減らすことができる。神経の緊張も七十五％和らげることができる』などと言われたら、私はきっと、なんと無知で楽天的で脳天気な男なんだと感じたに違いない。だが私は、まさにそのための方法論を練り上げたのだった。今は、その方法論を使い始めて八年になる。おかげで仕事も健康も私生活も、すべて順調だ。

まるで手品のような話に聞こえるだろうが、往々にして、手品とは種明かしをしてみれば非常にシンプルなものだよ。

その種とは、これだよ。まず、それまでは十五年にわたり、決まった会議の手順があった。まずはすっかり頭を悩ませた社員たちが詳細を説明し、原因を説明し、最後に『さて、何ができるだろうか？』と質問をするという手順なのだが、これをやめた。次に、新しいルールを作った。そのルールとは、もし問題を報告したい者がいれば、その前に以下の四つの質問が書かれた書類を埋め、それを提出しなくてはいけないというものだ。

質問一　なにが問題なのか？

（それまでは、出席者の誰もがいったいなにが問題なのかはっきりと理解しないまま、一時間でも二時間でも暗い顔で会議を続けていた。自分たちがどんな問題を抱えているのかを書き出してみようともせず、ただ困り顔でああでもないこうでもないと議論をしていたのだった）

質問二　問題の原因とは？
（振り返ってみた私は、問題の根っこは何なのかも分からないまま議論を交わし続け、いったいどれほど時間を無駄にしたのかと愕然《がくぜん》としたものだ）
質問三　問題解決にどのようなソリューションが考えられるか？
（かつては、誰かがひとつのソリューションを提案し、他の出席者たちが彼と議論を交わす形だった。おかげで議論は紛糾した。ときには議題からすっかりはずれ、会議が終わるころになっても誰ひとりとしていろいろな解決策のメモを取ってすらいないこともあった）
質問四　どのようなソリューションが理想的なのか？
（それまでの会議ではただひたすら状況に頭を悩ませるばかりで、考えうるソリューションを挙げて検討するようなこともなかった。『これが私の考えるソリューションです』と誰かが書いて見せてくれるようなことすらなかった）

今は、問題のみを抱えて私のところにやってくる社員はほとんどいなくなった。というのは、この四つの質問に答えてゆく段階で、誰もがそれぞれ事実確認し、問題についてひととおり熟考することになるからだ。すると、問題の七十五％に関しては、誰も私のところになど来る必要がなくなった。整理しているうちに、トースターからパンが飛び出してくるように、これだというソリューションを思いついてしまうからだ。ときには話し合いが必要なケースもあるにはあるが、なにしろ順序立てて論理的な話し合いをして裏付けのある結論を導き出せるので、かかる時間は三分の一に短縮された。

今のサイモン&シュスターでは、『いったいなにが悪いのか』と不安そうに顔を見合わせているような時間を大幅に減らすことができている。そして、結果を出すために、より多くの行動を取ることができるようになったんだ」

私の友人であり、アメリカの保険業界で第一線を張り続けるフランク・ベトガーも、同じようなメソッドを用いて不安を半減させただけではなく、収入をほぼ倍増させることに成功したという。

「何年も前、まだ保険を売り始めたばかりの僕は、仕事への情熱と愛情とではちきれんばかりだった」と、フランク・ベトガーは話してくれた。

「だが、なにかが起こった。僕はすっかり心をくじかれて仕事に幻滅し、もう辞めてしまおうとすら思ったんだ。あの日曜日の朝、じっくりと問題の本質は何なのか突き詰めてみようと思い立つことがなかったなら、きっと辞めてしまったに違いない」

1　まずは『いったいなにが問題なのだろう?』と自分に訊ねてみた。問題は、どんなに約束を取り付けて営業して回っても、それに見合うだけの収入が得られていないことだった。いつも上手《うま》いこと話は運ぶのだが、なかなか契約にまでいたらないのだ。お客はいつも『じゃあ考えておきますので、またいらしてください』と言う。

そんな無駄足ばかりが続くうちに、僕はすっかり嫌になってきてしまったのだった。

2

そこで『どんなソリューションがあるだろう？』と考えてみた。だがこの質問に答えるには、まず事実を集めなくてはいけなかった。そこで過去十二ヶ月の帳簿を見ながら、そこに記された数字をじっくりと調べてみることにした。

思わず、目を疑わずにはいられなかった。なんと、私が取り付けた契約の七十％は、最初の営業で成約していたのだ！　二度目の営業で成約したのは、二十三％に過ぎなかった。三度目以上での成約ともなると七％まで激減し、これはもう完全に時間の無駄にしかなっていなかった。私は、この時間の無駄のために毎日、営業時間の半分を延々と使い続けてきたのだった。

3

「答えは何だろうか？」。これは、火を見るよりも明らかだった。三度以上の営業は絶対にかけないことに決め、空いた時間を新たな可能性に費やすことにしたのだ。

この効果はすさまじかった。間もなく、一度の訪問に対する金額的価値が倍増したのである。

前にも書いたとおり、現在のフランク・ベトガーはアメリカを代表する生命保険セールスマンになっている。現在はフィラデルフィアのフィディリティ・ミューチュアル社において、年間百万ドルもの契約を取り付けているという。だが、そんな彼にも引退を考えた時期はあった。問題を分析して解決への道を見つけ出す直前の彼は、失敗のどん底にいたのである。

さて、この方法をあなたの抱える問題に当てはめてはどうだろうか？　約束してもいい。これであなたの不安は半分になる。

一　問題は何だろう？
二　問題の原因は何なのだろう？
三　どんなソリューションが考えられるだろう？
四　どのソリューションならばいいだろう？

パート２　まとめ
不安分析の基本テクニック

ルール一　事実を集める。コロンビア大学のホークス学長の言葉を思い出そう。
「世界にはびこる不安の半分は、人びとが決断を支える基本的な知識を持たぬままものごとを決断しようとするところから生まれている」

ルール二　すべての事実を精査してから、決断について考えること。

ルール三　慎重に決断をしたら、行動あるのみ！　結果を不安に思ったりせず、とにかく決断を形にするために動くこと。

ルール四　もしあなたや周囲の人びとが不安に囚《とら》われているようなら、以下の四つの質問と、その答えを書き出すこと。

一　問題は何だろう？
二　問題の原因は何なのだろう？
三　どんなソリューションが考えられるだろう？
四　どのソリューションならばいいだろう？

パート3　不安の習慣。その先手を打つには

第六章　心から不安を追い出すために

数年前、マリオン・J・ダグラスという男をクラスで受け持っていたある夜のことを、私は忘れはしない。本人の希望により仮名を使わせてもらうが、ここでご紹介するのは、成人クラスで彼が話してくれた実話である。彼が聞かせてくれたのは、彼の家族に一度ならず二度までも襲いかかった悲劇のことだった。最初の悲劇で彼は、五歳になる最愛の娘を失った。彼も妻も、この喪失に生きていけないような気持ちになった。だが、さらなる悲劇がふたりを襲う。

「その十ヶ月後、神からまた娘を授かったのですが、今度は五日目に死んでしまったのです」

度重なる不幸は、堪え難いほどの苦痛だった。「どうにかなってしまいそうでした。眠れず、食べられず、気持ちがくつろぐこともありません。神経が震え、生きていく自信などすべて失ってしまいました」

たまらなくなった彼はいくつか病院にかかることになった。睡眠薬を勧める医師もいれば、旅行を勧める医師もいた。彼はそのどちらも試してみたのだが、あいにく効き目はまったく見られなかった。「まるで体を万力に挟まれて、ぎりぎりと締め付けられているようでした」。悲しみのあまり、彼の心はすっかり張り詰めてしまっていた――悲しみで心を麻痺《まひ》させてしまった経験をお持ちの方ならば、彼の気持ちが分かるだろう。

「ですが、四歳になる息子が残ってくれたのは幸運でした。不幸を乗り越えてゆく力を、彼が与えてくれたのです。ある午後、すっかり打ちひしがれて腰かけている私に、息子が『パパ、ボートを作ってほしいんだ』と言いました。ですが、私はボート作りなどするような気分ではありません。何もしたくないのです。ですが、諦《あきら》めようとしない頑固な息子を見て、私はすっかり折れてしまいました。

私はおもちゃのボートを、三時間ほどかけて作ってやりました。そして、ふと気づいたのです。ボート作りをしていた三時間は、私がここ数ヶ月で初めて過ごすゆるやかな時間だったのだということに。

その気持ちが私を深い悲しみの淵《ふち》から引き上げ、その何ヶ月間で初めて、すこしでものを考えるような時間を与えてくれました。ちゃんと計画と思考とが必要なものに打ち込んでいると、むしろ不安でいることのほうが難しいのだと、私は発見しました。私の場合は、ボート作りが不安を打ち負かしてしまったのです。だから私は、とにかく忙しくし続けることにしました。

翌日の晩、私は自宅の部屋をひとつひとつ見て回りながら、自分のしなくてはいけないことをリストアップしていきました。直すべきものはたくさん見つかりました。本棚、階段、雨戸、日よけ、ノブ、鍵《かぎ》、水道の水漏れ……。二週間のうちに私はなんと、修理すべき箇所を二四二箇所も見つけていたのです。

過去二年間で、私はそれをほぼすべて終わらせてしまいました。実に生き甲斐《がい》に満ちた二年間でした。週に二日は、夜になるとニューヨークの成人クラスに出席しています。地元の市民活動にも参加し、今は教育委員会の議長も務めています。会議に追われて忙しく、赤十字や他のチャリティへの資金集めにも奔走しています。不安に感じているような時間が、今の私にはないのです」

不安に感じる時間がない！　これはまさにウィンストン・チャーチルが、激戦の第二次世界大戦中、一日に十八時間という激務に追われて口にした言葉だ。両肩にのしかかる重責で不安にならないのかと訊ねられ、彼は「忙しいからね。不安に思う時間などないよ」と答えたのである。

自動車用のセルフスターターを発明したチャールズ・ケタリングも、開発を始めた当初はまったく同じ心境になったという。ケタリングといえばつい近ごろまで、世界的大企業ゼネラル・モーターズ・リサーチ・コーポレーションの副社長を勤め上げていた人物である。だが貧乏だった当時は、納屋の屋根裏を研究所代わりに使わなくてはいけないほどだったのだという。食費には、妻がピアノ教師をして稼いだ千五百ドルを使い、それが無くなると自らの生命保険を担保に五百ドルの借金をした。私は、彼の妻に不安に感じなかったのかと訊ねてみた。「不安でした。眠れなくなるほど不安でした。でも、ケタリングは違ったのです。不安など忘れたように仕事に没頭していたのです」

偉大なる化学者パスツールは「研究室と図書館で見つかる平穏」について話している。そんなところに、いったいなぜ平穏が見つかるのだろう？　それは、通常そこにいる人びとは自らの仕事に没頭し、不安を忘れきっているからである。神経衰弱を起こす研究者は、非常に少ない。思い悩むことのできる贅沢《ぜいたく》な時間は、彼らの手元にないのだ。

それにしても、なぜ「忙しくする」程度の単純なことで、不安を追い出すことができてしまうのだろう？　その答えは、心理学がひもといたもっとも根本的ともいえる法則の中にある。その法則とは「どんなに優れた知能を持つ人間でも、一度にふたつ以上のことを考えることはできない」というものである。あなたには、これが信じられるだろうか？　それではひとつ、実験をしてみよう。

背筋を伸ばして目を閉じ、自由の女神のことを考えながら、同時に明日の朝の予定について思いを巡らせてみてほしい（実際にやってみること）。

さて、交互にどちらかのことを考えることはできても、同時に考えることはできなかったのではないだろうか？　それと同じことが、人の感情についてもいえる。何かに夢中になって打ちこみながら、同時に不安で意気消沈するということは、人にはできないのだ。なにか感情が起これば、他の感情は追い出されてゆく。この実にシンプルな発見により、戦時中の軍医たちはさまざまな奇跡を起こすことができたのである。

戦場で衝撃的な経験をした兵士が「神経症」と呼ばれる状態で戻ってくると、軍医たちは「忙しくさせること」と、治療法を処方した。
そして、釣り、狩猟、野球、ゴルフ、写真撮影、庭仕事、ダンスといったように、起きている間じゅうほぼずっと主に屋外での活動に従事させ、恐怖の体験を思い出させる時間を与えなかったのである。

こうして、薬物の代わりに行動による治療を行うことを「作業療法」と現在では呼んでいる。ともあれ、これは新しい療法というわけではない。キリスト生誕の五百年も前に、ギリシャの医師たちがもうこの療法に触れているのだ！

クエーカー教徒たちは、ベンジャミン・フランクリンの時代のフィラデルフィアにおいて、この療法を使っている。一七七四年に彼らの療養所を訪ねたある人物は、精神疾患を持つ患者たちが忙しそうに亜麻布を編んでいるのを見て目を丸くしたという。哀れな身の上になった上に、そうして労働賃金を搾取されているのに違いないと思い込んでしまったのである。だが、そうした軽作業で病状が改善しているのだと説明を受け、ようやくこの誤解も解けた。作業により、神経が落ち着くのである。

精神科医に訊《き》けば、誰もが「忙しくしていることこそ、神経疾患の最高の麻酔薬だ」と答えることだろう。ヘンリー・W・ロングフェローは、まだ若い妻を亡くした経験の中で、そのことに気がついた。妻が封蠟《ふうろう》を溶かしているとき、火が衣服に燃え移ってしまったのだ。その悲鳴を聞きつけたロングフェローが必死に駆け付けたときには、妻はもう焼死してしまっていたのだった。彼はしばらくの間、その記憶に苦しめられて気も狂わんばかりだったが、幸運だったのは、残された三人の子供たちが彼の手を必要としていたことだった。

ロングフェローは自分の悲しみを抱えながら、三人の父となり、母となる生活を送りはじめる。彼は子どもたちを散歩に連れて行き、お話を読んでやり、一緒にゲームをしてやりながら、その交流を『子どもの時間』という一篇の詩にしたためた。また、ダンテの翻訳も手がけていた彼は日々を忙しく過ごしながら苦しみを忘れ、やがて心の平穏を手に入れていったのである。最愛の友人アーサー・ハラムを亡くしたテニソンも、こう述べている。「絶望に飲み込まれないよう、私は忙しく動き続けなくては」

忙しく仕事をしている間ならば、「忙しく動き続ける」ことは誰にとってもそう難しいことではない。危険なのは、仕事が終わったあとの時間である。ようやく趣味や遊びで楽しく過ごす、幸福であるはずのこの時間に、憂鬱《ゆううつ》が不安を引き連れて襲いかかってくるのである。こうした時間に人は、「自分はこの先どうなってしまうのだろう」とか、「もっと別の生き方があるのではないだろうか」とか、「社長はああ言っていたが、本心は何なのだろう」とか、「自分はつまらない人間になっているのではないだろうか」とか、くよくよと悩みだしてしまうのだ。

忙しくしていないと、人の心は真空に近づいていってしまう。物理学を学んだことのある人ならば、「自然は真空を嫌う」という言葉をよく知っているはずだ。誰もが見たことのあるものの中で最も真空に近いのは、白熱電球の内部だろう。電球を割ると、その真空を埋めるために空気を送り込む、自然の力がそこに働く。

それと同じように、自然は空虚な心にもどっと流れ込んでくる。なにを連れて流れ込んで来るのだろう？　それは、感情である。不安、恐怖、嫌悪、嫉妬《しっと》、羨望《せんぼう》といった感情というものは、より根源的で、より原始的なものだからだ。そうした暴力的な感情は、私たちの心の中から平穏な感情や思考を追い出してしまうものなのだ。

コロンビア大学教育学部のジェームズ・L・マーセル教授は、非常に分かりやすくこれを言葉にしている。

「不安は一日の仕事が終わり、ほっとしたそのときに人に取り憑《つ》きにやってくるものだ。すると人の想像力は暴走し、ありえないようなつまらぬことを考えさせ、些細《ささい》な失敗のひとつひとつをとてつもなく大きなものみたいに思わせたりするようになる。そんなときの心は、まるで負荷もかからず回り続けるモーターのようなものだ。どんどん回り続けて焼き付くことになるか、そうでなければ粉々に爆発してしまうことになる。不安への対処には、なにか建設的なことに没頭するのがいちばんいい」

これを理解し、実践するのに、あなたが大学教授である必要はない。戦時中、私はまったく同じことを発見したシカゴの主婦と出会ったことがある。その夫婦と出会ったのは、私がニューヨークからミズーリの農場へと帰る列車の食堂車でのことだった（残念ながら、名前は聞かなかった。本来、エピソードの信憑性《しんぴょうせい》に関わることなので実名でお話ししたいのだが）。

夫婦いわく、真珠湾攻撃の翌日に息子が軍に入隊したのだという。夫人は、不安のあまり体を壊しかけたほどだった。息子は今どこにいるのだろう？　無事なのだろうか？　それとも戦場に出ているのだろうか？　怪我はしていないだろうか？　殺されたりはしていないだろうか？

その不安をどう克服したのか訊《たず》ねると、彼女は「忙しくしたんです」と言った。いわく、まずはメイドを雇うのをやめ、なにからなにまですべて自分の手で家事をするようにしたのだが、それだけでは足りなかった。

「問題は、家事というものが頭を働かせなくても、ほぼ機械的にできてしまうことでした。だから、不安から解放されることはありませんでした。ベッド・メイキングをしたり食器を洗ったりしながら私は、心も体も使わなくてはいけない、新しいなにかが必要だと感じました。だから大きなデパートの売り場係として仕事を始めることにしたのです。

その効果はてきめんでした。すぐに私は、嵐のような仕事の中に巻き込まれていきました。顧客たちは私を取り囲み、値段やサイズ、色のことをひっきりなしに訊ねてきます。目の前の仕事のこと以外、考えるような余裕はとてもありません。夜になればなったで、痛む足をどうにかしなければということで頭はいっぱいでした。夕食を終えると、ベッドにもぐった瞬間に眠りに落ちていました。不安に費やすような時間も体力も、私にはなかったのです」

こうして彼女が自力で発見したのと同じことを、ジョン・クーパー・ポーイスは自著『望まぬことを忘れる方法(The Art of Forgetting the Unpleasant)』の中に書いている。「与えられた仕事に没頭していると、ある心地よい安心感、内なる安らぎ、幸福な陶酔感が人の神経を鎮めてくれる」

これはまさに、天啓というものではないか。

すこし前のこと、私は世界でもっとも高名な女性探検家オーサ・ジョンソンから、彼女がどう不安や悲しみから解放されたのかを聞かせてもらった。みなさんの中にも、彼女の自伝『ウガンダ——私は冒険と結婚した』(三笠書房 本多喜久夫《ほんだきくお》訳)を読まれた方は多いのではないだろうか。

彼女は、本当に冒険と結婚した女性といっていい。カンザス州シャヌートから彼女をボルネオの原生林へと連れて行ったのは、彼女が十六歳のときに結婚した相手、マーティン・ジョンソンだった。それから二十五年にわたりこの夫婦は、アジアやアフリカで絶滅寸前の野生の動植物を映像に収めながら世界各地を旅して回った。あるとき、ふたりを乗せたデンバーから太平洋岸へと向かう飛行機が、山に墜落した。マーティン・ジョンソンは即死だった。医師たちは、オーサは生涯寝たきりで過ごすことになると診断した。彼らは、オーサを知らなかったのだ。三ヶ月後、彼女は車椅子姿で大勢の聴衆を相手に講演をしていた。なんとこのシーズン、百回を超える講演を彼女は車椅子から行ったのである。なぜそんなことをするのかと私が訊ねると、彼女が答えた。

「そうしていれば、悲しんだり不安になったりする時間が無くなるからです」

オーサ・ジョンソンもまた、遡《さかのぼ》ること一世紀前にテニソンが残した真理を見つけ出していたのだった。

「絶望に飲み込まれないよう、私は忙しく動き続けなくては」

バード提督がこれと同じ真理に気づいたのは、南極を覆いつくす氷床に建てられた掘っ立て小屋の中でのことだった。自然の秘密を包み隠した、アメリカとヨーロッパを足した面積よりも大きな氷床に文字通り埋まるようにして立つこの小屋で、彼は五ヶ月間にわたり完全にひとりきりで過ごしていたのである。周囲百マイルには、生物は一匹たりとも存在していなかった。気温は容赦なく低く、呼吸をすれば、すぐにその息が凍りつく音が風に乗って耳元に聞こえた。自著『ひとり（Alone）』の中でバード提督は、混乱と、魂すら壊れてしまうような暗闇とに包まれた五ヶ月間のことを語っている。日々はいつも、真夜中のように暗かった。正気を保つため、提督は常になにかで忙しくしていなくてはいけなかった。

「ランタンを消す前に明日の仕事をざっと振り返るのを、毎晩の習慣にしていた。避難用トンネルを掘るのに一時間、雪かきに三十分、燃料用ドラム缶の整理に一時間、食糧貯蔵穴の壁への本棚取り付けに一時間、壊れたそりのブリッジ修理に二時間……といった具合に、翌日すべき仕事を決めてしまうのだ。

こうして時間割を立てたのは、とてもよかった。そうすることで、自分の義務感を奮い立たせることができたからだ。もしあのような方法がなければ日々には目的がなくなり、私の心は崩壊するしかなかっただろう。目的がない日々というものが、いつも人をそこへと追い込んでしまうように」

目的がなければ、心は崩壊を避けられない。これは重要なことだ。

もし不安でたまらないのなら、昔ながらの仕事を薬として使うのがいい。かつてハーバード大学で臨床医学の教授を務めたリチャード・C・カボット博士のような権威でも、これを認める発言をしている。彼は自著『人は何のために生きるか（What Men Live By）』の中でこう書いている。「医師として患者と向き合う中で、疑念や戸惑いや動揺、そして恐怖に震える魂が生み出す苦しみを労働が癒《いや》してゆく様子を目撃するのは、この上なく素晴らしい体験だった。……仕事がもたらしてくれる勇気は、エマソンが無限の輝きであると称した自信というものと同じなのだ」

もし仕事をせずにただ座り込んで指をくわえていたならば、チャールズ・ダーウィンの言う「御託を並べるおしゃべり屋《wibber gibber》」が、ぞろぞろと絶え間なく生まれ出てくるばかりである。この昔から息づく小悪魔《ゴブリン》に取り憑かれてしまえば、私たちは行動力も意思力もすべて奪われ、ふぬけのようになってしまう。

ニューヨークに、とにかく忙しくして不安に任せる時間を捨てることで、この「御託を並べるおしゃべり屋」に立ち向かった男がいる。ウォール街四〇番にオフィスを持つ、トレンパー・ロングマンという人物で、私の成人クラスの生徒だった。彼が不安を克服した体験談があまりに面白く感動的だったので、私はクラスの後に食事に誘い、日付が変わるまで話に花を咲かせたのだった。彼の話というのを紹介しよう。

「十八年前、私は不安でたまらず不眠症になってしまいました。気持ちが張り詰めいらいらし、いつもびくびくしていました。このままノイローゼになってしまうに違いないと思っていました。

不安なのには理由がありました。私は、ニューヨークの西ブロードウェイにある、クラウン・フルーツ&エクストラクト社で会計の仕事をしていました。会社は五十万ドルを投資して、ガロン缶のいちごの缶詰を作っていました。それを二十年間にわたり、アイスクリーム業者に売り続けてきたのです。ですが、会社の業績にとつぜんのブレーキがかかりました。ナショナル・デイリー社やボーデンズ社などが製造量を急激に増加させ、経費節約のために樽《たる》詰のいちごを仕入れるようになったのです。

私たちの手元に残されたのは、五十万ドル分のいちごだけではありません。向こう十二ヶ月にわたり、さらに百万ドル分のいちごを購入するという契約も、手つかずのまま残っていたのです！　銀行からは、もう三十五万ドルを借りていました。清算することも、あらたに借り入れることもできません。それは、不安にだってなろうというものでしょう！

私はすぐさまカリフォルニア州ワトソンヴィルの工場へと駆け付けると、社長に、状況が急変して今会社は存亡の危機を迎えているのだと訴えました。ですが、信じてもらえません。それはすべてニューヨーク支社のセールス部門の怠慢だというのです。

何日間も説得を続けてようやく私は、すぐにいちごの缶詰作業を中止し、在庫しているいちごをサンフランシスコの青果市場へと流すように社長を説得することに成功しました。ですが、それで解決するはずが、不安は解消できませんでした。不安とは、習慣化するもの。私はすっかり、不安を習慣にしてしまっていたのです。

ニューヨークに戻った私は、あらゆることに不安を抱きはじめました。イタリアでのいちごの仕入れ、ハワイでのパイナップルの仕入れ、とにかくなにもかもです。気持ちが張り詰め、そわそわして眠ることもできません。さっきも言ったとおり、ノイローゼ一直線だったのです。

絶望のどん底で、私は不眠症と不安とを払拭《ふっしょく》してくれた新しい生き方へと、自分を切り替えました。とにかく忙しくしたのです。自分になんとかできる問題を見つけたならば片っ端から手をつけ、不安でいられる時間をゼロにしたのです。週に七日、働きとおしました。一日に十五、六時間は仕事をしていたでしょう。毎朝八時にはオフィスに出勤し、ほとんど深夜まで仕事をしました。新しい義務と、新しい責任とを自ら背負いました。そして深夜に自宅に戻ってベッドに倒れ込むと、ものの数秒で眠りに落ちてしまったのです。

これを三ヶ月間にわたって続けました。そのころにはすっかり不安の習慣もなくなっていたので、私は通常通り週五日、一日七、八時間の仕事へと戻しました。十八年前の話です。それからは、不眠症にも不安にも悩まされたりしていません」

ジョージ・バーナード・ショーは、「人が不幸になるのは、自分が幸か不幸かあれこれ頭を悩ませる暇があるからだ」と言っているが、まさにそのとおりだ。そんなことは、考えても意味がない！　とにかく腕まくりをし、仕事に没頭するしかないのだ。そうすると血液は循環しはじめ、心が命を刻みはじめる。すると間もなく、このポジティブな肉体の力が、心から不安を追い出してしまうのだ。仕事に没頭すること。これは地上でもっとも安価で、もっとも効率的な薬なのだ。

不安という習慣を無くすには……。

ルール一　仕事に打ち込む。不安に駆られ続けているならば、その絶望に負けないために、行動し続けなくてはいけない。

第七章　カブトムシに負けるな

　これから紹介する劇的な物語を、私はきっと生涯忘れることがないだろう。話してくれたのは、ニュージャージー州メイプルウッド、ハイランド通りに住む、ロバート・ムーア氏だ。

「人生最大の教訓を私が学んだのは、一九四五年三月、インドシナ海の深度約八十五メートルでのできごとだった。私は八十八名の乗組員のひとりとして、潜水艦バヤに乗り込んでいた。レーダーは、日本軍の小さな護衛艦隊がこちらに向かってくるのを捉《とら》えていた。夜明けが近づくとともに、私たちは攻撃に備えて潜行を開始した。潜望鏡を覗《のぞ》くと、日本軍の駆逐艦とタンカー、機雷敷設艦の船影が見えた。まずは先頭の駆逐艦めがけて魚雷を三本発射したが、どれも外れてしまった。どの魚雷も、なんだか調子がおかしいようだった。駆逐艦は、自分に向けて魚雷が放たれたことにも気づかずに航行を続けた。私たちは今度は最後尾にいる機雷敷設艦に標的を定めたのだが、とつぜん駆逐艦が向きを変え、こちらへと向かいだしたのが見えた。日本軍の航空機が水面下十八メートルにいる私たちを見つけ、無線で知らせたのだ。私たちは探知されないよう水深四十五メートルまで深度を下げると、水中機雷への備えを固めた。予備のボルトでハッチをさらに固定し、音を立てないよう、冷房やあらゆる電気機器に取り付けられたファンを止めた。

三分後、辺りは地獄へと様変わりをした。艦の周囲で六つの水中機雷が爆発し、我々を水深八十五メートルの海底へと突き落としてしまったのだ。私たちは震え上がった。水深三百メートル以内で攻撃を受けるのはものすごく危険なことであり、それが百五十メートル以内ともなると、ほとんど死は免れない。だというのに私たちが攻撃を受けたのは、安全などとはほど遠い、たかだか水深八十メートルそこそこの海中なのである。

それから十五時間にわたり、日本の機雷敷設艦は水中機雷を投下し続けた。

もし機雷が潜水艦から六メートル以内で爆発すれば、艦体には穴があいてしまう。十五メートル以内で爆発する機雷の数は、数え切れないほどだった。私たちはとにかく物音を立てないよう、寝台に身を横たえて息を潜めていた。恐ろしくて、呼吸もろくにできないほどだった。「死んでしまう」。私は何度も何度もそう繰り返した。「死んでしまう！……死んでしまう！」。ファンと空調のスイッチが切られていたので、艦の内部の気温は四十度にも届きそうな勢いだった。だが恐怖のあまり凍えていた私はセーターとファーのついたジャケットを羽織り、それでもまだ寒いほどだった。歯がガチガチと音を立てた。冷たくべとついた汗が流れた。しかし攻撃開始から十五時間が過ぎたころ、ぴたりとそれが止んだ。どうやら水中機雷が底を尽き、引き上げていったのだろう。その十五時間は、千五百万年にも長く感じられた。私の脳裏を、それまでの人生がぐるぐると走り抜けていった。

自分が犯してきた過ちや、くよくよ悩んだ些細《ささい》なできごとをなにもかも思い出した。海軍に入隊する前は、銀行員として働いていた。勤務時間が長く、給料も低く、出世も見込めないこの仕事に、私はいつでも憂鬱を抱いていた。マイホームも買えず、新車も買えず、妻にいい服を着せてやることもできない暮らしは、不安に溢《あふ》れていた。あの口やかましい老人部長のことが、どれだけ嫌でたまらなかったことだろう！ すっかりいらいらして帰宅すれば、ほんのつまらないことで妻と口論になったりもした。かつて自動車事故でできてしまった醜い額の傷痕《きずあと》も、私はとても嫌だった。

数年前、そうしたできごとは私にとって本当に大ごとだった！ だが、水中機雷の攻撃を受けて死にかけてみれば、いったいなんと些細なできごとばかりなのだろう。そのとき私は、もし再び太陽や星々をこの目にすることができたら、もう決して憂いたりすまいと心に誓ったのだった。絶対に！ 絶対に！ 絶対に！ あの海底での恐ろしい十五時間は、シラキュース大学で必死に勉強した四年間よりも深く、生きるとはどういうことなのかを私に教えてくれたのだった」

私たちは人生の大災難に立ち向かう勇気を持っているというのに、つい目先の小さないらいらに目を向け、それに負けてしまう。サミュエル・ピープスは、ロンドンにてハリー・ヴェイン卿《きょう》の断首刑を見物したときのことを、日記に書き留めている。ハリー卿は断頭台に上がると命乞《いのちご》いをする代わりに、首の腫《は》れ物が痛いからそこには触らないでくれと処刑人に懇願したというのだ。

またバード提督は南極の冷気と暗闇の中、部下の男たちが重要なことよりも目先のつまらないことにばかり騒ぎ立てていたという。部下たちはどんな危険や困難も、ときに零下三十度近くにもなるその気候すらも、不満ひとつなく耐えてみせた。「だが、ふと同じテントの者同士が口をきかなくなってしまったことがあった」と提督は言う。どちらの荷物がどちらの陣地に入ったとかで、険悪になってしまったのだ。また、食事を飲み込むまでには二十八回嚙《か》まなくては気が済まない『咀嚼男《そしゃくおとこ》』の前では、どうしても食事が喉《のど》を通らないという隊員もいた。

南極のキャンプでは、訓練された隊員たちだろうとも、そうした些細なものごとで狂気の縁まで追い詰められてしまうのだ。

バード提督にはぜひとも「結婚生活では、些細なものごとが人を狂気の縁まで追い詰めてしまう。そして、世界を取り巻く苦しみや悲しみの半分は、そうした些細なものごとから生まれている」と書き加えて欲しかった。

まったく同じことを口にする権力者たちも多い。

たとえば、四万件にも上る離婚夫婦たちの調停を行ったシカゴのジョセフ・サバス判事は「結婚生活に訪れる不幸の原因にはほぼすべて、ごくごくつまらないことが根底にある」と言っている。また、ニューヨーク州地方検事のフランク・S・ホーガンは、こんなことを話している。「私たちが法廷で扱う事件の半分以上は、とても些細なことに端を発する事件ばかりだ。バーでのいさかい、家庭での口論、言葉や行動による侮辱……。そうした些細なことが、傷害事件や殺人事件へと繋《つな》がっているのだ。むごたらしい、ひどい仕打ちを受けるなどということは、我々にはほとんどない。世界にはびこる苦しみや悲しみの半分以上は、自尊心に対する些細な攻撃や侮辱を受けたり、虚栄心を傷つけられたりすることがきっかけで生まれているのだ」

エレノア・ルーズベルトは結婚当初、新しいコックの料理が口に合わず何日も頭を悩ませたという。だが、「でも今同じ目に遭っても、肩をすくめて済ませてしまうでしょうね」と彼女は語る。なるほど。それこそ感情任せではない、大人らしい振る舞いというもの。かの啓蒙《けいもう》専制君主、女帝キャサリンですら、コックが料理を失敗したときには笑い飛ばしたのだという。

妻とともに、シカゴの友人宅から夕食に招かれたときのこと。友人が肉を切る際、ちょっとしたへまをやらかしてしまった。私は気づきもしなかったし、気づいたところで気にも留めなかったろうが、彼の妻はすぐさま彼を怒鳴りつけたのである。「ジョン、気をつけなさいよ！　いつになったら上手に切れるようになってくれるのよ！」彼女はそれから私たちの顔を見ると「いつも失敗ばかりするのよ。憶《おぼ》えようとしてくれないの」と言った。

確かに、自分がやろうという気はないのかもしれないが、それでもあの奥さんと二十年も連れ添っている彼には感服する。彼女の小言に煩わされながら北京ダックやフカヒレのご馳走《ちそう》を食べるくらいなら、のんびりホットドッグでも食べているほうが、私はましだと思う。

それからしばらくして、今度は私たち夫婦が友人たちを自宅での夕食に招いた。だが彼らが到着する直前、テーブルクロスとセットのナプキンが三枚欠けていることに妻が気づいた。そのときのことを、妻が後々話してくれた。

「すぐコックのところに行くと、三枚とも洗濯に出してしまった後だったの。でももうお客さんは到着寸前で、取り替えるような時間はなかったわ。もう、泣き出してしまいそうだった！　頭の中は『なんでこんなつまらないことで、夕食を台無しにされなくちゃいけないの！』という気持ちでいっぱいだったわ。でもふと、じゃあそれでいいじゃないと思ったの。せっかくの夕食なんだから、楽しみましょうって。そうしたら、楽しめた。神経質で細かい女だと思われるより、主婦のくせにだらしないと思われてるくらいのほうがいいじゃない？　それに私の見るかぎり、ナプキンのことに気づいた方なんて、ひとりもいらっしゃらなかったのだし！」

法律に関する有名な格言に「法は些細なことに関与しない」というものがある。私たちも悩みから解放されて心の平穏を手にしたいならば、そうでなくてはならない。たいていの場合、些細なものごとに煩わされないために必要なのは、力点を動かすこと、つまり新しい、そしてポジティブな視点を心の中に持つことだ。私の友人で『巴里《ぱり》見るべし』をはじめ多くの本を書いたホーマー・クロイは、これを語る上でとてもいい例といえる人物だ。

ニューヨークのアパートで執筆していた彼は、暖房機のラジエーターが立てるやかましい音で、半狂乱のようになっていた。蒸気が噴き出す音に悩まされ、机に座る彼はいらいらしっぱなしだった。彼が、こんな話をしてくれた。

「あるとき、友人たちとキャンプに出かけたときのこと。焚《た》き火の中でたきぎがはぜる音を聞いているうちに、それがラジエーターの騒音と実によく似ていることに気がついた。こんなに似てるのに、なぜ片方は心地よく、片方は不快なのだろう？　自宅に戻ると、僕は自分に問いかけてみた。『燃えるたきぎの音は心地よく、ラジエーターの音はほとんどそれと変わらない。だったら、騒音などと思わずぐっすり眠れるんじゃないか？』ってね。そうしたら、本当にぐっすり眠れたんだよ。何日間かは気になったけど、すぐにすっかり忘れてしまうことができた。

だいたいの悩みというのは、同じように馬鹿馬鹿しいことだ。嫌悪していらいらしてしまうのは、大げさに気にしてしまっているからなんだよ」

ディズレーリは「小さなことにこだわっている間に、人生は終わってしまう」と言う。アンドレ・モーロワは『ディス・ウィーク』誌で書いている。「この言葉のおかげで、私はたくさんのつらいできごとを乗り越えてくることができた。人はしばしば、気にする価値もないつまらないような些細なことに囚《とら》われ、いらいらするに任せてしまう。……この地上で生きていられるのなどたかだか数十年に過ぎないというのに、一年も経てば誰も憶《おぼ》えていないようなことで思い悩み、かけがえのない時間をすっかり無駄にしてしまう。それではだめだ。私たちはこの人生を価値のある行動に、感情に、思考に、真実の愛に、そして永遠の営みのために捧《ささ》げなくてはいけない。小さなことにこだわっている間に、人生は終わってしまうのだから」

ラドヤード・キップリングのような優れた人物でも、「小さなことにこだわっている間に、人生は終わってしまう」ということを忘れてしまうことがあった。そして、バーモント州史上もっとも有名な法廷論争で、義理の兄と闘うことになってしまったのだ。この一件はあまりにも有名になり、『ラドヤード・キップリングとバーモントの闘争』という本にもなっている。

ことの顚末《てんまつ》はこうだ。キップリングはバーモント出身の、キャロライン・バレスティアという女性と結婚し、バーモント州ブラトルバラに素敵な家を建てた。義理の兄となったビーティ・バレスティアとキップリングは、すぐに親友同士になり、仕事も遊びも共にするようになった。

やがてキップリングは、季節が変わるたびにバレスティアに牧草を刈る権限を与えるという条件を元に、彼から土地を購入した。だがある日バレスティアは、キップリングがこの牧草地に花園を作っているのを発見すると、血を煮えたぎらせ激怒する。キップリングも退《ひ》かなかった。バーモントのグリーン・マウンテンに、不穏な空気が立ち込めはじめた。

数日後、キップリングがサイクリングをしていると、目の前に義兄の駆る多頭立ての馬車が飛び出して来たので、彼は自転車から振り落とされてしまった。かつては「周囲の人間がみな頭に血を上らせてあなたを責めていても、あなたが冷静でいられたなら」と書いたはずのキップリングだったが、すっかり自分の頭に血を上らせて、バレスティアの逮捕状を請求。それに続いて、世間をあっと言わせる裁判の火蓋《ひぶた》が切られた。大都市からは続々と記者たちが街へとなだれ込み、ニュースは世界を駆け巡り、てんやわんやの大騒ぎになった。この闘争のおかげでキップリングと妻はその後、アメリカに住むことができなくなってしまった。それもこれも、たかだかひと山の牧草という、実につまらない原因が引き起こした事件がもとなのであった。

二十四世紀も昔にペリクレスが言った言葉を紹介しよう。「諸君、我々はつまらぬことにだらだらとかかずらいすぎる！」まさにそのとおり！

次に、ハリー・エマーソン・フォズディック博士から聞いた、非常に面白い話を紹介したい。戦い抜き、そして敗れた森の巨人の物語である。

コロラド州ロングズ・ピークの山肌に、ある巨大な古木のなれの果てが残っている。自然学者によると、四百年かそこら昔の木なのだという。かつてサン・サルバドルにコロンブスが上陸したころに芽を出し、プリマスに清教徒たちが移り住んで来たころには若木へと生長していた。長い時間を経てゆっくりと生長しながら、木は十四回も落雷に打たれ、四世紀にわたり数え切れないほどの雪崩と嵐とに晒《さら》された。だが、木はそれでも生き残った。しかし、カブトムシの一群がむらがって来ると、ついに木を倒してしまったのだ。群れをなして木に喰《く》らいつき、微力ではあるが絶え間ない攻撃を重ねたあげく、生命力を徐々に滅ぼしていってしまったのである。年月にも、雷にも、そして嵐にも負けることの無かったこの森の巨人は、親指と人差し指でひねりつぶしてしまえるほどの小さなカブトムシたちによって、ついに倒されてしまったのである。

私たちは皆、この森の巨人と同じではないだろうか？　私たちも嵐や雪崩、そして落雷を生き抜いたあげく、不安という小さなカブトムシに喰い破られてしまってはいないだろうか。指でつまめばつぶせてしまうような、小さなカブトムシに。

数年ほど前、私はワイオミングのグランド・ティートン国立公園を、州の高速道路監督官であるチャールズ・シーフレッドと、彼の友人数人と共に車で走っていた。公園の中にある、ジョン・D・ロックフェラーの所有地を見に行くところだった。だが私の運転する車は道を間違え、ようやく所有地の入り口へと到着したのは、他の車よりも一時間も遅れてからのことだった。私有地の鍵《かぎ》を持つシーフレッド氏は、蚊のぶんぶん飛び回る蒸し暑い森の中、一時間も私たちのことを待っていてくれていた。あの蚊の群れの中にいては、聖人でも正気を失っていてもおかしくなかったろう。だが、チャールズ・シーフレッド氏は違った。彼は私たちを待つ間にアスペンの枝を一本切り、それで笛を作っていたのである。そして彼は蚊を口汚く罵《ののし》ることなどせず、その笛を吹き鳴らして我々を待っていたのだった。私は、些細《ささい》な物事などでは動じない男の記念品として、その笛を今でも大事にしている。

習慣化した不安に壊されてしまう前に不安に打ち勝つには……。

ルール二　取るに足らないような些細なことで自分を見失ってはいけない。「小さなことにこだわっている間に、人生は終わってしまう」。この言葉を胸に刻むこと。

第八章　数多の不安を追い出す法

ミズーリの農場で少年時代を過ごした私は、ある日母の手伝いをしてサクランボの種を取りながら、急に泣き出してしまった。母が「デール、いったいどうして泣いてるの？」と言った。私は「生きたままお墓に埋められちゃうかもしれないと思うと、すごく怖いんだ！」と、べそをかきながら答えた。

そのころの私は、不安でいっぱいだった。雷が鳴っていれば、打たれて死んでしまうのではないかと不安でたまらなかった。家が貧しくなれば、満足に食事ができなくなるのではないかと不安になった。死んだら地獄に行くのではないかと、いつでもびくびくしていた。年上のサム・ホワイトといういじめっこに「そのでかい耳を切り落としてやるぞ」と脅されれば、本当に切られてしまうんじゃないかと怖くてしょうがなくなった。帽子を取って挨拶《あいさつ》しても女の子たちに笑われるだけなんじゃないかと、ずっと不安だった。誰も私なんかとは結婚してくれないんじゃないかと、心配ばかりしていた。結婚したら、自分の奥さんにどう話しかければいいのかも分からずびくびくしていた。きっとどこか田舎の教会で式を挙げ、縁飾りのついた馬車で農場へと戻って来るのだろう……

その馬車の車内で、どうやって農場までの道のりの話題をもたせればいいのだろう？　どうやって？　いったいどうやって？　畑を耕しながら私は延々と、そんな大問題のことばかりに頭を悩ませていたのだった。

歳をとるにつれ、私はだんだんと「心配ごとの九十九％は起こらない」ということが分かってきた。

たとえば、さっきも書いたとおり私は雷が怖くてたまらなかった。だが今は、安全性評議会の統計により、年間三十五万人にひとりしか落雷による死亡者が出ないことを知っている。

生きたまま埋葬されることへの恐怖など、さらに不条理だ。怖くてたまらなかったのは確かだが、そんな目に遭う人物など一千万人にひとりすらいなかっただろう。

今は、八人にひとりが癌で命を落とす時代だ。不安に思うのならば、落雷や生き埋めよりも癌を患うことのほうを心配するべきなのだ。

確かに私が今書いているのは幼いがゆえの不安、未成熟であるがゆえの不安のことだ。だが、成熟した大人の持つ不安であろうと同じことなのだ。もし私たちが平均の法則に照らし合わせて自らの不安を考えてみたならば、今抱えている不安の九割は即座に消滅してしまうに違いない。

世界最大級の保険会社である英国のロイズ保険は、「人はほぼ起こりえないことへの不安に頭を悩ませる」という傾向を利用して、巨万の富を築き上げた。人びとが懸念するような大災害などまず起こりえないという自らの判断に、賭《か》けたのである。だが、彼らはそれを賭けとは呼ばず、代わりに「保険」と呼んだ。しかしその実情は、平均の法則に基づいた賭けなのである。この巨大保険会社はすでに二百年にわたる隆盛を誇っているが、人の持つ性質が変化でも起こさない限り、今後も五十世紀は安泰だろう。靴、船舶、封蠟《ふうろう》など、そうしたものにまつわる災害や災難は、平均の法則から見てみれば、人が思うほどそう頻繁に起こるようなものではないのだ。

平均の法則を調べてみると、思いも寄らない事実に驚かされることになる。たとえば、今後五年間のうちに私がゲティスバーグの戦いのような恐ろしい戦争に加わらなければいけないとしたら、私は恐ろしくなってかけられるだけの生命保険を自分にかけるだろう。そして遺言状をしたため、「きっとこの戦争からは生きて帰ってくることができないから、残された数年を精一杯楽しもう」と、やらねばいけないことをすべてしようとするだろう。だが、果たしてそれでいいのだろうか？　平均の法則によると、ゲティスバーグの戦いに出ることと何ごともなく五十歳から五十五歳までの五年間を生きることの危険性と致死性は、ほとんど変わらないのだ。つまりこういうことだ。五十歳から五十五歳までの千人あたりに見られる平常時の平均死亡者数は、ゲティスバーグの戦いに参加した十六万三千人の兵士の千人あたりの平均死亡者数と同じなのである。

この本のうち何章かは、カナディアン・ロッキーにあるボウ湖畔に立つ、ジェームズ・シンプソンという友人の別荘で書いたものだ。そこでひと夏を過ごしている間に私は、サンフランシスコ、パシフィック通り二二九八に住むハーバート・H・サリンジャー夫妻と知り合った。奥さんのほうは落ち着いた物腰も静かな婦人で、これまで不安に追われた経験などないのではないかという印象を受けた。ある夜、音を立てて燃える暖炉の前に座りながら、私は今まで不安に悩まされた経験はないのかと、彼女に訊《たず》ねてみた。

「悩まされた経験ですか」。彼女が言った。

「悩まされたというより、不安のせいで人生が台無しになってしまったと言ってもいいですわ。不安に打ち勝つ方法を見出《みいだ》すまで、私は十一年もの間、自分で作り出した地獄で苦しみ続けてきたんです。そのころは、とにかくいらいらしてすぐに頭に血を上らせていました。いつでもひどく気持ちを張り詰めさせていたのです。毎週サン・マテオの自宅からサンフランシスコのお店まで、バスで買い物に出かけていました。ですが、買い物をしている間でさえ、不安のせいでそわそわしっぱなしなのです。もしかしたらアイロンをつけっぱなしにしてきたのではないか。もしかしたら自宅が火事になっているのではないか。もしかしたらメイドが子どもを放り出して逃げてしまっているのではないか。もしかしたら子どもたちが自転車で外に出て事故に遭っているのではないか……。そして買い物もまだ終わっていないというのに不安に耐えきれなくなってしまい、この目で無事を確かめようとバスに飛び乗ってしまうのです。最初の結婚が不幸な結果に終わってしまったのも、無理のない話です。

ふたりめの夫は弁護士だったのですが、物静かで論理的で、なにごとにも不安など抱かないような人でした。私がいらいらしたり不安になったりしているのを見ると、『落ち着けよ。考えてみようじゃないか……。いったい、本当に不安なのはどんなことなんだい？　平均の法則を元に、その不安が本当に現実になりえるかどうか、ひとつ検証してみよう』と言うのです。

たとえば、ニューメキシコ州のアルバカーキからカールズバッド・キャバーンズ国立公園まで車を走らせていたときのことです。道は舗装もされておらず、とつぜんひどい暴風雨に巻き込まれてしまいました。

車はタイヤを取られてずるずる滑りっぱなしで、思うようになど進んでくれません。きっと道路を飛び出して沿道の溝にはまってしまうに違いないという思いに、私は囚《とら》われていました。その横で夫はずっと、こう繰り返していました。『こうしてゆっくり走らせていれば、大変な事故になどなりはしないよ。それに、もし本当に溝にはまってしまったとしても、平均の法則から考えれば、私たちが怪我をするようなこともないさ』その落ち着きと頼もしさに、私は気持ちが落ち着くのでした。

ある夏、私たちはカナディアン・ロッキーのトンキン渓谷へとキャンプ旅行に出かけました。ある夜、海抜二千百メートルでキャンプを張る私たちを、テントも引きちぎらんばかりの嵐が襲いました。テントは木の台座にガイロープで結びつけてあったのですが、外側のテントは風に揺すられて軋《きし》み、まるで悲鳴のように恐ろしい音をあげていました。私は、いつテントが風に煽《あお》られ空に飛んでいってしまうかと思うと、生きた心地もしませんでした！　そんな私のそばで、夫はずっとこう言っていました。『いいかい、よくお聞き。僕たちには案内の名手、ブルースター家の案内人がついてるじゃないか。彼らは辺りの山々にテントを張って六十年というベテランだ。このテントにしたって、何年もここに張られているんだが、こうして風にも吹き飛ばされていないじゃないか。平均の法則からいってそれが今夜起こるなどとは考えにくいし、もし吹き飛ばされたにしても、他のテントに行けばいい。だから安心しなさい……』。私はその言葉に心を落ち着かせ、その夜はぐっすり眠ることができたのです。

今から何年か前に、カリフォルニアの私たちの住むあたりで小児麻痺《しょうにまひ》が大流行したことがありました。かつての私だったら、ひどく取り乱していたことでしょう。ですが夫が、落ち着くようにと私をなだめてくれました。できるかぎりの予防措置を取り、子どもを人混みに近づけず、学校にも映画館にも行かせませんでした。衛生局に問い合わせてみると、カリフォルニアでもっとも小児麻痺が発生したときでさえ、州全体で麻痺にかかった子どもの数はたった千八百三十五人であること、そして通常ならば二、三百人程度であることが分かりました。そんなにたくさん子どもたちがと思うと悲しいのは事実でしたが、それでも平均の法則に当てはめてみると、子どもが小児麻痺にかかる危険性はごくごくわずかなものであるのは明らかでした。

『平均の法則から見て起こりえない』という言葉は、私の不安の九割を解消してくれました。おかげで私はここ二十年間、自分では想像もつかなかったような、安らかで平和な日々を送り続けることができたのです」

アメリカ史でもっとも偉大なインディアンの戦士、ジョージ・クルック将軍は自伝の中で、「インディアンの持つほぼすべての不安と不幸とは、現実ではなく自らの空想の産物である」と書いている。

過去を振り返ってみれば、私の不安もほとんどはそれと同じだったのだと分かる。ニューヨーク市フランクリン通りにジェームズ・A・グラント配給会社を構えるジム・グラントは、彼もまたそうだったのだと私に話して聞かせてくれた。彼の会社では、一度に貨車十台から十五台分のフロリダ産オレンジとグレープフルーツの買い付けを行う。だがかつては不安を抱き、自らを苦しめ続ける日々を送っていたのだという。もし列車が事故を起こしたらどうなるだろう？　果物が線路脇の野原に散乱してしまったら？　列車の通過中に鉄橋が崩落してしまったら？　もちろん果物には保険がかけてあるが、予定どおりに果物が配給できなければ市場を失ってしまうように思えて気が気ではなかったのだ。彼は不安に怯《おび》えるあまり胃潰瘍《いかいよう》を患ったと思い込み、病院に駆け込むことになった。そこで医師から、神経過敏になっているが特に問題はないと告げられたのである。

「その言葉に光を見た気持ちになり、私は自分に『ジム、君はここ何年、何台の貨車に果物を積んで運び続けてきた？』と問いかけてみました。答えは二万五千台でした。そこでさらに『その中で、事故を起こした貨車は何台あった？』と訊《たず》ねてみました。おそらく五台でした。私は自分にこう言い聞かせました。『二万五千台のうち、たった五台だろう？　君にも分かると思うが、たった五千分の一の確率じゃないか！　経験を元に平均の法則にあてはめれば、貨車一台が事故を起こす確率は、たった五千分の一なんだぞ。なぜそんなにびくびくしているんだ？』

やりとりは、さらに続きました。『鉄橋が壊れるかもしれないじゃないか！』『鉄橋の崩落で、何台の貨車を失った？』『ゼロだ』『じゃあ君は、まだ起こったこともない鉄橋の崩落や、たった五千分の一の確率でしか起こらない列車事故が不安になるあまり、自分のことを胃潰瘍だと思い込んだというのかい？』

そう考えてみると、なんだか馬鹿馬鹿しくなってきてしまいました。そのときに自分の不安などは平均の法則に任せてしまおうと思い立ち、それっきり胃潰瘍で煩わされたりするようなことはなくなったのです！」

アル・スミスはニューヨーク知事を務めていたころ、何度も「記録を調査しよう……記録を調査しよう」と、政敵からの攻撃的な質問に答えていた。彼はそして実際に、事実を並べ立ててみせた。もし私たちがまだ見知らぬことへの不安に駆られたならば、彼の言動からヒントを得るといい。記録を調査して、本当に不安にならなくてはいけないような原因があるのかを探ってみるのだ。

フレデリック・J・マールステッドは、自分が墓穴に寝ているのではないかと恐ろしくなったときに、まったくこれと同じことをした。これは、彼がニューヨークで開かれた成人クラスで私たちに話して聞かせてくれたエピソードである。

「一九四四年の六月初旬、第九九九通信連隊に所属してノルマンディで地中暮らしを送っていた私は、オマハ・ビーチの近くに掘られた塹壕《ざんごう》に身を横たえていました。長方形に掘られた塹壕を見回して、私はふと『まるで墓穴みたいだ』とつぶやきました。そこに横になって眠ろうとすると、本当に墓穴のように感じられてしまうのです。『これは僕の墓穴なんだ』という考えが、どうしても頭を離れませんでした。夜十一時にドイツ軍の爆撃機がやってきて爆弾を落とし始めると、私は恐ろしさで縮こまりました。最初の二、三日は、一睡もできませんでした。四日目か五日目の夜を迎えるころには、もう神経が崩壊寸前という状態でした。なにもしなければ発狂してしまうと、気持ちは焦る一方です。だから、『五日過ぎたがまだ無事だし、連隊の誰も死んだりしていないじゃないか』と自分に言い聞かせたのです。ふたりだけ怪我人がいましたが、彼らも爆撃で負傷したのではなく、落下してきた味方の高射砲弾の破片に当たって負傷したのです。私は、なにか建設的なことをして不安を追い払おうと決意すると、落ちてくる高射砲弾の破片から身を守るために、自分の塹壕に分厚い木の屋根をつけました。味方は広大な範囲にわたって部隊を展開させています。私は、この深く狭い塹壕で死ぬとしたら直撃を受けたとき以外には考えられないぞ、と胸の中で言いました。ですが、直撃を受ける可能性など万にひとつもありません。そう考えるようにして二日も経つと気持ちが落ち着き、たとえ落ちて来る砲弾の中であろうと熟睡できるようになっていたのです！」

アメリカ海軍はこの平均の法則を、兵士たちの士気を高めるのに利用していた。ある元水兵から、こんな話を聞いた。水兵たちはハイ・オクタン・タンカーでの任務を命じられると、不安で動けないほどになったという。ハイオクのガソリンを積んだタンカーが魚雷の直撃でも受けたなら、まずひとたまりもないはずだ。

だがアメリカ海軍は、それが間違いであるのを分かっていた。そこで魚雷の直撃を受けた百隻のタンカーのうち六十隻が沈没を免れたこと、沈没した四十隻のうち十分経たずに沈んだタンカーが五隻しかなかったことを示す、正確な資料を公表してみせたのである。これはつまり、「船から退避する時間はじゅうぶんあると同時に、死亡率はものすごく低いのだ」ということを示していた。これを受けて、兵士の士気はどう変わっただろう？

「平均の法則について知ったおかげで、私の不安は消え去りました」。この話を聞かせてくれたミネソタ州セントポール、ウォルナット通り一九六九に住むクライド・W・マースは語る。

「私だけではなく、乗組員全員の不安がです。勝ち目はあるのだと理解し、戦死するようなことはないのだと感じたのです」

不安という習慣に壊される前に先手を打つには、このルール三を憶《おぼ》えてほしい。「では記録を調査しよう」。そして、自分にこう問いかけてみる。「平均の法則から見て、今不安に思っている事態が起こる確率はどのくらいだろう?」

第九章　変えられない運命と調和すること

少年だったころ、ミズーリ北西部にある古い空き家に忍び込み、屋根裏部屋で友人たちと遊んだことがあった。屋根裏部屋から出ようとして、私は窓枠に足をかけるとそこから地面に飛び降りた。だが、私が人差し指にはめていた指輪が突き出していた釘《くぎ》に引っかかり、私の指がちぎれてしまったのだ。

思わず悲鳴をあげた。これは死んでしまうに違いないと、恐ろしくてたまらなくなった。だが手が治ってからというもの、そのことで頭を悩ませたことは一度もない。悩んだところでどうなるだろう？……私は運命を受け入れたのだ。

現在、私の左手には親指を除いて指が三本しかないが、そんなことは月に一度くらい気になる程度のものである。

数年ほど前、ニューヨーク市街にあるオフィスビルで、運搬用エレベーターの運行を任されている男性と出会った。彼の左手に手首から先がないのに気づいた私は、それでなにか困ったことがあるかと訊ねてみた。「とんでもない。考えることもほとんどないよ」と彼は答えた。「結婚してないから自分で裁縫をするんだが、針に糸を通すときくらいだね、思い出すのは」

自分が適合しなければいけないことや、忘れなくてはいけないこと――人はそうした状況がどんなものであろうと、驚くほど柔軟に受け入れていく。

よく、オランダのアムステルダムに立つ十五世紀の寺院で見た、古い碑文を思い出す。そこにはフラマン語で、こう書かれていた。

「すべてはありのまま。そうとしかあり得ず」

誰でも過去を振り返ってみれば、どうしようもない不幸な時間は数限りなく見つかる。だが、それは変えられないこと。その過去を変えられないものとして受け入れてゆくのか、抗《あらが》おうとして人生を荒廃させ、ともすれば神経をずたずたにされてしまうのか。その選択は、私たちの手の中にあるのだ。

私の尊敬する哲学者、ウィリアム・ジェームズの言葉を紹介しよう。「ありのままを受け入れなさい。ものごとを受け入れることは、あらゆる不幸を乗り越えるための第一歩である」

オレゴン州ポートランド、NE四十九番通り二八四〇番に住むエリザベス・コンリーは、深い苦しみの末にこのことに気がついた。彼女から最近届いた手紙を、ここに紹介したい。

「北アフリカでの勝利でアメリカが沸いていたその日、私は陸軍省から一通の電報を受け取りました。最愛の甥《おい》が、作戦中に行方不明になったというのです。そしてその後すぐ、彼の戦死を知らせる電報が届きました。

悲しくて悲しくてたまりませんでした。それまでは、苦しみなど知らない人生を歩んできたのです。大好きな仕事にもつけました。甥を育てる手助けもしました。甥はそれを受けてすくすくと育ち、素敵な青年へと成長してくれました。私はまるで、水に投げ入れたパンがどれもこれもケーキになってもどってくるような、そんな気持ちだったのです！……そこへ、あの電報が舞い込んできたのでした。世界が壊れてしまったかのような衝撃を受けました。もう、生きていてもしょうがないような気持ちにすらなりました。仕事も、友人も、放り出してしまったのです。なにもかも、どうでもいいような気分でした。なにを見ても、苦しみと怒りしか込み上げて来ません。なぜ最愛の甥が死ななくてはならないのでしょう？　なぜまだ将来のあるあんな素晴らしい子が、命を取られなくてはならないのでしょう？　とても受け入れられるものではありませんでした。私は悲しみのあまり仕事を辞めてしまうと、涙と悲しみに濡《ぬ》れそぼりながら、身を隠すように暮らすことに決めました。

仕事を辞めるためにデスクを整理しているとき、忘れていた一通の手紙を見つけました。その数年前に私の母が亡くなったとき、戦死した甥が書いてくれた手紙です。

『みなとても悲しい気持ちですが、特に叔母《おば》さんの悲しさは計り知れません。でも、いつか前を向ける日が来ると僕には分かっています。叔母さんの信念があるかぎり、絶対に大丈夫です。叔母さんから教わったその信念を、僕はかたときも忘れません。どんなに離れていようとも微笑みを忘れず、なにがあっても男らしく生きなさいと言われたことを』

私は何度もその手紙を読み返しました。まるで甥がすぐそばで、私に語りかけてくれているかのようでした。彼が『僕に教えてくれたように、自分でもしてごらん。何があっても胸を張るんだ。悲しみは微笑みの下に隠して、胸を張るんだよ』と、私に言っているように感じたのです。

だから私は仕事に戻りました。もう、くよくよとし続けるのはやめです。胸の中で、いつでも『済んだことよ。もう変えられないの。でも、あの子が願うような生き方を私が選ぶことはできる』と繰り返し続けました。そして、全身全霊で仕事に打ち込みました。自分の子どもでなくとも、兵士たちに手紙を書きました。夜には成人クラスに通い、新しい知識や友人と出会いました。そして、自分に起きた変化に思わず目を見はりました。過去を嘆く気持ちが、いつしかすっかり消え去ってしまっていたのです。今の私は、甥が望むように喜びに溢《あふ》れて毎日を生きています。人生と調和したのです。自分の運命を受け入れたのです。今は、これ以上なく人生を味わいつくしながら生きているのです」

エリザベス・コンリーは、我々の誰もが遅かれ早かれ学ぶことを、こうして学んだ。それはつまり、運命を受け入れ、それと調和することだ。

「すべてはありのまま。そうとしかあり得ず」。これは、そう簡単に身につくものではない。玉座を頂く王たちですら、常に自ら心に留め続けなければいけない言葉だろう。ジョージ五世はバッキンガム宮殿にある自分の書庫の壁に、こんな言葉をかけていた。「月を求めて嘆かず、こぼれたミルクを嘆かぬ道を教えたまえ」

同じことを、ショーペンハウアーも言葉を変えて「人生の旅路をゆくためにはまず、十分な諦《あきら》めが肝心だ」と言っている。

言うまでもないことだが、身のまわりの状況だけで人の幸と不幸とが決まるわけではない。人がどう感じるかは、本人が状況に対してどう反応するかで決まるのだ。キリストは、「汝《なんじ》のなかに天国はある」と説いた。だがそこにはまた地獄も存在しているのだ。人は必要とあらば、災難や苦難を乗り越え、それに勝利することができる。自分ではできないような気がしていても、自分が顔を上げさえすれば湧き出してくる大きな力の源が私たちの中にはあるのだ。人は、自分が思うよりも強いものなのだ。

故ブース・ターキントンは、いつもこう口にしていた。「人生に強いられることならば、何でも耐えることができる。だがたったひとつ、盲目だけは別だ。これればかりは耐えがたい」

だが六十歳を過ぎたある日のこと、ターキントンが床に敷かれたカーペットに目をやると、色がかすんで見えるではないか。模様が判別できないのだ。彼は専門医に駆け込むと、そこで愕然《がくぜん》とする事実を耳にする。視力を失いかけていたのだ。片目はもうほとんど見えておらず、もう片目も時間の問題だった。もっとも恐れていたことが、現実となって彼にのしかかろうとしていたのである。

　さて、この最悪の事態にターキントンはどう向き合ったのだろうか？「もうおしまいだ！人生の終わりだ！」と絶望したのだろうか？　いや、ちがう。彼にとっても意外なことに、すっかり明るい気持ちだったのである。冗談さえ飛ばしてみせたのだという。目の前には小さな斑点《はんてん》がふらふらと横切り、視界を邪魔して彼を苛立《いらだ》たせる。しかし、とりわけ大きな斑点が目の前に現れると、彼はこう言った。「やあ、また爺《じい》さんのお出ましだ！　この天気のいい朝に、いったいどこへお出かけかな？」

　こんな人物を、運命は果たして打ち負かすことができただろうか？　いや、できなかった。やがてすっかり視力を失いかけると、ターキントンはこう言った。「目が見えなくなったとしても、他のあらゆることと同じく受け入れられるのだと私には分かった。もし五感すべてを失おうとも、私はこの心の中で生きてゆくことができる。意識しているいないにかかわらず、人は心で見て、心に住んでいるものなのだ」

　視力を回復させるべく、ターキントンは一年のうちに十二回もの手術を受けた。それも、局所麻酔のみで手術したのだ！　だが、彼は何の不満も漏らしたりはしなかった。他に道はないのだ、自分の苦しみを和らげるには受け入れるしかないのだと分かっていたのだ。入院生活では個室を拒み、それぞれ病を抱えた他の人びとと大部屋で過ごすことを選んだ。そして、周囲の患者を励まし続けた。そして、また意識のあるまま手術を受けなくてはいけなくなっても、自分がいかに運に恵まれているのかを思い出そうとした。そして、こう口にした。「素晴らしい！　今や科学は人の眼球のような繊細なものを手術できるほど、見事に発達しているのだ！」

十二回以上にもおよぶ手術と失明の恐怖のなか、普通の人間ならば神経を崩壊させてしまうに違いない。だが、ターキントンは「もっと幸せな人生があったとしても、私は今のほうを選ぶよ」と言ってのけた。彼はこの経験を通して、受け入れることを知ったのだった。人生になにが起ころうとも、自分の心の強さには太刀打ちできないと知ったのだった。ジョン・ミルトンの言葉のように「目が見えないのが不幸なのではなく、目が見えないことに耐えられないのが不幸なのだ」ということを、彼は悟ったのだった。

ニュー・イングランドの有名なフェミニスト、マーガレット・フラーは、かつて「万物を受け入れる！」というモットーを掲げていた。偏屈者のトーマス・カーライルはこれをイングランドで耳にすると、「おやおや、いいことを言うじゃないか」と鼻を鳴らしてみせたという。まさにそのとおり。私たちも運命を受け入れるべきなのだ！

どんなに抗い、愚痴をこぼしてみたところで、変えられないものはどうしても変えられない。だが私たちには、自分を変えてゆくことができる。私はそれを、身をもって知っている。

私はかつて、受け入れがたい現実に歯向かったことがあった。愚かしいことにその現実に不満をぶちまけ、抗ってみせたのだ。おかげで夜は、不眠症の地獄と化してしまった。望まないことばかり、次々と背負い込んでしまった。そして自らを苦しめ続けた一年が過ぎたころ、私は初めから予感していたとおり、すべてを受け入れざるをえなかったのだと理解した。

ウォルト・ホイットマンの言葉を、何年も前に叫ぶべきだったのだ。

さあ立ち向かおう。夜に、嵐に、飢えに、
嘲《あざけ》りに、災難に、妨害に。
木々や動物たちと同じように。

私はかつて、十二年にわたり家畜の世話をしてきた。だが、日照りやみぞれや寒さのせいで牧草がだめになってしまったからといって腹を立てる牛も、恋人が他の雌牛に目移りしたからと激怒する牛も、見たことがない。動物たちは夜に耐え、嵐に耐え、そして飢えにもただじっと耐える。だから神経衰弱に陥ることも、胃潰瘍《いかいよう》を患うこともなく、狂気に駆られることもない。

私の書いていることは、どんな逆境に見舞われようとも大人しくそれを受け入れろ、と言っているように聞こえるだろうか？　だとしたら、それは違う！　それではただの運命論というものだ。目の前の状況を打破できる可能性があるのならば、そのときは闘わなくてはいけない！　だが、常識で考えて自分たちがどうしようもない、変えることのできないことに直面しているのならば、じたばたしたり違った現実を夢見たりしないのが、正気の沙汰《さた》というものなのだ。

コロンビア大学の学長を務めた故ホーキンス学長は、『マザーグース』の一篇をモットーに掲げていた。

この世のすべての病気には
薬のあるもの、ないものがある。
薬があれば見つけよう。
薬がなければ忘れよう。

この本の執筆中、私はアメリカの一流ビジネスマンたちに何人も話を聞いた。そして感銘を受けたのは、彼らが変えられぬ運命というものを受け入れ、とことん不安から解放された人生を歩んでいるということだった。もしそうでなければ、彼らは精神的な緊張でぼろぼろになってしまっているだろう。いくつか、例を紹介しよう。

全国チェーンで知られるペニー・ストアの創設者であるJ・C・ペニーが、かつて私にこう話してくれた。「たとえ一文無しになったとしても、悩んだりはしない。悩んだところで、なにも得られるものなどありはしないからだ。私はただベストを尽くし、結果は神の手に委《ゆだ》ねるとするよ」

ヘンリー・フォードもまた、同じようなことを言っていた。「もし私の手に負えないようなことになったら、運命に任せよう」

クライスラー・コーポレーションのK・T・ケラーは、どうやって悩みを遠ざけるのかと私が訊《たず》ねると、こう答えてくれた。「苦境に直面して、もし自分になにかできると思えば、そうするよ。なにもできなければ、忘れてしまう。未来のことは気にしない。というのは、未来になにが起こるかなど誰にも絶対に分からないからだ。未来は、あらゆる力が働いて形づくってゆく！　そうした力がどんな刺激を生むのかも分からなければ、理解することもできはしない。だったら、不安を抱いたところでしかたないだろう？」

こうは言っていても、K・T・ケラーは思想家や哲学者の類《たぐい》ではない。彼はただ優れたビジネスマンだが、十九世紀前にローマのエピクテトスが説いたのと同じ哲学に行き着いたのである。「幸福への道は、ひとつしかない」。エピクテトスは、ローマ人たちにこう説いた。「それは、我々の意志ではどうにもできないことに、不安を抱かないことだ」

「聖なるサラ」として知られるサラ・ベルナールは、運命をいかに受け入れるかを理解していた代表的な女性である。半世紀にわたり彼女は四つの大陸で銀幕の女王として、世界最高の女優として、人びとに愛され続けた。だが七十一歳のときに彼女は破産してすべての財産を失うと、同時にかかりつけの医師であったパリのポッチ教授から、片脚を切断しなくてはならないと告げられたのだった。大西洋を横断中の船のデッキで嵐に見舞われ転倒し、片脚に重傷を負ってしまったのである。静脈炎が進行し、その脚は見る影もなく細ってしまっていた。さらに猛烈な痛みを伴っていたため、医師は切断に踏み切ろうと決心したのである。嵐のごとく気性の激しい「聖なるサラ」にその決断を告げることを、医師はためらった。きっとこの残酷な知らせを聞けば、サラが極度のヒステリーを起こすのではないかと思ったのだ。だが、医師は間違っていた。サラはしばらくじっと彼を見つめて、こう言ったのである。「そうしなくてはいけないのなら、そうしなくてはいけませんね」。それは運命だったのだ。

手術室に向かうためストレッチャーに寝かされた彼女のそばで、息子が泣いていた。彼女はにっこり微笑んで彼に手を振ると、明るい声で言った。「ここで待っててちょうだい。すぐに戻って来るから」

彼女は手術室へと運ばれて行きながら、かつて自分が演じた役の台詞《せりふ》を口にしてみせた。誰かが、自分を励ますためにそうしたのかと訊ねると、彼女はこう答えた。「いいえ。先生や看護師さんたちを励ますためよ。きっと緊張されているでしょうから」

手術から回復するとサラ・ベルナールは、七年をかけて世界じゅうを回って聴衆を魅了した。

エルシー・マコーミックは『リーダーズ・ダイジェスト』誌の記事のなかで「運命に

抗《あらが》うのをやめると、人生をより豊かなものへと作り替えてくれる力が解放される」と言っている。

変えられない運命に立ち向かい、さらに新たな人生を作りあげてゆくことのできるような精神力と体力とを持ち合わせた人間など、誰もいない。道はひとつしか選べはしない。人生という抗えない吹雪を黙って受け入れるのか、それとも抵抗してぼろぼろになってしまうのか、どちらかである。

ミズーリにあった私の農場で、こんなことがおこった。私はそこに、何本という木々を植樹したことがあった。最初のうち、木々はびっくりするほど早く生長した。だがやがてものすごい吹雪がやってくると、枝という枝をすっかり分厚い氷で覆い尽くしてしまった。木々はその重みに大人しく頭を下げようとはせず頑《かたく》なに抵抗したので、やがて枝は折れ、樹皮は裂け、切り倒してしまわなくてはならなくなった。北国の木々がどう生き抜いているのか、私の木々は知らなかったのである。延々と広がるカナダの常緑樹の森をずっと旅したことがあるが、氷の重みで折れてしまった木などまず見掛けなかった。あの森はどう身をしならせ、どう枝を垂らし、どうその重みを受け入れればいいのかをよく知っていたのだ。

柔術の達人は「樫《かし》のように力に逆らうのではなく、柳のように曲がれ」と教える。

なぜ自動車のタイヤが、あんなにも過酷な役目を無事に果たすことができているのか、ご存じだろうか？　最初メーカーは、道路からの衝撃をはねのけることのできる頑丈な商品を作ろうとした。だが、これは瞬く間にずたずたになってしまった。そこで今度は、同じ衝撃を吸収できるタイヤを作ることにした。衝撃を「受け入れる」ことのできるタイヤである。私たちも、人生というでこぼこ道の衝撃を吸収し、受け入れる方法を身につければ、もっと長く、もっと楽しいドライブを続けてゆくことができるのだ。

では、受け入れるよりもはねのけようとすると、どんなことが起こるのだろう？「柳のように曲がる」ことをせず「樫のように力に逆らって」いると、どうなってしまうのだろう？ 答えは、考えるまでもない。心の中に摩擦を引き起こし、不安や緊張感、苛立《いらだ》ち、そしてノイローゼに悩み続けることにしかならないはずだ。

もし目の前の現実を拒絶して、自ら思い描いた夢の国へと逃げ込んだところで、正気を失ってしまうのがおちなのだ。

第二次大戦中は何百万という兵士たちが、現実を受け入れるか、それとも精神を引き裂かれるかを強いられた。その分かりやすい例として、ニューヨーク州グレンデール、七十六番街に住む、ウィリアム・H・カセリアスの話をしよう。これは、彼がニューヨークの成人クラスで賞を獲《と》ったスピーチである。

「沿岸警備隊に入隊してすぐ、私は大西洋岸にある酷暑の地域へと配属されました。爆薬の管理を任されたのです。まさかと思いました。ビスケットのセールスマンから一転、爆薬の管理者ですよ！ そんな私には、何千トンというTNT火薬の上に立っているのだと思うだけでも、背筋が凍りつくほどでした。講習はたった二日だけでしたが、そこで教わったことのせいでよけいに恐怖が膨れあがりました。着任当日のことは忘れられません。濃い霧の立ちこめた暗く寒い日で、ニュージャージー州ベイヨンのケーヴン・ポイントにある埠頭《ふとう》での任務を命じられたのです。

　私の受け持ちは五番船倉で、他に五人の港湾労働者と一緒でした。逞《たくま》しい連中でしたが、爆薬のことなどこれっぽっちも知りませんでした。その彼らが、一トンものＴＮＴ火薬を含んだ大型爆弾《ブロックバスター》を運び込んでいるのです。ひとつでも爆発すれば、そんなぼろ船など木っ端微塵《みじん》です。二本のケーブルを使って大型爆弾を船に降ろしてゆくのを見守りながら、私は不安でたまりませんでした。ケーブルがどちらか外れたらどうするんだ！　そう胸の中で繰り返しながら、震え上がっていました。口の中はからからで、膝《ひざ》はがくがくと笑い、心臓は早鐘のように打っていました。ですが、逃げ出してしまえば逃亡罪になってしまいます。私も両親も面目まる潰《つぶ》れですし、逃亡の罪で射殺すらされかねません。逃げるわけには絶対にいきません。だから、男たちがぞんざいに大型爆弾を運んでいる様子を、じっと見守り続けました。船は、いつ吹き飛んでも不思議ではありません。一時間かそこらそうしてびくびくしているうちに、私はわずかに落ち着きを取り戻しはじめました。そして、自分にこう言い聞かせたのです。『落ち着け！　吹き飛ばされたって、それがどうした！　大して変わりなんてありゃしないじゃないか！　むしろ楽に死ねるってもんだ。癌で死ぬのよりずっとましだ。考えてもみろ。どうせいつかは死ぬんだ！　これをやり遂げるか、それとも死ぬか。どっちがいいかは分かり切ってるだろう』

そうして何時間か自分に語りかけているうちに、だんだんと気持ちが楽になってきました。そして、目の前の絶望的な状況を受け入れることによって、不安と恐怖とを克服することができたのです。あの教訓は忘れません。今では、自分にはどうしようもないことで不安に襲われかけると、いつも肩をすくめて『気にするな』と言うことにしています。これは、効果抜群です。私のような、ビスケットのセールスマンにもね」

素晴らしい！　このビスケット・セールスマンに、惜しみない拍手を贈ろうではないか。

キリストのはりつけを除けば、歴史上もっとも有名な死といえば、ソクラテスの死である。今から百万年が過ぎようとも、人びとはプラトンがそのことについて書いた文章を――すべての文学の中でもっとも感動的で美しい文章を読んで心を震わせることだろう。裸足《はだし》のソクラテスを羨《うらや》み、そして妬《ねた》んだあるアテナイ人たちは、彼に濡《ぬ》れ衣《ぎぬ》を着せると裁判にかけ、死刑を宣告した。ソクラテスに好意的だった牢番《ろうばん》は、彼に毒薬の入った杯を差し出しながら、こう言った。『どうかこの変え難き運命を、心安らかにお受け入れくださいますよう』

ソクラテスは、その言葉に従った。神々しさすら感じさせる穏やかさと諦念《ていねん》を持ち、自らの死と向かい合ったのである。

『どうかこの変え難き運命を、心安らかにお受け入れくださいますよう』

これはキリスト生誕の三百九十九年前に口にされた言葉だが、今、この不安に満ちあふれた時代にこそ生きる言葉である。

『どうかこの運命を、心安らかにお受け入れくださいますよう』

過去八年間、私はわずかでも不安を消す方法が書かれていれば、どんな本や雑誌にも必ず目を通してきた。その中で不安というものについて私が見出《みいだ》した最高のアドバイスを、あなたにも伝えたい。ここに短くまとめるので、洗面所の鏡などに貼りつけ、顔を洗うたびに不安も一緒に洗い流してしまって頂きたい。このかけがえのない祈りは、ニューヨークのブロードウェイと百二十番街の交差点にあるユニオン神学校で応用的キリスト教の教授を務める、ラインホルド・ニーバー博士によるものである。

神よ、変えられないものを受け入れる心の平静をお与えください。変えられることを変えるための勇気と、その違いを知る知恵とを。

不安の習慣。その先手を打つには。四つめのルールを教えよう。

変えられない運命と調和すること

第十章　あなたの不安にストップロス・オーダー《損切り注文》をかける

　株取引で大金を作る方法を知りたくはないだろうか？　あなた以外にもそれを知りたがっている人びとは星の数ほどいる。もし私がその答えを知っているならば、この本にとてつもなく高い価格を付けてもどんどん売れることだろう。この話を聞かせてくれたのは、チャールズ・ロバーツ氏。ニューヨークの東四十二番街にオフィスを構える投資カウンセラーである。

「私が最初にニューヨークに来たのは、友人たちから株式市場に投資してほしいと二万ドルを預かってきたのが最初でした。ですが、自分ではすっかりベテラン気取りだったのに、最後の一セントまで失ってしまったのです。もちろん、大きな利益を出したこともあったにはあったのですが、結局はすっからかんになってしまったのです。

　自分の金を失ったのはあまり気にしていませんでした。しかし、いくら裕福な連中とはいえ、友人たちの金まですってしまったのは、ひどく申し訳ない気持ちでした。失態のせいで再び顔を合わせるのもひどく気が引けましたが、この友人たちというのが実に潔いばかりか、どうしようもない楽天家ばかりだったのです。

私は、自分がそれまで運や人の意見にばかり頼って、いちかばちかの勝負をし続けてきたことを思い知りました。H・I・フィリップスの言葉を借りれば『耳で投資してきた』のです。

私は自分の犯してきた失敗を振り返り、また株式市場へと舞い戻る前に、すべてを把握するのだと胸に誓いました。そこで、もっとも成功した株式投資家として名高いバートン・S・キャッスルズを探し出し、知り合いになったのです。彼はもう何年もその名声を欲しいままにしていましたし、そうした成功とは偶然や運では手に入れられないのも分かっていましたので、きっと彼からは多くのことを学ぶことができるに違いないと私は信じ込んでいました。

彼は私にいくつか質問をすると、私が『株取引でもっとも大事な原則はこれだ』と思うことを教えてくれました。『僕はどんな取引にも必ずストップロス・オーダー《損切り注文》をかけることにしている。たとえばひと株五十ドルの株を買ったとすると、すぐに損切りを四十五ドルに設定するんだ』

これはつまり、もし相場が買値よりも五ドル下回ると自動的に売却され、損失を五ポイントに抑えるということです。

『もし、理に適《かな》った投資ができていれば、あなたの利益は平均して十ポイント、二十五ポイント、もしかしたら五十ポイントにもなるだろう。だから、損失を五ポイントで止めさえしておけば、半分以上の取引で失敗しても、まだ大きな利益を出すことが可能というわけだ』

私はその直後から今まで、ずっとその原則を使い続けてきました。私やクライアントも、どれだけ儲《もう》けることができたか分かりません。

しばらくして、私はこの『ストップロス・オーダー《損切り注文》の原則』が、株式市場の外でも使えることに気がつきました。いらいらすることや腹がたつことに出くわすと、私はストップロス・オーダーを出すようにしたのです。効果は、まるで魔法のようでした。

たとえば、よくランチを一緒にするのに、まず時間どおりになど来ない友人がいます。おかげでこちらは昼間から三十分も、いらいらしながら待たされることもざらでした。そこで、不安とストップロス・オーダーの話を彼に聞かせることにしました。そして『ビル、君を十分待ったら、僕はそこでストップロスをかける。もしそこまで待っても来なかったら、僕は待つのをやめて帰るよ』と伝えたのです」

いやはや！　もし何年も前から自分がこの「ストップロス・オーダーの原則」を知っていたならば、短気や癇癪《かんしゃく》、後悔に悩まされることもなく、心を張り詰めさせてくたくたになるようなこともなかっただろうに。私はただ、心の平穏を脅かそうとしている状況を常識的に見つめ、「おいデール、この場合は、そのくらい腹を立てればもう十分だろう」と自分をたしなめれば、それでよかったのだ。なんと馬鹿だったのだろう？

とはいえ、私もまったくの馬鹿だったというわけではない。かつて、私の描いていた夢や将来設計、そして長年費やしてきた労力が無になってしまいかけたときのできごとを話そう。三十代に突入して間もなく、私は人生を小説の執筆に費やそうと心に決めた。第二のフランク・ノリス、ジャック・ロンドン、トマス・ハーディを目指そうと思ったのだ。本気だった私は、第一次大戦直後のインフレを避けるべくヨーロッパに二年ほど移り住んだ。ドルがあれば、ヨーロッパでの生活には金がかからなかったのだ。その二年間で私は入魂の一作を書き上げると、『ブリザード』とタイトルをつけた。

これは、まさにぴったりのタイトルだった。出版社の反応は、ダコタの平原を吹きすさぶブリザードのように冷たいものだったのである。代理人から「君には小説家としての才能はまったく無い」と告げられると、私の心臓は停まりかけた。頭がくらくらしていた。ゴルフクラブで頭を殴られたほうが、まだましな気分だったろう。とにかく呆然《ぼうぜん》としていた。自分は人生の岐路に立たされているのだと思い知り、今こそ大きな決断をすべきなのだと感じた。どうすればいいのだろう？　どの道をゆけばいいのだろう？　我を取り戻すのには、何週間もかかった。当時は、ストップロス・オーダーの原則のことなど私はこれっぽっちも知らなかったのだ。だが今こうして振り返れば、そのときの自分が同じことをしていたのが分かる。私は小説の執筆に打ち込んだ二年間を「他で得られない貴重な体験」ということにして切り捨て、前に進んでゆくことにしたのだった。私は元どおり成人クラスの教室へと舞い戻り、空いた時間を利用して伝記や、あなたが今読んでいるような実用書の執筆に取り組んでいったのである。

さて、それで私は幸せだったのだろうか？　このことを考えると、私はいつも嬉《うれ》しさのあまり踊り出したくなってしまうほどだ！　自分はトマス・ハーディ二世になれないのだと痛烈に思い知ったあの日から、私は一日たりとも一時間たりともくよくよしたことなどない。

一世紀前、ウォールデン湖の湖畔にコノハズクの声が響くある夜のこと、ヘンリー・ソローは羽根ペンを手作りのインクに浸し、日記にこう書き綴《つづ》った。「何ごとも、いわゆる人生とそっくり引き換えだ。今すぐか、それとも時間をかけてかはともあれ、その交換は避けられない」

言い換えるならば、身に余る支払をしてしまうのは馬鹿げているということだ。

だが、ギルバートとサリバンはこの馬鹿をやらかしてしまうことになった。楽しい言葉と音楽とを作り出す才能には長《た》けていたこのふたりだったが、楽しい人生を作り出すことにかけては、悲しいほど無知だったのである。『ペイシェンス』『軍艦ピナフォア』『ミカド』など楽しいオペレッタの数々を作り出して世界に楽しみを与えたふたりだったが、当の本人たちは楽しいどころかひどい癇癪持ちだったのだ。たった一枚のカーペットの値段程度のことで、何年でもいがみ合ったのだという。サリバンは、ふたりで購入した新しい劇場にと、新しいカーペットを買った。この請求書を見ると、ギルバートは怒り狂った。そしてその喧嘩《けんか》を裁判所へと持ち込むと、それ以降、生涯互いに口を利こうともしなかった。サリバンは新作のために曲を書き下ろすと郵便でギルバートに送り、ギルバートがそれに詩をつけると、また郵便でサリバンへと送り返した。ふたり並んでカーテン・コールに現れてもステージの反対側に立ってそれぞれ別の方向に会釈をし、目を合わせようともしなかったという。ふたりは、リンカーンとは違い、ストップロス・オーダーを出すだけの思慮を持ち合わせていなかったのである。

南北戦争のさなか、友人たちが敵の悪口を言い始めると、リンカーンはこう言った。

「どうやら君たちは私よりも、個人的な恨みを胸に抱いているようだ。私もけりがついたと思っているわけではないが、それでもそうした恨みはほとんど持っていない。口論に人生の半分を費やすなど、もったいないとは思わないか？　私はもし自分への攻撃を相手がやめれば、相手の過去もすべて忘れるよ」

私の叔母《おば》のエディスにも、彼のような寛容な精神を持っていてほしかった。彼女はフランク叔父《おじ》さんと一緒に抵当に入った農場に住んでいたのだが、農場にはオナモミが生い茂り、土壌も水はけもひどいものだった。だがエディス叔母さんは、暮らしぶりは貧しく、硬貨一枚たりとも無駄にできないような状況だった。だがエディス叔母さんは、自宅を飾り立てるためにカーテンや小間物などを買い込んでくるのが好きだった。ちょっとした品々をミズーリ州メルヴィルにある衣料品店で買い込んではツケにしてきてしまうので、フランク叔父さんは借金の不安を抱えっぱなしだった。ツケが溜《た》まり続けることを恐れた叔父さんは、衣料品店の店主に掛け合って、もう妻にツケで買い物をさせないでくれと頼み込んだ。それを耳にすると叔母さんは怒り狂った。そしてほぼ五十年経ってもなお、ずっと怒り続けているのである。何回彼女からそのときの話を聞かされたか、もう分からないほどだ。最後に会ったのは、叔母さんが七十代後半のころだった。僕は言った。「叔母さん、確かにフランク叔父さんはひどいことをしたかもしれないよ。でも、五十年経ってもなお怒り続けるなんて、よほどひどいことだとは思わない？」（無論、聞く耳など持ってはおられなかった）

エディス叔母さんは、自分の胸の中にある憎悪と嫌な思い出とを膨らませるための対価として、心の平穏をすっかり差し出してしまったのだった。

ベンジャミン・フランクリンは七歳だったころ、その後七十年にわたり心から消し去ることのできなかった失敗を犯した。それは七歳の彼が、ホイッスルにすっかり夢中になってしまったことである。彼は胸をときめかせながらおもちゃ屋へと出かけてゆくとレジに小銭を積み上げ、値段も聞かずにホイッスルをくださいと伝えた。その七十年後、彼は友人への手紙に「家に帰ると、ホイッスルが手に入ったのが嬉しくて、吹き鳴らしながら家じゅうを駆け回った」と書いている。だが、実際の価格よりもずっとたくさんの金を払ってきてしまったことが判明し、兄姉から大笑いされてしまうことになった。「悔し泣きの涙がこぼれた」と、フランクリンは綴っている。

やがて名を成したフランクリンは在仏大使になってもそのときのことが忘れられず、「あのホイッスルは、喜びよりも悔しさのほうが大きかった」と書いている。

だが、この授業料はフランクリンにとって安いものだったのだ。

「やがて成長し社会に出て人の営みというものを見てみると、多くの人びとが、本当に多くの人びとが、ホイッスルにお金を払いすぎているのだということに気がついた。言い換えるなら人間に降りかかる悲劇の大半は、人が物事の価値を見誤って、自分のホイッスルにお金を払いすぎてしまうから起こるのだ」

ギルバートもサリバンも、自分たちのホイッスルにお金を払いすぎてしまったのだ。この私にしても同じことだ。そして『戦争と平和』（新潮文庫　工藤精一郎《くどうせいいちろう》訳）と『アンナ・カレーニナ』（新潮文庫　木村浩《きむらひろし》訳）という世界的な傑作小説を執筆したレフ・トルストイも例外ではない。『ブリタニカ百科事典』によると、トルストイは人生最後の二十年間「おそらく世界でもっとも尊敬を集めた人物」であった。一八九〇年から一九一〇年に他界するまで、彼をひと目見たい、ひとことでも言葉をかけてもらいたい、袖《そで》でも構わないから手を触れたいと、人びとがひっきりなしに自宅にまで押しかけた。彼がなにか言葉を口にすれば、まるで神託のように記録に残された。だが、こと日々の暮らしのこととなると、トルストイは七十歳を迎えてもなお、七歳のフランクリンに及ばなかった。まったく常識知らずだったのである。

こんな話がある。トルストイは心から愛する女性と結婚をした。互いに愛し合うあまり、ふたりは「どうかこの幸福がいつまでも続きますように」とひざまずいて祈りを捧《ささ》げすらした。だがこの女性は、生まれつき嫉妬《しっと》の強い人であった。トルストイが森へと出かけると、農夫のような身なりをして彼を見張るような女だったのである。ふたりは、ひどい口論を何度も繰り返すようになった。彼女はますます嫉妬深くなると自分の娘にさえやきもちを焼き、彼女の写真を拳銃《けんじゅう》で撃ち抜きすらしたのだという。また、阿片《あへん》の入った瓶の口をくわえ、部屋の隅で泣き喚《わめ》く子どもたちの目も気にせず「死んでやる」とわめきながら床を転げ回ったこともあった。

さて、トルストイはいったいどうしたのだろう？　これだけの目に遭えば、たとえ家具をめちゃくちゃに壊したとしても、彼を責められはしない。だが、彼はもっとまずいことをしたのだ。秘密の日記をつけ、その中に妻への不満をぶちまけていたのである！これこそが、彼の「ホイッスル」だった。彼がこの日記を書いたのは、後の世の人びとに自らの正義を証明するためだったのだが、さて、妻はいったいどう反応しただろう？言うまでもない。日記をびりびりに破き、燃やしてしまったのである。そして今度は、トルストイを悪者にした日記を自分の手でつけはじめたばかりか、『悪しき者は誰か』という小説まで執筆し、その中で夫を悪魔呼ばわりし、自分を被害者としたのである。

なぜそんなことになってしまったのだろう？　なぜ唯一無二のものであるはずの家庭をふたりは、トルストイのいう「地獄の戦場」に変えてしまったのだろう？もちろん、理由はいくつかある。ひとつは、ふたりとも「自分こそ正しいのだ！」と世間に主張を通そうとしたからである。そう、後の世に生きる我々の意見までもがふたりは気になってしかたなかったのである。だが、いったいどちらが正しいのかなど、私たちはあの世でまでとやかく気にしたりなどしない。自分の問題だけでも手一杯なのに、トルストイのことなどかまっていられないのだ。まったく、ふたりはなんと高い代償を支払ったのだろう。どちらも「もうやめよう」と言い出さなかったおかげで、五十年にわたって地獄の業火に焼かれなければならなかったのだ。もしどちらかが「この辺で、狂った毎日にストップロス・オーダーをかけよう。これじゃあ人生の無駄使いだ。もうやめにしよう！」と言ってさえいれば、結果はまったく違っていたことだろう。

私は、価値を正しく見抜く目を持つことこそ、心の平穏をもたらす秘訣《ひけつ》であると信じている。そして、人生のためになにが必要なのかを見定める黄金の判断基準さえ持てば、それだけで不安の半分は消し飛んでくれるのだと信じている。

不安の習慣。その先手を打つには。その五つめのルールとは……。

もし人の暮らしにとって有害なものに大事なお金を使いたい誘惑に駆られたならば、一度立ち止まって三つの質問を自分にしてみること。

一　今自分が悩んでいることは、実際どれだけ重要なのだろう？

二　この不安には、どんなタイミングでストップロス・オーダーをかけ、忘れてしまうべきなのだろう？

三　このホイッスルには、いくら払えるだろう？　すでに多く払いすぎたりしていないだろうか？

第十一章　ノコギリでオガクズを挽いてはいけない

書きながら窓の外へと目をやれば、庭石や砂利の間にいくつか恐竜の足跡が見える。これは、エール大学のピーボディ博物館から買い取ったものだ。なんでも一億八千万年前のものらしい。たとえどんな愚か者でも、まさか一億八千万年前まで戻って足跡の形を変えてやろうなどという人はいないだろう。だが、それでも過去を思い悩み続けるよりはずいぶんましというもの。なにしろ私たちはたかだか百八十秒前に戻って過去を変えることすらできないのだ。確かに、その過去に受ける影響を変えてゆくことはできるだろうが、過去に起きたできごとそのものは、もうどうしようもないのである。

過去というものを建設的に活《い》かすための道は、ただひとつだけ。それは過去に自分が犯した過ちを冷静に分析し、そこに学び、あとは忘れ去ることしかない。それは間違いないが、これを実践するための勇気と分別とを、私はいつも持ち合わせているだろうか？

ここで、数年前に出会ったおもしろい体験をひとつ紹介しよう。ただの一ペニーも利益を上げられずに、三十万ドルがこの手から滑り落ちていった話である。ことの顚末《てんまつ》はこうだ。私は成人教育のために大きな事業を立ち上げると、いろいろな街に支店を置き、湯水のごとく経費や宣伝費を使いまくった。だが、教えるのがとにかく忙しく、資金繰りをチェックするような時間も気持ちもなかなか持てなかったのだった。経理を見ていてくれる優秀な人材が必要なのだということすら知らないような、無知な男だったのである。

ようやく一年後になって、私は愕然《がくぜん》とするような事実に気づいた。ものすごい額の授業料を集めているというのに、利益がまったく上がっていないのだ。それに気づくと、すべきことがふたつできた。まずは、銀行の破産によって生涯の貯《たくわ》え四万ドルを失った科学者、ジョージ・ワシントン・カーヴァーと同じ姿勢を持つことである。彼は、銀行の破産を知っているかと訊《たず》ねられると「ああ、そうらしいね」とだけ答えて授業を続けたそうだ。そして、失ったお金のことはすっかり忘れて、二度と口にすることもなかったという。

すべきことのふたつめは、この失敗から生涯の教訓を学び取ることだった。

だが正直に打ち明けると、私にはそのどちらもできなかった。むしろ不安の渦にもみくちゃにされて、数ヶ月間も立ち直れないままだったのだ。不眠症になり、体重もがた落ちしてしまった。この取り返しのつかない失敗から教訓を得るどころか、規模こそ小さいもののまったく同じ過ちを繰り返しすらしたのである。

こうして自分の馬鹿さ加減を受け入れるのも気持ちのいいものではないが、私はずっと以前に「どう行動すべきかを二十人に教えるのは難しくないが、自らその二十人のひとりとして自らの教えに従うことは簡単ではない」ということを、身をもって学んでいたのだった。

もし私もこのニューヨークでジョージ・ワシントン高校に通い、ブロンクス通り九三九に住むアレン・サンダースと同じくブランドワイン氏の教えを受けることができたら、あんなことにはならなかったろう。

サンダース氏は衛生学の授業において、ブランドワイン氏から生涯でもっとも重要な教訓を教わったという。

「私はまだ十代でしたが、ひどい心配性でした。自分の過ちにくよくよと思い悩み続けてばかりいたのです。試験の答案を提出しても、落ちたらどうしようかと思うと夜も眠れず、爪を噛《か》んでばかりいました。とにかくいつも、自分のしたことを悔やんではもっと上手《うま》くやれたのではないかという不安を感じたり、自分の発言を思い出してはもっといい言い方があったのではないかと後悔したりし続けていたのです。

ある日、クラスで科学室に集まると、もうブランドワイン先生が来ており、机の端には牛乳瓶が一本置いてありました。私たちは、その牛乳瓶と衛生学とになんの関係があるんだろうと首をひねりながら、それぞれ席に着きました。すると突然先生が立ち上がると流し台にミルクを瓶ごと投げ込み、こう言ったのです。『こぼれたミルクを嘆いても、なにも始まらん!』

先生は、流し台に集まって壊れた瓶の破片を見てごらんと言いました。『よく見なさい。そして、この教訓を今後ずっと忘れてはいけないよ。ミルクはもうすっかり排水管に吸い込まれてしまい、どんなに取り戻そうとあがいても、一滴たりとも戻ってはこない。もしちょっとでも気をつければ、あのミルクもこぼさずに済んだかもしれん。だが、こうなってしまったら手遅れだ。我々にできるのはあのミルクのことなど忘れて、次のことへと目を向けることだよ』

立体幾何学やラテン語を忘れてしまっても、あの実験はずっと私の心の中に残り続けました。むしろ、高校で過ごした四年間で、あれ以上に実生活で役立つ知識は他に無かったと言っても過言ではありません。おかげで私は、ミルクをこぼさないよう気をつけること、こぼしてしまったならばもう忘れてしまうことを学ぶことができたのですから」

あなたはもしかしたら『こぼれたミルクを嘆くなかれ』などということわざはとっくに知っていると、鼻で笑うかもしれない。もちろんこれは、今さら誰だって知っているようなことわざだ。あなたも、数え切れないほど耳にしてきたことがあるだろう。だが、このことわざの中にはあらゆる時代の叡智《えいち》が刻み込まれている。人びとは痛烈な苦境の中からこうした格言を生み出し、それを何世代も何世代も、延々と受け継ぎ続けてきたのである。もし、様々な時代を生きた賢者たちが不安について書き残してきた書物を読みあさったとしても、「渡らぬ橋の心配をするな」だとか「こぼれたミルクを嘆くなかれ」といったことわざよりも根本的で深い言葉には、まず出会えないだろう。もしこのふたつのことわざを鼻で笑わず活かそうと思えば、今私が書いているこの本など、まったく必要ないと言ってもいい。古いことわざのほとんどを信じることができるなら、私たちはほぼ完璧《かんぺき》な人生を手に入れることができるのだ。

だが、知識というものは実践なくして役に立つものではなく、この本の目的はあなたになにか新しいものを与えることではない。私がこの本を書くのは、あなたがすでに知っていることを呼び起こし、それを実践するようあなたの背中を押すためなのだ。

私は、たとえば故フレッド・フラー・シェッドのように、古い真理を新たな形で蘇《よみがえ》らせることのできる人物を尊敬してやまない。フィラデルフィア・バレティン紙の編集者であった彼は、ある大学での講義で学生たちにこう言った。「みなさんの中に、ノコギリで木を挽《ひ》いたことのある人はいるかな？ ちょっと手を挙げてみてくれないか」。すると、ほとんどの学生が手を挙げた。彼は次に「では、オガクズを挽いたことのある人はいるかな？」と訊《き》いた。今度は、誰も手を挙げなかった。

「もちろん、オガクズを挽くことなど誰にもできない」。シェッドは大声で言った。「もう挽かれてしまっているのだからね。そして、これは人の過去にも同じことが言える。過ぎてしまったできごとを不安に思いくよくよするのは、ノコギリでオガクズを挽こうとしているのとなにも変わらない」

野球界の伝説的人物、コニー・マックが八十一歳のとき、私は負け試合のことでくよくよしたことがあるかと訊ねたことがあった。

「ああ、昔は引きずったものだよ」。コニー・マックは答えた。「でももうずっと前に、そんな意味の無いことはやめてしまったよ。くよくよしても、前になど進めないのだからね。川に流れ込んでしまった水では、もう穀物を碾《ひ》くことはできないものさ」

まったくそのとおり。水が川へと流れ去ってしまった後ではもう、穀物を碾くことも、木を切ることもできなくなってしまう。だが、顔に刻まれた皺《しわ》やあなたを悩ませる胃潰《い かい》瘍《よう》となれば、話は別だ。

去年の感謝際に、ジャック・デンプシーと食事をした。彼はクランベリーソースをかけた七面鳥を食べながら、ジーン・タニーに敗北を喫して王座を明け渡したときのことを話してくれた。当然、彼のプライドはずたずたに引き裂かれた。「闘っている最中に、自分が老人になったように感じたんだ。十ラウンドを終えてまだ立ってはいたが、それだけでもう限界だった。顔は腫《は》れ上がって傷が開き、両目はほとんどふさがっていた。レフェリーがジーン・タニーの手を上げて、勝者を宣言するのが見えた。防衛に失敗してしまったんだ。私はうなだれたまま、観客たちを掻《か》き分けるようにして控え室へと戻って行った。私の手を摑《つか》もうとする観客や、目に涙を浮かべた観客もいた。

一年後、私はまたタニーとリングで向かい合った。だが、またしても私は敗れてしまった。落ち込み、くよくよしかけたが、こう自分に言い聞かせた。『過去を振り返って、こぼれたミルクを嘆いたりはしないぞ。あごに喰《く》らったこのパンチ、倒れずに耐え抜いてみせる』ってね」

ジャック・デンプシーは倒れなかった。いったいどうやって耐えたのだろう？　何度も何度も自分に「過去のことなど気にしないぞ」と言い聞かせて耐えたのだろうか？　いや、そんなことをしていたら、いつまでも過去に付きまとわれてしまうだけだ。彼はブロードウェイにジャック・デンプシー・レストランを、そして五十七番街にグレートノーザン・ホテルを開いたのだ。また、試合のプロモートをしたり、ボクシングのエキシビション・マッチに出場したりもした。そうして建設的な用事で忙しくすることで、過去を悔やむことへの誘惑を自ら断ち切ったのである。「ここ十年間は、現役王者だった時代よりも充実した人生を送っているよ」と、ジャック・デンプシーは語ってくれた。

苦境に立たされた人びとの自伝や伝記を読んでいると、私は過去を忘れて幸福な人生を手に入れようとする彼らの力に驚かされ、突き動かされてしまう。

かつてシンシン刑務所を訪れた私は、受刑者たちが壁の外にいる普通の人びととまったく変わらず幸福そうに暮らしているのを見て、心の底から驚かされた。当時の刑務所長だったルイス・E・ロウズにそのことを話すと、彼はこう答えてくれた。シンシンにやって来たばかりの受刑者たちは、たいてい恨みごとや不満ばかりを並べ立てる。だが数ヶ月も経つころになると、優れた受刑者たちは自らの苦難に心の整理をつけて刑務所生活を大人しく受け入れ、日々を最大限に生きようとし始めるのだ。元庭師だった受刑者は、歌を口ずさみながら野菜や花々の世話をしていたという。彼の分別には、私たちの多くが見習うべきところがある。彼は知っていたのだ。

指は書き、そして書き進む
どれほど祈りや知恵をもとうが
たかが半行も消すことはできず
どれほど涙を流そうが
言葉ひとつ洗い流せず

ならば、無駄に涙を流すことなどありはしない。もちろん、自らの過ちや愚かさからは逃れられない。だが、だからどうした。あなただけではないのだ。あのナポレオンでさえ、重要な戦いの三分の一には敗北を喫している。あなたの勝率も、ナポレオンとそう変わらないのではないのか。どうだろう？
王様の馬をみんな集めても、王様の家来をみんな集めても、過去を変えることなどできはしない。あなたに第六のルールを教えよう。

ノコギリでオガクズを挽いてはいけない。

パート3　まとめ
不安の習慣。その先手を打つには

ルール一　忙しくして、不安の黒雲を追い払う。くよくよと思い悩む自分を追い払うには、とにかく行動することが最上の手段のひとつになる。

ルール二　些細《ささい》なことに囚《とら》われてはいけない。小さなことにこだわっている間に、あなたの人生は破滅に向かってゆく。

ルール三　平均の法則を利用して、不安を払拭《ふっしょく》する。「本当にこれが起こる確率はどのくらいだろう？」と自分に問いかけてみる。

ルール四　変えられない運命と調和する。自分の力ではどうすることもできない状況だと感じたら、「しかたない。こうにしかならないんだ」と自分に言い聞かせる。

ルール五　胸の不安にストップロス・オーダーをかける。それ以上思い悩んでもしかたないというラインを定め、それ以上は悩まない。

ルール六　過ぎた過去を悔やまない。ノコギリでオガクズを挽いてはいけない。

パート4　平穏と幸福とをもたらす心の在り方を育てる七つの方法

第十二章　人生を変えてくれる言葉

数年前、ラジオ番組に出演したときにこんな質問を受けた。

「今までの人生で得た最大の教訓は何ですか？」

これは簡単だった。考えるのはいかに大事なことか、ということに尽きる。あなたがなにを考えているのかが分かれば、あなたがどんな人物なのかが分かる。思考が人を作り上げているのだ。心の在り方次第で、人生は決まってゆく。エマソンは「一日じゅう考えていることが、その人の姿なのだ」と述べているが、まさにそのとおり。他の姿でなどありえない。

断言してもいいが、私たちが向き合うべきもっとも大きな問題――いや、唯一の問題と言ってもいいが――は、「どう正しい考え方を選ぶか」ということである。それさえ解決すれば、ほとんどの問題は解決してしまうと言ってもいいぐらいだ。ローマ帝国に君臨した偉大なる哲学者マルクス・アウレリウスは、人の運命を導く短い言葉にそれをまとめている。

「人生とは、人の思考が作り上げるものだ」

そう。明るい思考を持てば、人生は明るくなる。不幸な思考を持てば、人生は不幸になる。思考が恐怖に溢《あふ》れていれば、人生は恐怖に溢れてしまう。病んだ考えに取り憑《つ》かれていれば、病気になってしまう。失敗ばかり気にしていたら、間違いなく失敗することになる。自己憐憫《れんびん》に囚われてしまえば、周囲の人びとに避けられ、敬遠されてしまう。

ノーマン・ビンセント・ピールは、こう言っている。「あなたは、あなたが考えているあなたではない。あなたの考えていることが、あなたなのだ」

あなたは、私がどんな問題に対しても底抜けの楽天家であれと言っているように感じるだろうか？　だとしたら、それは違う。人生とはそう単純なものではない。私が言っているのは、人生とネガティブに向き合うのをやめ、ポジティブに向き合うべきだということだ。たとえば、問題を心に留めておくのは重要なことだが、不安になるべきではない。「心に留める」ことと「不安になること」の違いとは、いったい何だろう？

説明しよう。たとえばニューヨークで混み合った道路を渡るときに、私は自分がなにをしているのか心に留めてはいるが、不安を抱いたりはしない。「心に留める」とは問題がなにかを理解し、それを解消すべく落ち着いてステップを踏むこと。一方「不安になる」ということは、意味のない狂気の輪の中を、ぐるぐる回り続けることである。

人は深刻な問題を心に留めていても、まっすぐ前を向き、胸にカーネーションを挿して歩くことができる。ローウェル・トマスがそうだった。彼と知り合ったのは、彼が第一次大戦のアレンビー・ローレンスを描いた有名な映画を公開したときのことだ。彼と助手たちは六箇所の戦線を渡り歩いて戦況を写真に収めてきたが、中でも目を引いたのは、T・E・ロレンスと部下のアラビア軍兵士たちを写した写真付きの記録の数々や、聖地パレスチナを奪還するアレンビー軍を撮影した記録映像だった。『パレスチナのアレンビーとアラビアのロレンス』と銘打たれた彼の講演は、ロンドンをはじめ世界各地で一大センセーションを巻き起こした。この冒険談と写真展をもっと多くの人に届けるためにコベントガーデン王立歌劇場を押さえたため、ロンドンのオペラ・シーズンが半年間の延期を余儀なくされたほどであった。ロンドンで大成功を収めた彼は、世界のいたる国々を回りはじめた。だが、信じられないような不運の連続に見舞われた後、想像すらつかなかった事態に彼は陥ることになる。ロンドンで破産してしまったのである。当時、私たちは一緒に過ごしていた。

　安レストランで貧しい食事をしなくてはならなかった。ジェームス・マクビーというスコットランド人の有名芸術家から金を借りられなければ、その食事すらもできないありさまだった。ここがポイントである。ローウェル・トマスが多額の借金を抱えてすっかり意気消沈していたのは確かだが、彼はその状況を心に留めることはしても、不安に思うようなことはなかったのだ。彼は、もし自分がこの苦境に打ちひしがれてしまえば、債権者をふくむすべての人びとに対して無価値な人間になってしまうのを分かっていたのだった。そこで彼は毎朝一日の始まりに花を一輪買って胸のボタンホールに挿し、しゃっきりと顔を上げて、活《い》き活《い》きとした足取りでオックスフォード・ストリートを歩いてゆくようになった。そうして明るさと勇気の思考を持つことで、苦境を追い払ったのである。彼にとってそうした敗北もまたゲームの一部であり、頂点へと向かうための最高のトレーニングだったのだ。

人の考え方は、肉体にも信じがたいような影響を及ぼす。イギリスの高名な精神分析医J・A・ハドフィールドの名著『力の心理学』を読んで、目を見はる人も多いだろう。「三人の被験者に握力計を握ってもらい、心理的な暗示がどのように握力に影響するのかを実験した」と、彼はその模様を書いている。その実験とは、三つの異なる状況下で、全力で握力計を握ってもらうというものである。

通常の状況下でのテストでは、全員の平均値は四十五・八キログラムだった。

次に被験者たちに「あなたの体はひどく衰弱している」と催眠術で暗示をかけたところ、平均値は通常時の三分の一程度、十三キログラムそこそこまで低下した（このうちひとりはプロボクサーだったが、この催眠術を受けて自分の腕が「まるで赤ん坊の腕のように細く小さく感じられた」と語っている）。

三度目の実験で、今度は逆に「あなたはものすごく強靭《きょうじん》な男だ」という暗示をかけると、平均値はなんと六十四キログラムにも到達した。ポジティブな思考で心が満たされた結果、彼らの身体的な力は実に五百％も向上したのである。

心の在り方とは、それほどまでの力を持っている。

その魔法の力を説明するために、アメリカ史上もっとも驚くべきエピソードを紹介しよう。南北戦争の終焉《しゅうえん》からまもない、ある十月の寒い夜のこと。この地上にはほとんど行くあてもないような貧しいホームレスの女性がひとり、マサチューセッツ州エームスベリーにある、退役海軍大佐の妻マザー・ウェブスターの自宅のドアを叩《たた》いた。ドアを開けると、そこに立っていたのは「骨と皮ばかりしかない、四十五キロそこそこの」今にも崩れ落ちてしまいそうなほどやせ衰えたグローバー夫人の姿だった。グローバー夫人は「自分に付きまとっている大きな問題について考え、それを解決するために寝床を探している」と伝えた。

「じゃあこの家はいかがでしょう?」。ウェブスター夫人が答えた。「この大きな家に、私しかいないんです」

グローバー夫人はそのままマザー・ウェブスター宅に厄介になり続けるつもりだったのだが、そこへニューヨークからウェブスター夫人の義理の息子、ビル・エリスが休暇を過ごしにやって来る。彼はグローバー夫人を見つけると「なんでホームレスなんかを家に入れるんだ!」と怒鳴り、彼女を玄関から突き飛ばして追い出してしまった。外は土砂降りである。彼女はしばらく震えながら立ち尽くしていたが、やがて新たな屋根を求めてとぼとぼと歩き去って行った。

さて、この話がすごいのはここからだ。実はビル・エリスが追い出したホームレスはその後、最も世界の思想に影響を及ぼす女性になる運命の持ち主だった。クリスチャン・サイエンスの創始者メアリー・ベーカー・エディとして、何百万という信徒たちにその名を知られるようになったのである。

だが、そのときまで彼女の人生にはほとんど、病気と悲しみと悲劇くらいしか訪れたことがなかった。最初の結婚から間もなく、夫に先立たれた。ふたりめの夫は彼女を放り出し、人妻と不倫に走った。彼はその後、救貧院でその生涯に幕を下ろした。ひとりだけ息子を儲《もう》けていたが、貧困と病気と嫉妬《しっと》のため、四歳のときに彼と引き離されてしまった。そして息子のその後の足取りも知らないまま、ようやく再会を果たしたのは実に三十一年後のことであった。

彼女は自分の病気をきっかけに、自らが「精神療法の科学」と呼ぶものに何年も関心を深め続けていた。その彼女の人生に劇的なターニング・ポイントが訪れたのは、マサチューセッツ州リンでのことだった。凍《い》てつくほど寒いある日のこと、舗道を歩いていた彼女は足を滑らせて転び、意識不明に陥ってしまう。脊髄《せきずい》を損傷した彼女は、ひどい痙攣《けいれん》の発作に襲われた。医師ですら、「もし奇跡が起こって一命を取り留めても、歩くことは一生できないだろう」とさじを投げた。

ベッドに横たわって死を待ちながら、メアリー・ベーカー・エディは自分の聖書を開くと、見えない力に誘《いざな》われるようにして『マタイによる福音書』の一節を読んだ。「すると人びとは、中風を病んだ男を担架に乗せて運び込んできた。イエスは……この中風の者に『息子よ、元気を取り戻しなさい。汝《なんじ》の罪業は赦《ゆる》された……立ち上がって寝台を背負い、汝の家に帰りなさい』と言われた。すると男は立ち上がって家路を辿《たど》りはじめ

彼女はそのキリストの言葉を読むやいなや「ぱっとベッドから起き上がって歩き出すことができた」というほどの力と信仰、そして治癒力とが湧き出してきたのだという。

「それをきっかけに、私は自分の健康を、そして人の健康を取り戻す方法を発見したのです」とエディは言い切っている。「すべての原因は人の精神にあり、精神的な現象がすべてに影響を及ぼしているのだという科学的な確信を得たのです」

そうしてメアリー・ベーカー・エディは、世界で唯一女性によって開かれたクリスチャン・サイエンスという新たな宗教団体の指導者となり、その思想を世界じゅうへと広めていったのである。

もしあなたが今「このカーネギーという男はクリスチャン・サイエンスの回し者だぞ」と思っているのならば、それは間違いだ。私はクリスチャン・サイエンスの信者ではない。だが、歳を取れば取るほど、思考にはものすごい力があるのだという気持ちはどんどん深まってゆく一方だ。成人の教育を三十五年間にわたって続けてきた私には、「人は思考を変えることで不安や恐怖、そしてあらゆる病気を消し去り人生を変容させることができるのだ」ということがよく分かる。これは、絶対に間違いのない事実である。そうした奇跡とも思えるような変容を、私は何百回とこの目で見てきたのだ。疑う余地もないほど、何回も何回も目撃してきたのだ。

たとえば、ミネソタ州セントポール、ウエスト・アイダホ通りに住む、フランク・J・ウェイリーという生徒に起こった変容の話をしよう。彼は神経衰弱を患っていた。原因は、不安である。

「とにかく、なにもかも不安でした。痩《や》せすぎているのが不安で、禿《は》げかけているのが不安で、結婚できるほどお金が稼げるのか不安で、自分がいい父親になれるのか不安で、結婚したい女の子に振られるのが不安で、自分の人生の先行きが暗いような気がして不安だったのです。人に自分がどんな印象を与えているのか不安でした。胃潰瘍《いかいよう》があるような気がして不安でした。そしてとても働けなくなってしまい、仕事を辞めてしまいました。まるで安全弁のついていないボイラーのように、不安でぱんぱんに精神が張り詰めてしまっていました。圧力に耐えられなくなったら、大変なことになってしまいます——そして、実際にそのときが来てしまったのです。まだあなたが神経衰弱にかかったことがないのなら、一生かからないよう祈ります。胸の苦しみから生まれ出る痛みというものは、肉体の痛みなどとは比較になりません。

私の場合は本当にひどく、家族とすら話ができないようなありさまでした。思考をコントロールすることもできません。頭は不安でいっぱいで、ちょっとした物音でも飛び上がるほど驚きました。誰とも会う気になれず、何の理由もなくとつぜん涙がぼろぼろとあふれ出したりしました。

来る日も来る日も苦しみの連続です。人からも、そして神からすらも、見放されてしまった気持ちでした。ふと、川に飛び込んで終わりにしてしまおうという誘惑に私は駆られました。

ですが、違う場所に行けば気分も変わるかもしれないと、フロリダに行ってみることにしたのです。駅で父親が私に手紙をくれて、フロリダに到着するまで開けないように言いました。フロリダに着いたのは、観光シーズンまっ盛りのころでした。ホテルが取れなかったので、ガレージにある寝室を借りました。不定期貨物船の乗組員の仕事に応募したのですが、これは採用してもらえませんでした。だから、ビーチに腰かけて日々を過ごしていました。フロリダに来る以前よりも、むしろ惨めな気持ちでした。だから、父からの手紙を開けてみることにしたのです。そこには、こう書いてありました。『今お前はここから千五百マイルも離れたところにいるが、気持ちは相変わらずだろう。なぜなら、お前はあらゆる問題の元凶を丸々持ったまま旅立って行ってしまったのだからね——つまりお前自身を。お前は、心も体もなにも問題ない。お前をぼろぼろにしてしまったのは、お前が巡り会った状況なのではない。むしろ状況に対するお前の考え方なのだ。「人は心で思ったとおりの人間になる」という。この意味が分かったなら、お前はもう大丈夫だから帰って来なさい』

その手紙を読んで、頭に来ました。私は説教などではなく、慰めの言葉が聞きたかったのです。頭に来るあまり、もう二度と家になど帰るものかとその場で決心しました。その夜、マイアミの脇道を歩いていると、ちょうど礼拝を行っている教会の前に差し掛かりました。私はどこに行くあてもなかったのでふらりと中に入り、説教に耳を傾けました。「自らの心に打ち克《か》つ者は、街を征服する者よりも強い」。神聖な礼拝堂に座りながら、父の手紙と同じことを意味するこの説教を聞いていると、私の頭の中に積み上がったゴミの山が洗い流されてゆくようでした。生まれて初めて、すっきりと、そしてはっきりと物事が考えられるようになった気持ちでした。そして、自分がどれほどの馬鹿だったかを思い知ったのです。真の光に照らされた自分自身の姿に、私は衝撃を受けました。それまでの私は、自分を取り巻く世界や人びとを変えてしまいたいと願っていました。ですが、たったひとつ変えなくてはいけないものは、私の心にあるレンズの焦点のみだったのです。

翌朝、私は荷物をまとめると帰路につきました。そして一週間後に仕事へと戻りました。四ヶ月後、もうだめだと思っていた女の子と結婚をしました。今は五人の子どもたちに囲まれて幸せに暮らしています。神様は、物資的にも精神的にも、私をずっと愛してくれていたのです。神経衰弱を患ったころ、私は十八人の部下を抱える夜警の警備主任でした。今は四百五十人の従業員を持つ段ボール箱製造会社の最高責任者をしています。人生は、充実感と温《ぬく》もりにあふれています。人生の持つ真の価値が、分かる気がするのです。ときおり不安が心に忍び込んでこようとすると、私はレンズの焦点を合わせろ、と自分に言い聞かせます。それだけで問題は消え去ってしまうのです。

人の思考が精神や肉体にどんな影響を与えるのかを理解できたわけですから、あの神経衰弱は私にとって意味のあることだったのだと、心から思っています。今は思考を敵ではなく味方として、働かせることができます。父の言うとおり、私の苦しみはすべて状況のせいではなく、状況に対する私の考え方が生み出していたのでした。それを自覚すると私は立ちどころに回復し、その後は神経衰弱に悩むこともなくなりました」

以上が、フランク・J・ウェイリーが語ってくれたことである。

心の平穏と人生の喜びというものは、「私たちがどこにいて、なにを持ち、何者なのか」ということではなく、純粋に、心の在り方が決めるものだと私は深く信じている。それ以外の状況は、大して関係がないのである。たとえばハーパーズ・フェリーで合衆国の武器庫に押し入り奴隷たちの反乱を扇動したとして、絞首刑に処せられたジョン・ブラウンの話をしよう。彼は、自分の棺桶《かんおけ》の上に腰かけたまま絞首台へと運ばれて行った。そばに付き添っていた看守は、びくびくと不安そうにしていた。だが、ジョン・ブラウンはまったく動じずに落ち着き払っていたのである。バージニアのブルーリッジ山脈を見上げながら、彼は「なんと美しい国なのだ！　今までこの景色を目にするような機会が私には無かった！」と目を見張ったという。

また、イギリス人として初めて南極点に到達した、ロバート・ファルコン・スコットと仲間たちも同じである。彼らの帰路は、おそらく人類史上もっとも過酷な道のりになった。食糧も燃料も、底を突いてしまったのだ。それに、南極の氷を削り取るほどの強さで吹き荒れるブリザードのせいで、十一日間も身動きが取れなくなってしまった。誰もが、死を予感していた。そうした事態に備えて、探検隊はたっぷりと阿片《あへん》を持参していた。それを大量に服用すれば、気持ちのよい夢を見ながら眠りにつき、もう目を覚まさなくて済む。だが彼らは阿片に頼ろうとはせず「声を合わせて陽気な歌を唄《うた》いながら」死んでゆく道を選んだ。そして八ヶ月後、捜索隊が発見した凍りついた遺体とともに見つかった遺書により、この事実が知れ渡ることになったのだった。

そう。勇気と冷静さに支えられた創造的思考があれば、私たちは絞首台に向かってゆく棺の上でも景色を楽しむことができ、死を引き連れて吹きすさぶブリザードに晒《さら》されていようとも、陽気な歌声でテントを満たすことができるのだ。

イギリスの詩人、盲目のミルトンは、三百年もの昔に同じ真理へと辿《たど》り着いている。

心には己の居所がある。その居所にて
地獄を天国へと、天国を地獄へと作り替える。

ナポレオンとヘレン・ケラーは、ミルトンの言葉の証明ともいえるふたりである。栄光、権力、富といった、人びとが欲して止まないものをすべて手にしていたはずのナポレオンは、セントヘレナ島で「私の人生には、幸せな日々が六日とありはしなかった」

という言葉を残している。一方、盲目と聾唖《ろうあ》を抱えていたはずのヘレン・ケラーは「人生とは、なんと美しいものなのでしょう」と口にした。

半世紀にわたる私のこの人生でなにかを学んだかと訊《き》かれれば、私は「心の平穏は、自分にしかもたらすことができない」と答えるだろう。これは、エマソンが『自己信頼』（海と月社　伊東奈美子《いとうなみこ》訳）の締めくくりに書いた、素晴らしい一文を引用したものである。

「政治的勝利、地価の値上がり、病気からの回復、長く不在だった友人の帰還、そうした外部のできごとというものは、人の気持ちを高揚させ、すぐそこに明るい未来が待ち構えているかのような気分にさせてくれる。だが、信じたりしてはいけない。そんなことはあり得ない。心の平穏は、自分にしかもたらすことができないのだ」

偉大なるストア哲学者エピクテトスは、人は「肉体の腫瘍や潰瘍」を取り除くことよりも、誤った思考を取り除くべきだと警告をしている。これは十九世紀前の言葉だが、現代医療ともまったく矛盾していない。G・キャンビー・ロビンソン博士はジョン・ホプキンス病院に受け入れられる患者たち五人のうち四人は、精神的緊張やストレスによる体調悪化が原因なのだという。これは、内臓系の疾患についてもよく当てはまることだ。博士はさらに、こう言葉を続けている。「突き詰めてゆくと、こうした不調というものは人生やそこで降りかかる問題への対処がうまくいかないことが原因になっている」

フランスの高名な哲学者モンテーニュは、「人はできごとそのものではなく、できごとを自分がどう見るかで傷つくのである」という言葉を人生のモットーとしていた。できごとを自分がどう見るか、それは私たち自身にすべてかかっている。

これはどういうことだろうか？　私は「どんな難しい問題を抱えて針金のように神経を尖《とが》らせていようとも、意志の力で心の在り方を変えることはできるのだ」と、まさに苦しんでいるあなたに面と向かって言っているのだろうか？　そう、まったくその通り。だがそれだけではない。そのためにどうすればいいのかも、お話ししよう。ちょっとした努力が必要だが、秘訣《ひけつ》は実にシンプルだ。

実用心理学の世界で不動の権威であったウィリアム・ジェームズは、こんなことを言っている。「行動とは情動を受けて起こるもののように見られるが、実は行動と情動とは同時に起こるものだ。そして、意志による制御が容易な行動を抑制することにより、私たちは間接的に、制御の難しい情動をも抑制することができる」

言い換えるならばウィリアム・ジェームズは、単純に「心を決める」だけでは感情に変化を起こすことはできないが、行動を変えることはできると言っているわけである。そして行動が変われば、自動的に感情にも変化が起こるというわけだ。ジェームズは、さらにこう語っている。

「つまり、明るい気持ちでいられなくなったときに回復への道を自ら歩むには、もうすっかり元気になったかのように振る舞い、話すことなのだ」

こんな単純な方法に、果たして本当に効果があるのだろうか？　これが、まるで外科手術のようによく効くのである。どうか、あなたにもお試しいただきたい。大きな笑みを顔に浮かべ、ぐっと胸を張り、大きく深呼吸をして、歌のひとつでも口ずさんでみる。歌が無理なら、口笛でもいい。口笛もだめなら、ハミングでも構わない。そうすればすぐにウィリアム・ジェームズの言うとおり、幸福で浮かれているかのように振る舞いながら、同時に深く落ち込んだ顔をしていることなど不可能だということが分かるはずだ。

このほんの小さな真実は、私たちすべての人生にやすやすと奇跡を起こしてくれる。私の知っているカリフォルニア在住の女性もこの真実さえ知っていたならば、二十四時間のうちに自らの不幸を払拭《ふっしょく》してしまうことができたろう。年老いて未亡人だった彼女は、確かに寂しかったに違いない。だが、彼女は自ら明るく振る舞おうとはしなかった。今の気持ちを訊かれて「ええ、大丈夫よ」と答えたとしても、その顔に浮かんだ表情と声とは「神よ、私をこの苦しみからお救いください！」と言っているのである。まるで、目の前で誰かが幸福そうにしているのが気に入らないとでも言いたげだ。だが、彼女より不幸な女性など、いくらでも世界にはいるはずだ。一生暮らせるだけの保険金を夫が残してくれ、すでに結婚した子どもたちとも一緒に暮らすことができる。それなのに私は、彼女が笑った顔などほとんど見たことがない。

彼女は、三人の義理の息子たちのところに転がり込んでは何ヶ月も世話になるというのに、彼らがけちでわがままだと不満をこぼす。そして、自分の金は老後のためにと後生大事に貯《たくわ》えているというのに、娘たちが贈り物をよこさないと不満をこぼす。自分のことも家族のことも、彼女自身が台無しにしてしまっているのだ。なぜ、こんなことになってしまったのだろう。悲しいのはそこである。彼女はそう望みさえすれば、自己憐《れん》憫《びん》にひたる哀れな老女でいることをやめ、威厳があり愛される家族の一員になることができるのだ。そのために必要なことはたったひとつ、彼女が明るく振る舞えばいいだけのこと。その愛情を自分のみに注いで苦しみを生み出すのではなく、周囲の人びとにも分け与えようとすればいいのである。

インディアナ州テルシティー、千三百三十五番街に住むH・J・エングラートは、この原則に気づいたことで、今も生きている。十年前に猩紅熱《しょうこうねつ》を患った彼は、回復して気づいてみれば腎炎《じんえん》にかかってしまっていた。彼はありとあらゆる医者にかかり、「偽医者にまでかかった」というが、ついにこれといった治療法を見つけることはできなかった。

さらに最近になって、新たな病気が発覚した。高血圧症にかかってしまったのである。病院で計測してみると、血圧は最高で二百十四をも記録した。致命的な数値である。さらに進行し続けている病状を見て、医師はすぐに身辺整理をしておくようにと彼に告げた。

「私は帰宅して保険の支払がすべて終わっていることを確認すると、神に自分の過ちをすべて懺悔《ざんげ》し、鬱々《うつうつ》とした気持ちで瞑想《めいそう》にふけりました。周囲の人びとや、妻や家族たちにも皆つらい思いをさせて、自分は憂鬱の底に埋もれてしまっていたのです。ですが、そうして一週間も自己憐憫のうちに過ごしてから、私は自分にこう言いました。『お前は馬鹿か！　まだ一年くらいは生きていられるかもしれないのに、なんでその間だけでも楽しく生きようとしないのだ！』

そしてぐっと胸を張ると笑顔を作り、あたかもなにも問題などないような顔で日々を過ごすように努めたのです。確かに最初は無理をしましたが、それでも頑張って明るく快活に振る舞い続けているうちに、家族のみならず、私までもが救われることになっていったのです。

まず気づいたのは、明るい振りをしていたのと同じくらい、本当に明るい気分になってきたことでした。ですが、それだけで終わりというわけではありません。今日は、私が宣告された余命を一ヶ月も過ぎているのですが、私は幸福で、元気で、生きているというだけでなく、なんと血圧まですっかり下がってしまったのです！　はっきり分かっているのは、もしあのまま死を恐れて絶望に打ちひしがれていたなら、医師の余命宣告どおりに死んでしまっていただろうということです。ですが、私が心の有り様を自ら変えただけのことで、この肉体までもが癒《いや》しへと繫《つな》がっていったのです」

さて、あなたに訊きたい。明るく振る舞うことと、自らの健康へのポジティブな意識と勇気とが彼の命を救ったのならば、私たちが多少の憂鬱や不安に囚《とら》われ続けている意味がいったいどこにあるだろう？　明るく振る舞うことだけで幸福を生み出せるというのに、なぜあなたは自ら周囲の人びとを不幸に、憂鬱にさせてしまっているのだろうか？

　数年前、私は生涯の友とも呼べる一冊の本と出会った。『本当の幸せを呼ぶ「心の法則」ノート（As a Man Thinketh）』（イースト・プレス　森川信子《もりかわのぶこ》訳）というその本の中で、著者のジェームズ・アレンはこう語っている。

「人が周囲の物事や人びとへの意識を変えると、物事や意識の自分への接し方が変わってくる。……考え方を大きく変えれば、人生を取り囲む状況がぐるりと瞬く間に変わるので、驚かされることになる。人は欲するものを引き寄せるのではなく、ありのままのものを引き寄せる。……人生の行く末を決める神は、我々自身の中にいる。それは、自己そのもののことなのだ。……人の手に訪れるものはすべて、本人の思考が生み出し、引き寄せるものばかり。……思考を高めない限り、成長し、勝利することなどできはしない。思考を高めることをせずにいれば、弱々しく、卑屈で、惨めに生きてゆくしかなくなるのだ。

　創世記には、創造主は人類に全地上を支配する権利を与えたと書かれている。なんとスケールの大きなプレゼントだろうか。だが私は、そんな大それた権力にはなんの興味もありはしない。私はただ自分自身を——自分の思考を、恐怖心を、精神を、そして魂を支配したいだけなのだ。そして私は、ただ自分の行動をコントロールするだけのことで、いつでも好きなときに強大な支配力を持つことができるのを知っている。」

ウィリアム・ジェームズの言葉を、胸に刻んでおいてほしい。「いわゆる災厄というものの多くは……本人が恐怖心を闘争心へと変えさえすれば、祝福すべき光明へと変えることができるものだ」

明るく建設的な思考をすべく、日々のプログラムを実践することこそが、幸福への闘いだ。ここに『今日だけは』と名付けたそのプログラムを紹介しよう。三十六年前にシビル・F・パートリッジによって作られたこのプログラムに感銘を受けた私は、今までに何百枚も人に配ってきた。これを実践することにより私たちはほとんどの不安を消し去り、フランスで言う「生きる歓び《よろこ》(la joie de vivre)」を限り無く増幅させてゆくことができるのだ。

今日だけは

一　今日だけは、幸せに暮らそう。「私たちはほぼ誰もみな、自分がこのくらい幸福になろうと思った分、幸福になることができる」というエイブラハム・リンカーンの言葉は、まさに至言だ。幸福とは自分の外ではなく、内から生まれるものなのだから。

二　今日だけは、自分の欲望をすべて忘れてありのままを見つめよう。家族も仕事も運もありのまま受け入れ、自分をそこに合わせよう。

三　今日だけは、自分の体に気をつけよう。運動し、労《いたわ》り、栄養を摂《と》り、こき使ったりおろそかにしたりはしない。体が思うままに動く、完全な機械でいられるように。

四　今日だけは、心を強く鍛えよう。なにか役立つことを憶《おぼ》えよう。決して怠ける心を持たず、努力と思考と集中力を必要とするものを読もう。

五　今日だけは、魂の訓練に三つのことをしよう。気づかれることなく、誰かに親切をしよう。ウィリアム・ジェームズの言葉どおり、最低ふたつは気の進まないことをしよう。

六　今日だけは、笑顔でいよう。できるだけ元気な顔で、身なりをきちんとし、慎ましく話し、礼儀正しく振る舞い、ちゃんと人を褒めて、人の批判や粗探しはせず、人を叱ったり説教したりすることはやめよう。

七　今日だけは、今日という一日だけを見つめ、人生の問題すべてに体当たりするのをやめよう。一生付き合うことなど考えたくない問題とでも、十二時間なら取り組める。

八　今日だけは、計画を立てて暮らそう。ちゃんと時間割を書き出そう。守れるかどうかは別として、とにかく書いてみよう。そうすれば、焦燥感と優柔不断という、ふたつの病から解放される。

九　今日だけは、ひとりきりで三十分、静かな時間を持とう。その中でときおり神を思い、自分の人生をすこし客観的に見つめ直そう。

十　今日だけは、恐れることをやめにしよう。特に幸せになることや、美しいものを楽しむことや、人と愛情を交わし合うことを恐れるのをやめよう。

平穏と幸福とをもたらす心の在り方を身につけるための、最初のルールを教えよう。明るく行動して明るく考えれば、明るい感情が生まれてくる。

第十三章　仕返しはハイリスク

数年前のある夜、イエローストーン国立公園を旅行していた私は、他の旅行者とともに、常緑樹が鬱蒼《うっそう》と生い茂る森を見下ろす野外展望台に座っていた。やがて待ちかねた私たちの目の前に、森林の恐怖として知られる大熊グリズリーがのそりのそりと森の中から姿を現すと、まぶしいほどの照明の中、園内にあるホテルのキッチンから出された残飯を漁《あさ》りはじめた。森林警備隊のマーティンデール少佐は馬にまたがったまま、興奮した観光客たちに熊のことを話しはじめた。少佐いわくグリズリーは西洋最強の動物で、匹敵する動物といえば、バッファローとコディアックヒグマくらいのものだという。だがその夜私は、もう一匹他の動物が森から出てきて、照明に照らされながら残飯を漁っているのを目撃した。スカンクである。グリズリーの大きな手ならば、ひと振りでスカンクなど撃退できてしまうことだろう。なぜそうしなかったのだろうか？　グリズリーは、そんなことをしても割に合わないのを知っていたのである。

私にも、それがよく分かる。農場で送った少年時代、ミズーリの生け垣に罠《わな》を仕掛け、四本脚のスカンクを何匹も捕まえた。やがて大人になった私はニューヨークの道端で、今度は二本脚のスカンクたちと遭遇することになる。だが私は経験上、どちらのスカンクとも関わるべきではないと、知っていたのだった。

敵を憎悪するということは、わざわざ自分よりも強い力を彼らに与えてしまうことだ。私たちの眠りを妨げ、食欲を奪い、血圧を高め、健康を損なわせ、幸せを傷つける力である。自分たちがそうして私たちに不安を植え付けぼろぼろにし、仕返しを果たしているのだと知れば、連中は大喜びするに違いない。憎悪というものはいくらしたところで相手になど及ばず、むしろ自分に跳ね返って昼も夜も地獄へと変えてしまうものなのだ。

この言葉が、誰のものかあなたには分かるだろうか？「もし人に利用されそうになったら、さっさと縁を切るべきだ。仕返しなど考えてはいけない。そんなことをしても、相手ではなく自分が傷つくことになってしまうだけなのだから」

……もしかしたら、純真無垢《むく》な理想主義者の言葉だとあなたは思うかもしれないが、残念ながら違う。これはミルウォーキー警察署の出す広報紙に掲載されていた言葉なのだ。

だが、仕返しで、いったい自分がどう傷つくというのだろう？　これは、あらゆる意味で傷つくのだ。『ライフ』誌によると、健康を損なうことまであるのだという。「高血圧症を患う人びとに共通する性質は、恨みを持ちやすいということだ。恨みが慢性化すると、それに続いて慢性的な高血圧と心臓疾患とが引き起こされる」と誌面には書かれている。

キリストは「汝《なんじ》の敵を愛せ」という言葉を残したが、これは道徳を説いた言葉というだけではない。二十世紀の医学を説いた言葉であるともいえる。「七度を七十倍するまで人を赦《ゆる》せ」というキリストの言葉は、私たちを高血圧症や心臓疾患、胃潰瘍《いかいよう》、その他さまざまな病気から自由にするために説かれた言葉なのである。

近ごろ、私の友人が深刻な心臓発作に見舞われた。医師は彼女をベッドに寝かせると、たとえどんなことがあろうとも絶対に怒りに身を任せてはいけないと指示を出した。心臓が弱っていれば、怒りで死亡してしまうことも十分にありえるからだ。大げさだろうか？　数年前、ワシントン州スポーケンに住むレストラン経営者が、怒りが原因で死亡した。今、私の手元にはスポーケンの警察署長ジェリー・スワータウトからの手紙があるが、そこにはこう書いてある。「数年前、スポーケンでカフェを営む六十八歳のウィリアム・ファルケイバー氏は、皿からコーヒーを飲みたいと言い張るコックに腹を立て、その怒りがもとで死亡した。激怒した同氏は拳銃《けんじゅう》を握りしめてコックを追いかけ、心臓発作を起こして倒れ込みそのまま死亡。拳銃は握りしめたままであった。検死官によると、怒りが原因による心臓発作とのこと」

キリストの「汝の敵を愛せ」という言葉には、いい顔で暮らしなさいという教えも込められている。私やあなたの周囲にも、怒りのせいで顔がこわばり、皺《しわ》がきざまれてしまった人びとはたくさんいる。どんなに美容外科の技術が発達しようとも、赦し、優しさ、愛を知らない限りはその効果も半減なのだ。

憎悪に駆られていたのでは、料理の味すらも半減してしまう。聖書にあるとおり「愛情を持って食す野菜は、憎悪を持って食す太った牛に勝る」ということなのである。

私たちが自らの憎悪のせいでくたびれ果て、神経を尖《とが》らせ、惨めな顔になり、心臓病を患い、そしてともすれば命を縮めているのだと知れば、敵は手を叩《たた》いて大喜びするに違いない。

敵を愛することはできないにしても、自分を愛することくらいはできる。自分を愛していれば、幸せも健康も、そして表情も、敵の意のままに操られてしまうことはない。

シェークスピアの言葉に、こんなものがある。

敵を滅ぼさんとして竈《かまど》を燃やしすぎれば、

自分の身を焼かれることにもなりますぞ。

キリストの言う「七度を七十倍するまで人を赦《ゆる》せ」という言葉は、ビジネスにも通じる教えである。今私の手元に、スウェーデンのウプサラ市のゲオルグ・ロナから届いた手紙がある。ロナは長年にわたりウィーンで弁護士として働いていたが、第二次大戦中にスウェーデンへと逃れた。財布はすっからかんで、必死に働かなくてはならなかった。数カ国語の読み書きができた彼は、輸入業や輸出業で通信業務に携わる仕事に就けたらいいと考えていた。だがどの会社に申し込んでも、「戦時下につき仕事がないので人員は求めてないが、名前は書きとどめておく」程度の返事しか貰《もら》うことができなかった。だが、そんなときある人物から一通の封書が届く。

「あなたがこの仕事に持っているイメージは間違っています。間違っているだけでなく、愚かしいとすら言えるでしょう。私どもは、通信業務の人材など求めてはおりません。もし求めていたとしても、スウェーデン語が満足に書けないあなたのような人物は採用しないでしょう。あなたのお手紙は、間違いだらけなのです」

その手紙を読んだゲオルグ・ロナは、ドナルドダックのように怒り狂った。満足に書けないなどと、なんと失礼なスウェーデン人だ！　こいつの手紙だって間違いだらけではないか！　そこでゲオルグ・ロナは、この男をとっちめてやろうとまた手紙を書いた。だが、ふと彼は思い留《とど》まり、こう考えた。「待てよ。もしかしたらこの男が正しいのかもしれないぞ。確かに俺はスウェーデン語を学んだが、いかんせん母国語ではないのだから、自分でも分からない間違いを犯しているかもしれないじゃないか。もしそうだとしたら、もっと勉強しないと仕事になんてありつけるわけがない。この男は、もしかしたら意図したわけではないにせよ、俺のためになることを言ってくれたのではないだろうか。いくら無礼な言葉で言われたにせよ、言われたことの重みは変わらない。ならば、指摘してくれたことに感謝の言葉を送るのが筋というものだ」

ゲオルグ・ロナはせっかく書き上げた怒りの手紙を破り捨てると、新たにもう一通を書き始めた。「本来ならば無視されても仕方のないところ、ご親切なお手紙を頂いたことに深く感謝いたします。御社の業務を取り違えておりましたことをお詫《わ》びいたします。お手紙を出したのは、問い合わせましたところあなたがその部門のリーダーであるとのお返事を頂いたからでした。その手紙に文法の間違いがあるなどとは、思いも寄りませんでした。大変申し訳なく、そして恥ずかしく思っております。今後はもっと真剣にスウェーデン語を学び、間違いを犯さぬよう努力するつもりです。自分を磨こうと思い立つきっかけを与えてくださり、本当にありがとうございました」

数日後、彼からロナの元に、会いに来るよう手紙が届いた。ロナは出かけて行き、そのまま仕事に採用された。ロナは「優しい返事は相手の怒りを鎮める」ということを、自ら体験したのだった。

私たちは聖人君子ではないから、敵を愛することなど無理かもしれない。だが自分の健康と幸福のために、敵を赦し、忘れるくらいのことならばできる。賢い選択というものだ。孔子は「虐待されても略奪されても、忘れてしまえばそれで済む」と言っている。かつて、アイゼンハワー元帥の息子ジョンに、元帥はかつて恨みを抱いたことはあったのかと訊《たず》ねてみた。「なかったよ。嫌いな人のことなど考えて、一分たりとも時間を無駄にするような人ではなかった」と彼は答えた。

古いことわざでは「怒れぬ者は愚か者。怒らぬ者は賢者なり」という。これはそのまま、元ニューヨーク市長ウィリアム・J・ゲイナーの政策でもあった。下世話な三流新闘でこき下ろされた彼は、狂人の銃撃を受けて生死の境をさまよった。病院のベッドで命の闘いを続けながら、彼は「毎晩私は、すべての物事を、すべての人びとを許す」と口にした。理想的すぎる言葉だと思うだろうか？　こんな優しさや輝きを人が持つのは無理だと感じるだろうか？　ならば『悲観の研究（Studies in Pessimism）』の著者である、ドイツの偉大なる哲学者、ショーペンハウアーの言葉を見てみよう。

彼は人生を、徒労と苦しみの冒険であると受け止めていた。憂鬱《ゆううつ》をしたたらせながら歩みつつも、彼は絶望の底からこう叫んだ。「できることなら、誰のことも憎悪したくないのだ」

かつて、六人の大統領たち――ウィルソン、ハーディング、クーリッジ、ルーズベルト、トルーマン――の厚い信頼を得ていた大統領顧問、バーナード・バルークに、政敵から攻撃されて煩わされたことはなかったかと訊ねたことがある。「誰にも私に屈辱を与えたり、煩わせたりはできないとも。そうはさせないからね」と、彼は答えた。

そう、私たちがそうさせない限り、誰も私たちに屈辱を味わわせたり、煩わせたりすることなどできないのだ。

棒や石で打たれて骨が折れようとも
言葉で私を傷つけることはできない。

太古の昔より人類は、敵に対してなんの恨みも抱かないキリストのような人物を敬い、崇拝してきた。カナダを訪れると、私はよくジャスパー国立公園に立ち尽くし、西洋で最高峰の美しさを誇るある山を見上げて時間を過ごす。イーディス・カヴェルというその山は、一九一五年十月十二日、ドイツ軍により銃殺刑に処せられた、聖者のような英国人看護師の名を取ってつけられたものである。彼女はどんな罪を犯したのだろう？ 彼女はベルギーの自宅に負傷したフランス人とイギリス人の兵士たちをかくまい、食事を与え、治療し、オランダへと逃がす手助けをしたのである。十月の朝、ブリュッセルの軍事刑務所で死刑を待つ彼女を訪れた従軍牧師に彼女が話した言葉は、銅と御影石で作られた石碑に今もなお刻まれている。「私は、国を愛するだけではだめなのだと気づきました。憎悪や嫌悪など、誰に対しても抱いてはいけないのです」

四年後、彼女の亡骸《なきがら》はイギリスへと移され、ウェストミンスター寺院にて追悼式典が行われた。現在、ロンドンのナショナル・ポートレート・ギャラリーの向かいには、御影石でできた彼女の像が立っており、そこに「私は、国を愛するだけではだめなのだと気づきました。憎悪や嫌悪など、誰に対しても抱いてはいけないのです」と刻まれているのだ。

人を許し、忘れるための確かな方法のひとつとは、自分よりも遥《はる》かに大きな信念に身を委《ゆだ》ねることだ。そうすれば、どんな敵と出会おうが、どんな攻撃を受けようが、まったく関係なくなってしまう。信念以外のことは、どうでもよくなってしまうからだ。

一九一八年、ミシシッピー州の松林で起こりかけた、ある劇的な事件を紹介しよう。その事件とは、リンチである。ローレンス・ジョーンズという、教師であり牧師でもある黒人が、今まさにリンチされかけていたのだ。数年前、私はジョーンズの立ち上げたパイニーウッド・カントリー・スクールという学校へ行き、生徒たちの前で話をした。今では全国区の知名度を持つこの学校だが、事件が起こったのはそれよりもずっと昔、人びとが気持ちを昂《たか》ぶらせていた第一次世界大戦中のことであった。ミシシッピーの中心部あたりに、「ドイツ軍が黒人を扇動して反乱を起こさせようとしている」という噂が飛び交った。先にも書いたとおり黒人のローレンス・ジョーンズは、この反乱を助長していると咎《とが》められ、リンチされかける事態に陥ってしまったのだった。白人の男たちが何人か教会の外で、「我々黒人たちは鎧《よろい》をまとい、人生というこの闘いを、勝利と成功のために闘わなければならない」と群衆に叫ぶ彼の声を聞いたというのである。「闘い！」「鎧！」それだけ聞けば、証拠もなにも要らなかった。怒り狂った若者たちは夜中に仲間を集めて教会へと駆け戻ると、牧師の首に縄をかけて一キロ以上も道を引きずり回し、積み重ねた薪《まき》の上に彼を立たせるとマッチを擦り、絞首刑と火あぶりの刑とを同時に行おうとした。だが、そのとき声が挙がった。「おい、焼き殺しちまう前に話を聞いてみようじゃないか！　喋《しゃべ》らせろ、喋らせろ！」

ローレンス・ジョーンズは薪の上に立ち、首に縄をかけられたまま、命と信念とを賭《か》けて口を開いた。彼は一九〇七年にアイオワ大学を卒業した。品行も成績もよく、音楽の才能も持ち合わせていたため、学生たちのみならず教師たちも彼に一目置いていた。卒業を控えた彼は、事業に手を貸してほしいというホテル経営者からの誘いも、彼の音楽的才能に出資したいという富豪の誘いも断ってしまう。彼には、どうしても追求したいと願う理想があったのだ。ブッカー・T・ワシントンの伝記を読んで感銘を受けた彼は、貧困に喘《あえ》ぎ読み書きも習うことのできない同胞たちの教育に、その生涯を捧《ささ》げようと心を固めていたのである。そこで彼は、南部でももっとも教育が遅れている地域を探し出し、そこへと向かった。ミシシッピー州ジャクソンから、四十キロほど南下した地域である。そこで彼は自分の腕時計を一ドル六十五セントで質に入れると、森の中に切り株を机代わりにした学校を開いたのである。自分をリンチしようとして頭に血を上らせた若者たちに向けて彼は、教育など受けたこともなかった少年少女たちを教え、農夫や整備士、コック、家政婦へと育ててゆくのがどれほど大変だったかを話して聞かせた。そして、パイニーウッド・カントリー・スクールを発展させて教育を続けるためにと、自ら木材、豚や牛、金銭を差し出してくれた白人の人びとのことも話して聞かせた。

後に、自分の首に縄をかけて引きずり回したあげく、絞首刑と火あぶりとを同時に行おうとした連中が憎くはないのかと訊ねられると、彼は、信念を追い求めなくてはいけないから憎んでいる暇などないのだと語った。自分よりも大きな問題に必死に取り組んでいるのだからと。「争いごとに費やすような時間はありません。後悔する時間もありません。なにをされようとも、私の心に憎悪の炎をつけることはできないのです」と彼は話している。

自分ではなく信念のために話すローレンス・ジョーンズの心からの訴えに、若者たちの憎悪は和らいでいった。そして、群衆の中にいたある南軍の元兵士が言った。「この人の言ってることは本当だ。出てきた名前のいくつかは、俺も聞いたことがある。この人は、素晴らしい仕事をしている人だよ。俺たちが間違っていたんだ。吊《つる》すどころか、手助けをしなくちゃいけないような人だ」。元兵士はそう言うと自らの帽子を脱いでそれを群衆に回し、ジョーンズの処刑のために集まってきた人びとから五十二ドル四十セントの寄付を集めた。「争いごとに費やすような時間はありません。後悔する時間もありません。なにをされようとも、私の心に憎悪の炎をつけることはできないのです」と話した、ジョーンズのために。

エピクテトスは十九世紀前に、人は自ら蒔《ま》いたものを刈り取り、運命は人が悪事を行えば災厄でそれに報いると語っている。「結局、人は誰もが自らの過ちのつけを払わされるのだ。これを知る者は誰にも腹を立てず、憤慨せず、罵《ののし》らず、非難せず、攻撃せず、憎悪することもない」

リンカーンは恐らく、アメリカ史上最も批判され、憎悪され、欺かれた人物である。だがハーンドンの書いた伝記によると、リンカーンは「好き嫌いで人を判断することはなかった。達成すべき目的があるならば、ときに政敵の力を借りることも必要なのだと彼は知っていたのである。たとえば彼の悪口を言って個人攻撃をしたとしても、彼が適任だと思えばリンカーンは友人と変わることなく扱い、ポストを任せた。……自分の敵だからとか、嫌いだからとかいう理由で彼が人を解任したことは、私の知る限りは一度もない」という人物であったという。

リンカーンを批判し、攻撃したのは、マクレラン、シューアード、スタントン、チェイスらといった、彼に高いポストを任された本人たちだった。だが彼の法律顧問だったハーンドンによると、リンカーンは「賛辞や批判というものは、本人がなにをし、なにをしなかったかを見て決めるようなものではない。人間は誰しも、条件、状況、環境、教育、身につけてきた習慣、そして過去から未来まで人間を形成し続ける遺伝といったものが生み出す子どもでしかないのだから」

おそらく、リンカーンの言うとおりである。もし私たちにも肉体的に、精神的に、そして感情的に、敵と同じような性質が受け継がれており、同じような影響を人生から受けていたとしたら、まったく同じような行動を取ってもおかしくはないのだ。他の行動など取ることができないはずなのだ。クラレンス・ダロウはかつて「すべてを知ることはすべてを理解することである。その後には、人を裁いたり批判したりする余地は残らない」と述べている。だから敵と出会ったなら嫌悪するのではなく憐《あわ》れみを抱き、自分が彼らのようにならなかったことに感謝の気持ちを持つべきだ。批判や復讐《ふくしゅう》への欲望をつのらせるのではなく、理解し、手を貸し、同情し、許しを、祈りを捧げるべきなのだ。

私の生まれ育った家庭では、毎晩聖句か聖書の一節を読み上げ、それからひざまずいて「家族の祈り」を捧げた。今でも耳のそばで、寂《さみ》しいミズーリの農場でキリストの言葉を――人が理想を追い求めるかぎり、永遠に繰り返される言葉を繰り返す父の声が聞こえるようだ。

「汝《なんじ》の敵を愛せ。汝を呪う者に祝福を与え、汝を憎悪する者に善行で報いよ。悪意をもって汝をこき使い、害をなさんとする者のために、祈りを捧げよ」

父は、キリストのこの言葉を体現しようと人生を歩んだ人だった。そして、どんな将軍や皇帝が探し求めても見つからなかった心の安らぎを手に入れたのだった。

平穏と幸福とをもたらす心の在り方を身につけるための、第二のルールを教えよう。

敵に仕返しをしようとしてはいけない。仕返しをしても、深く傷つくのは自分のほうだからだ。アイゼンハワー元帥の生き方を手本とし、嫌いな人びとのことに一分たりとも頭を悩ませるのは時間の無駄だと知ることである。

第十四章　恩知らずに腹を立てずに済ませる

最近テキサスで、「自分の気持ちを分かってもらえない」と怒りの炎を燃やしているビジネスマンと会った。私の周囲には、彼に会えば十五分と経たずにその話になるから気をつけろと言ってくれる人びともいたのだが、果たしてそのとおりであった。事の発端はその十一ヶ月前にまで遡《さかのぼ》るのだが、彼の怒りは未《いま》だ留《とど》まるところを知らなかった。口を開けば、その話ばかり出てきてしまう。三十四人の従業員に対して総額で一万ドル、つまりひとり約三百ドルのクリスマスボーナスを出したというのに、誰ひとりお礼を言ってくれる人がいなかったというのである。「まったく、だったらボーナスなんて一セントもやるんじゃなかったよ！」と、苦虫を嚙《か》みつぶしたような顔で彼は吐き捨てた。

「怒れる者は常に毒に満ちている」と孔子は言う。この、溢《あふ》れんばかりの毒に満ちた男を見ていると、私は心から可哀想になってしまった。年齢は、もう六十歳近い。生命保険会社の取ったある統計によると、人の平均的な余命は、八十から現年齢を引いた数の三分の二をやや上回る程度だという。そう考えるとこの男性の場合、運が良ければあと十四、五年は生きられるということになる。だというのに、とっくに過ぎ去ってしまったできごとに囚《とら》われ、苦しみと怒りのうちに一年も過ごしてしまっているのだ。可哀想でないわけがない。

彼は怒りや自己憐憫《れんびん》にふけるのではなく、なぜまったく感謝をしてもらえなかったのかを自分に問いかけてみるべきだったのだ。もしかしたら、不当に安い給料で社員をこき使っていたのかもしれない。もしかしたら従業員たちはクリスマスボーナスをプレゼントではなく、当然の権利だと思っていたのかもしれない。もしかしたら彼があまりに口うるさく親しみにくい人物であるため、誰も感謝など伝える気にならなかったのかもしれない。もしかしたら、節税の一環としてボーナスを払うことにしたのだと思われたのかもしれない。

だが、従業員たちが皆わがままで、人間ができていないのかもしれない。とにかく、いろんな理由が考えられる。私も、実際のところはなにも知らないのだ。しかし、私は知っている。サミュエル・ジョンソン博士の「感謝とは、深い教養に実る果実である。粗野な人びとの中には、決して見つかりはしない」という言葉を。

私が言いたいのはそこである。この男は、人からの感謝を期待するという、いかにも人間らしく痛ましい失敗を犯してしまった。人間の本性というものを知らなかったのである。

もしあなたが人の命を救ったら、感謝を期待するだろうか？　してもおかしくはない。だが、刑事弁護士として名を馳《は》せた後に判事となったサミュエル・リーボヴィッツは、七十八人もの人びとを電気椅子から救った。その中に、感謝の言葉を伝えた者や、せめてクリスマス・カードの一枚でも送った者が、果たして何人いただろうか？　そう、ひとりもいなかったのである。

キリストはある午後、十人のハンセン病患者を救った。だが、そのうち何人が彼に感謝を伝えただろう？　たったひとりである。『ルカによる福音書』にも、そう記してある。キリストが振り向き、弟子たちに「他の九人はどうしたか？」と訊《たず》ねたときには、その九人はもう逃げ出してしまっていた。礼も言わず、姿を消してしまったのだ！　命を救ったキリストに対しても人はそんな報いをするというのに、私たちにしてもテキサスのビジネスマンにしても、なぜ自分たちの些細《ささい》な好意に当たり前のように感謝を期待してしまうのだろう？

そこにお金が絡むと、話はさらにややこしくなる。むしろ、絶望的になると言ってもいい。チャールズ・シュワブはかつて、銀行の公金を横領して株に注ぎ込んでいた出納係を助けてやったときのことを私に話してくれた。彼がそのお金を立て替えてあげたお陰で、この出納係は刑務所行きをまぬがれたのである。さて、出納係は感謝しただろうか？　無論、初めのうちは感謝した。だがやがてくるりと手のひらを返すと、自分の身を刑務所行きから救ってくれた恩人であるはずのシュワブの悪口を広め、非難するようになったのである。

もし親類に百万ドルをあげたら、感謝してもらえるだろうか？　アンドリュー・カーネギーは実際に百万ドルをあげた男だ。だが、もし彼が死後すこしして墓場から蘇《よみがえ》ったとしたら、その親類が彼を悪く言ってるのを聞いて飛び上がったに違いない。なぜ悪く言われなければいけないのだろう？　それは老アンドリューは三億六千五百万ドルもの大金を慈善団体に寄付したのに、彼の言葉を借りれば「俺にはたった百万ドルぽっちしかくれなかった」からである。

そんなものだ。人の本性というものはこれまでずっと変わることなく、あなたが生きている間に、まず変わりはしないだろう。ならば、受け入れてしまったらどうだろう？　かつてローマ帝国に君臨した大賢者マルクス・アウレリウスのように、それを現実だと受け入れるのだ。「今日も私は、口やかましく自己中心的で、エゴに溢れ、感謝を知らない人びとと会うことになる。だが、なんとも思わない。そうした人びとがいない世界など、あり得ないからだ」と、彼は言う。まさしくその通りではないだろうか？　恩知らずな人びとのことをぼやき続けたとして、いったい責任は誰にあるのだろう？　人間の本性に問題があるのだろうか？　それともその本性を知らない私たちに問題があるのだろうか？　感謝を期待してはいけない。そうすると、ふと人から伝えられた感謝は大きな喜びになる。そして、たとえ感謝されなくても、気に病むようなことはなくなる。

この章で伝えたいポイントのひとつめは、これだ。人は、感謝を忘れるものだ。だから感謝を期待し続ければ、胸の痛みを生み出すことにしかならない。

ニューヨークに、孤独のあまり愚痴しか口にしなくなった女性がいた。身内も、彼女に近づこうとはしなかった。無理もない話だ。訪ねていこうものなら、姪《めい》たちが子どものころにどれだけしてやったのか、延々と聞かされることになる。はしかやおたふく風邪や百日咳《ひゃくにちぜき》にかかった子どもたちをどれほど甲斐甲斐《かいがい》しく世話したのか。どれだけ長い間養ってやったのか。どんな苦労をしてひとりの姪をビジネス・スクールに通わせたのか。残りのふたりが結婚するまで親代わりを務めるのがどれほど大変だったのか。

そんな彼女に、姪たちが会いたいと思ってくれるだろうか？　無論ときどき、義務感から会いに来たりはするだろう。嫌々ながら。どうせ何時間も座らされたあげく責めるような口調で、不満と自己憐憫とにあふれた話をたっぷり聞かされることになるのだ。そして彼女はどれだけ姪たちを攻撃し、威嚇し、攻め抜いたとしても効き目がないのだと知ると、最後の手段に打って出る。心臓発作を起こすのである。

本当の心臓発作だろうか？　もちろん本当である。医師たちは、彼女の心臓は心悸亢《しんきこう》進《しん》を患う「心臓神経症」であるという。だが、その問題が感情的なものであるため、医師たちにはどうしようもないらしい。

彼女が本当に欲しているのは、愛情と思いやりである。彼女はそれを「感謝」と表現する。だが、自らそれを人に求める限り、与えられることはないだろう。誰かに与えられるのは当然の権利だと、彼女は考えているのだ。

彼女のように、忘恩、孤独、無視のせいで病んでしまう人びとは、本当にたくさんいる。愛されることを望むあまりに病んでしまうのだ。だが、愛を得るための唯一の方法とは、見返りを求めず自らの愛情を人に注ぐことでしかない。

あまりにも非現実的で理想主義的な話だと思うだろうか？　そんなことはない。これは当たり前のことである。人が望む幸福を手に入れるのならば、これこそが最良の道なのだ。私は、自分の家庭の中でもこれを目撃した。両親は、人びとを助けることを喜びに感じていた。一家はいつも借金に追われた貧乏暮らしだった。だが、両親は自分たちがどんなに貧しくとも毎年お金を工面して、アイオワ州カウンシルブラフスにあるクリスチャン・ホームの児童養護施設に寄付を贈っていた。贈っても、手紙が送られてくる以上に感謝されたことはなかったが、見返りを求めず孤児たちに救いの手を差し伸べていたふたりは無上の喜びを感じていた。

私は家を巣立つと、ささやかながらふたりに贅沢《ぜいたく》をしてほしいと、毎年クリスマスに小切手を送った。だが、ふたりがささやかな贅沢をしてくれたことなどほとんどない。クリスマスの数日前に帰省すると、父は食糧や燃料を買うお金もない子だくさんの未亡人に、石炭や食べ物を買ってあげた話を私に聞かせたものだ。そうして見返りを求めることなく人に与える喜びこそが、ふたりにとって最高のプレゼントだったのである。

父は、アリストテレスの提唱した理想的人物像——つまりもっとも幸福に相応《ふさわ》しい人物像——ほとんどそのものと言ってもいいような人だった。「理想的人物とは、人のためになることを喜びとし、人にしてもらうことを恥とする人物である。愛を与えることは、愛を受け取ることよりも貴いのだ」

この章であなたに伝えたいふたつめのポイントはここだ。もしも幸福を手にしたいのであれば、感謝や忘恩は気にせず、与えることの内なる喜びを得るために与えるべきである。

親たちは一万年もの長きにわたり、「子どもたちは恩知らずだ」と怒り続けてきた。シェークスピアのリア王でさえ「恩知らずの子どもは、蛇の毒牙《どくが》より人を苦しませるものだ！」と悲鳴をあげている。だが、親がしつけもしないのに、子どもたちが感謝の気持ちを持つようになどなるのだろうか？　忘恩とは、雑草のように自然なものである。一方、感謝とはバラの花だ。咲かせるには肥料をやり、水をやり、たっぷり手をかけて愛しながら、守ってやらなくてはいけないのだ。

子どもたちが恩知らずである責任は、誰にあるのだろう？　もしかしたら、私たちかもしれない。感謝を伝える方法を教えてやらないのに、子どもたちがどうやって私たちに感謝してくれるというのだろう？

シカゴにいる私の知人は恩知らずの連れ子のせいで、不満を抱いてもしかたのないような生活を強いられることになった。彼は段ボール箱の製造会社に勤めていたが、稼ぎはせいぜい週に四十ドルといったところであった。未亡人と結婚したのだが、妻は「借金をして成人したふたりの息子を大学にやってほしい」と彼に頼み込み、進学させた。

彼は週に四十ドルの給料から食費と家賃、燃料費、衣料費を払い、さらに借金の利子まで捻出《ねんしゅつ》しなくてはならなくなった。彼は四年間もその生活を続け、馬車馬のごとく働いたが、決して不満のひとつも漏らしはしなかった。

彼は、感謝されただろうか？　答えは否である。妻も連れ子も、当たり前のこととして受け取ったのである。義父に大きな借りができたなどとは夢にも考えず、感謝の言葉すら伝えてはくれなかったのだ！

誰が悪いのだろう？　息子たちだろうか？　もちろん悪い。だが、母親にはもっと大きな責任がある。彼女は息子たちに借金の責任を感じさせることを恥に思い、借金を背負って出発させることを拒んだのである。「大学に行かせてくれるなんて、お父さんは本当に素晴らしい人だよ」と息子に言うことなど決してしようとはせず、代わりに「このくらい、お父さんにはなんてことないんだよ」という態度を取ってみせたのだった。

彼女は息子たちのためだと勘違いしてそうしていたのだが、実際には、「してもらえて当たり前」という危ない誤解を植え付けたまま、社会へと送り出そうとしていたのだ。実際、危険なことになった。息子の片方は会社から「ちょっと金を借りよう」として、刑務所送りになってしまったのである。

子どもとは親の育て方にかかっているのだということを、決して忘れてはいけない。ミネアポリスの西ミネハハ・パークウェイに住む叔母《おば》、ヴィオラ・アレクサンダーは、恩知らずな子どもたちにも決して不満を持たない、女性の鑑《かがみ》のような人物だった。私がまだ子どもだったころ、ヴィオラ叔母さんは自分の母親を自宅に置いて、愛を込めて世話をしていた。さらに夫の母親にも分け隔てなく同じことをした。今も目を閉じれば、ヴィオラ叔母さんの農場に立つ家で暖炉の前に座る、ふたりの老婆の姿が瞼《まぶた》に浮かんでくる。彼女たちはヴィオラ叔母さんにとって、面倒の種だったろうか？　ときには、そんなこともあったろう。だが、叔母さんはそんなことをおくびにも出したことがなかった。ふたりを愛していた彼女はとことん好きにさせ、甘やかし、自宅のようにくつろがせていたのだった。さらに彼女には六人の子どもたちがいたのだが、老女たちを引き取ったからといって、ことさら特別なことや立派なことをしているとは思っていなかった。彼女にとってそれはごくごく当たり前のことであり、正しいことであり、望んでいたことだったのである。

現在ヴィオラ叔母さんは未亡人になって三十数年が経つ。六人の子どもたちはすっかり成人してそれぞれ家を持ち、彼女がそうしたように、自分の家に来て一緒に暮らすよういつでも声をかけている。母親を愛するあまり、一緒に過ごしたくてたまらないのだ。これは感謝の気持ちからだろうか？　馬鹿なことを言ってはいけない。これは愛——本物の愛なのだ。まだ子どもだったころ彼らは、人の温《ぬく》もりと優しさとを吸い込みながら成長していたのだ。だからこそ、こうして関係が逆になり、今度は彼らが愛情を与え返そうとしているのである。

感謝の気持ちを持った子どもを育てあげるには、私たち自身に感謝の気持ちがなくてはいけない。「子どもの耳は地獄耳」ということわざを胸にきざみ、私たちも言葉に気をつけなくてはいけない。たとえば、子どもの見ている前で誰かの親切を馬鹿にしたい気持ちに駆られたならば、口を閉ざすこと。「従姉妹《いとこ》のスーさんが送ってきたこのふきんを見てごらん。これは手作りだね。一セントもかかっちゃいないじゃないか！」などと言いたくなっても、そんなことを口にしてはいけない。私たちにとっては何ということもない言葉だが、子どもたちは必ず聞いている。それよりも「クリスマスのためにわざわざこんなふきんを手作りしてくれるなんて、優しい人じゃないか！　すぐにお礼の手紙を書かなくちゃいけないな」と言わなくてはいけない。その賞賛や感謝の習慣が、知らず知らず子どもたちの身についていくのだから。

平穏と幸福とをもたらす心の在り方を身につけるためのルールその三は……。

A　恩知らずは当たり前と思い、くよくよしないこと。キリストは一日に十人のハンセン病患者を治したが、感謝したのはたったひとりである。それ以上の感謝など、私たちが望むべくもない。

B　幸福を手にするための唯一の道は、感謝を期待することではなく、与える喜びのために人に与えること。

C　感謝の気持ちとは、本人が持って生まれたものではなく、周囲の人が育《はぐく》むもの。感謝を持つ子どもを育てたいなら、そのように育てなくてはいけない。

第十五章　百万ドルと自分のすべてを引き換えにできるか

長い知り合いに、ミズーリ州ウェブ・シティ、サウス・マディソン通り八二〇番に住むハロルド・アボットという男がいる。私の講演のマネージャーをしてくれていた人物だ。ある日カンサス・シティでばったり会うと、彼は自分の車でミズーリ州ベルトンにある私の農場へと私を送り届けてくれた。その車の中で彼にいったいどうやって不安を追い出しているのかと訊《き》いてみたのだが、彼の答えは今でも忘れられない。

「昔は、不安に頭を悩ませてばかりいました。ですが一九三四年のある春の日、ウェブ・シティのウエスト・ドハティ通りを歩いているときに、不安を消し去ってしまう光景を目にしたのです。ほんの一瞬のできごとだったのですが、それまでの十年で学んだことなど問題にならないほど大きなことを、私はその瞬間に学びました。

私はウェブ・シティで食糧雑貨品店を立ち上げて二年で財産が底をついたばかりか、七年かけて返さなくてはいけないほどの借金を抱えていました。ちょうど前の土曜に店を閉めたばかりで、私はカンサス・シティで仕事を探すため、銀行に金を借りに行くところでした。

闘う力も信仰心も失い、私はぼろぼろになって歩いていました。ところがふと、両脚のない男性がひとり、通りの向こうからやって来るのが見えたのです。ローラースケートのタイヤを付けた木の板に乗って、両手に持った木の棒で地面を突くようにしながら、彼は移動していました。私が見つけたとき、彼はちょうど道路を渡りきり、舗道の縁石をまたごうと体を何センチか持ち上げているところでした。そして、台車を傾けたその瞬間に、私と目が合ったのです。彼は私に気づくと、にっこりと微笑んでみせました。『やあ、おはよう。気持ちのいい朝だね』。朗らかな声で、男が言いました。私はその様子を見て立ち尽くしているうちに、自分がいかに恵まれていたのかに気づきました。脚が二本ともあり、自分で歩くこともできる。自己憐憫《れんびん》に浸っていた自分が、情けなくてたまりませんでした。彼があんなにも幸せそうで、明るく、そして脚がないことなど何でもないような顔をしているならば、脚のある私にそれができないはずがないと、自分に言い聞かせました。胸が高鳴りだしていました。銀行では、たった百ドルだけを借りるつもりでいました。ですが、思い切って二百ドルと言ってみようという気持ちになりました。カンサス・シティに仕事がないか探しに行くのだと言うつもりでしたが、カンサス・シティに仕事をしに行くのだと胸を張って言うことができました。そうしてお金を借りて、仕事に就くことができたのです。

今はこんな言葉を洗面所の鏡に貼って、毎朝ひげを剃《そ》りながら読み返しています。

「靴がなくて落ち込んでいた。両脚を失ったあの人に、道で出会うまでは」

仲間とともに救命ボートに乗り、二十一日間も太平洋を漂流し続けたエディ・リッケンバッカーに、そこで得た最大の教訓はなにかと訊《たず》ねたことがあった。「最大の教訓は、飲みたいときに水があり、食べたいときに食糧があるのなら、どんな不満も言うべきではないということです」

ガダルカナル島で負傷したある軍曹の記事が、『タイム』誌に掲載された。砲弾の破片で喉《のど》を負傷し、なんと七回も輸血を受けたのである。彼は筆談で医師に「命は助かるのでしょうか？」と訊ねた。医師が「もちろん」と答えると、彼は次に「喋《しゃべ》れるようになりますか？」と訊ねた。医師はまた頷《うなず》いた。すると軍曹は、もう一度ノートに書いた。「じゃあ、いったい何をこんなに不安に思っているんだろう？」

あなたもまずは立ち止まり、「じゃあ、いったい何をこんなに不安に思っているんだろう？」と自分に問いかけてみてはどうだろう？　そうすれば、不安などまったく重要ではない、どうでもいいことだと気づくはずだ。

人生に現れるものごとは、九十％が正しく、十％が誤りである。幸せになりたいのならば、私たちがすべきことはただひとつ。正しい九十％に目を向け、誤りの十％は無視することだ。逆に不安に苛《さい》まれて胃《い》潰瘍《かいよう》になりたいのならば、誤りの十％にのみ目を向け、素晴らしき九十%からは目を背け続けることだ。

クロムウェル派の教会の多くには「考え、感謝せよ《Think and Thank》」という言葉が刻まれている。私たちも、この言葉を胸に刻まなくてはいけない。なにに感謝すべきなのかを考え、与えられた恵みに感謝すべきなのだ。

『ガリバー旅行記』の作者ジョナサン・スイフトは、英国文学史を代表する悲観主義者だった。この世に生まれたことを深く嘆き悲しむあまり、誕生日には喪服姿で断食をした。だが、そんな絶望の中にありながらも彼は、大いなる健康をもたらしてくれる明るさと幸福とを賛美していたのである。「世界最高の医師とは、ドクター・ダイエット《食事》、ドクター・クワイエット《静寂》、そしてドクター・メリーマン《陽気》である」と、彼は言っている。

私たちは、自分の持つ大いなる財産——アリババの財宝よりも遥《はる》かに豊かな財産である——へと目を向けさえすれば、ドクター・メリーマンの恩恵を好きなだけ授かることができる。あなたは、十億ドル出すと言われて両眼を売るだろうか？　いくら出されれば、両脚を差し出すだろうか？　両手はどうだろう？　聴力は？　子どもは？　家族はどうだろう？　自分の財産をすべて合計してみれば、ロックフェラー、フォード、モルガンという大財閥に金塊すべてを積まれても、決してそれを売り払うことなどできないとあなたは気づくはずだ。

しかし、そのことの本当の価値が私たちには分かっているのだろうか？　ショーペンハウアーは「人は手に持つもののことは見ようとせず、手に持たざるもののことばかり考える」と言っている。まさにその通り。これは、世界でもっとも悲しき真理だといえるだろう。おそらくは、戦争などよりも多くの不幸や病を歴史の中で生み出してきたに違いない。

ジョン・パーマーはそのせいで「普通の男から偏屈な老人」へと変貌《へんぼう》し、家庭をめちゃくちゃにしかけてしまった。これは、彼から聞いた話である。

パーマーは、ニュージャージー州パターソンに住んでいる。

「軍隊から帰って来てすぐ、私は自分でビジネスを始め、昼夜を問わず、必死に働きました。仕事は順調に上向きでしたが、やがて問題が起こりました。部品と材料とが、手に入らなくなってしまったのです。もう仕事が続けられなくなるのではないかと、恐ろしくなりました。そして不安のあまり、普通の男から偏屈な老人のような人間になってしまったのです。いらいらとして怒りっぽくなり、当時は自分でも気づいていませんでしたが、今にして思えば幸福な家庭をぶち壊しにする寸前になってしまっていました。そんなある日、私の元で働いていた体の不自由な若い退役軍人が、こんなことを言ったのです。『ジョニー、恥ずかしいと思わないのか。世界で問題に悩まされてるのは自分ひとりだとでも言わんばかりの顔じゃないか。確かに、しばらく店は閉めなくちゃいけないかもしれないが、それがどうした？　状況が元どおりになったら、また再開すればいいだけの話じゃないか。感謝すべきことなんて、いくらだってあるだろう。なのにあんたときたら、ぶつくさ愚痴ってばかりだ。俺なんて、あんたと代わってほしいくらいだよ。見ろよ、俺は片腕がないし、顔の半分は爆発で吹っ飛んじまってるけど、不満なんて言ったことないだろう。あんたみたいにぶつぶつ愚痴ばかり言ってたら仕事も無くなっちまうし、健康も、家庭も、友だちも、ぜんぶ失うことになっちまうよ！』

この言葉を聞いて、私は我に返りました。自分がどれほど恵まれていたかに気づいたのです。私はその場でかつての自分を取り戻すのだと心に決め、こうして帰ってきたのです」

友人のルシール・ブレイクは悲劇の縁に立ったとき、自分に欠けているものを嘆くことをやめ、幸福というものを学んだ。

ルシールと出会ったのはもうだいぶ昔、コロンビア大学のジャーナリズム大学院で短編小説の執筆を学んでいたころのことだ。九年前、アリゾナ州トゥー村に住んでいた彼女は、人生を揺るがす大きなショックを受けたできごとと遭遇した。彼女はそのときのことを、次のように話して聞かせてくれた。

「本当に忙しい日々を送っていました。アリゾナ大学でオルガンを習い、街の話術教室の指揮を執り、部屋を借りていたデザート・ウィロー牧場で音楽鑑賞の教室を開いたりしていたんです。パーティやダンスにも行ったし、夜には乗馬に出かけたりもしました。

でも、ある朝倒れてしまったんです。心臓がおかしくなってしまったんです。『一年間はなにもせず安静にしていなさい』と、先生から言われました。いずれすっかり回復するからなどと、元気づけたりはしてくれませんでした。

一年も安静にしていろだなんて！　もう二度と起き上がれず、もしかしたら死んでしまうかもしれない！　もう、怖くてたまりません。なんで私がこんな目に遭わなくてはいけないんだろう？　私がいったいなにをしたというんだろう？　涙が止まりませんでした。苦しくて、腹が立ってしかたないのです。でも、先生に言われたとおりベッドに入りました。隣に住んでいた絵描きのルドルフさんが言ってくれました。『一年間も寝たきりだなんて最悪だと思ってるだろうね。でも、そんなことはない。じっくり考えて、自分のことを知るために好きなだけ時間が使えるんだからね。これまでの人生で成長してきたよりも、この数ヶ月でずっと大きな成長を遂げることができるよ』と。それを聞いたら心が落ち着いて、新しい価値観を持ってみようと思うことができたのです。

ベッドでは、自分を鼓舞してくれるような本を、何冊も読みふけりました。そんなある日、ラジオからこんな言葉が聞こえてきました。『人は、意識の中にあるものしか表現できない』。以前にも似たような言葉を聞いたことは何度もありましたが、そのとき初めて、心の底まで言葉が届いて根を下ろしました。そして私は、人生に必要なこと以外は考えるまいと胸に誓ったのです。喜びと、幸せと、そして健康のこと以外は。毎朝目を覚ますと、自分が感謝すべきことを無理やりにでも考えるようにしました。苦痛からの解放のこと。まだ幼い最愛の娘のこと。目が見えること。耳が聞こえること。ラジオから素敵な音楽が流れてくること。読書の時間があること。美味《おい》しい食事が食べられること。友だちに恵まれたこと。すると私がすっかり明るくなって見舞客が増えすぎたため、先生は『お見舞いは一度にひとりずつ、一時間』という紙をドアに貼らなくてはいけなくなるほどでした。

あれから九年が経ち、今ではすっかり元気になって充実した人生を楽しんでいます。あのベッドでの一年間があって、本当によかった。アリゾナで過ごした年月で、あんなに意味のある幸福な一年は他にありません。毎朝なにに感謝すべきかを数えるあの習慣は今でもずっと続いており、私にとってかけがえのない財産になっています。死の恐怖を感じたあのときまで、私は生きるとはどんなことなのか本当に分かってなどいなかったのだと、恥ずかしくなるのです」

それは二百年前にサミュエル・ジョンソン博士が学んだのと同じ教訓なのだと伝えたら、ルシールはきっとすごく驚くことだろう。「ものごとのもっともよい側面を見る習慣には、年間千ポンドの収入よりも高い価値がある」

間違えないでいただきたいのは、この言葉は筋金入りの楽天家が口にしたものではないということだ。彼は二十年もの長きにわたり不安と貧困、そして飢えに苦しみ抜いたあげく、やがてその時代で最高の作家となり、史上最高の話の名手と讃《たた》えられるに至った人物なのである。

ローガン・ピアソール・スミスの言葉には、実に多くの知恵が宿っている。「人生には、目標にすべきことがふたつある。ひとつは、欲するものを手に入れること。そして、それを楽しむことだ。後者ができるのは、賢き者だけである」

キッチンでの皿洗いすらもぞくぞくするような体験に変えられるのだと言ったら、あなたは興味を持つだろうか？　もしそうならば、ボーグヒルド・ダールの名著『この目で生きる』（ダイナミックセラーズ　沼尻素子《ぬまじりもとこ》訳）という一冊を読んでいただきたい。

著者は、五十年にわたり目が見えないも同然の人生を送ってきた女性である。「片目しか私にはありませんでしたが残った眼球の表面もいくつかの深い傷に覆われており、ほんのすこし残された小さな隙間でものを見るしかありませんでした。本を読むときには顔の近くまで本をぐっと近づけて、片目を一生懸命左に向けていないと、読むことができないのです」

だが彼女は自己憐憫《れんびん》に浸ることも、自分は違うのだと思うこともなかった。少女時代、いくら近所の友だちとホップスコッチ《けんけん遊び》がしたくても、彼女には地面に書かれたマークが見えなかった。だから友だちがみんな帰ってしまうと、地面に這《は》いつくばるようにして顔を近づけ、マークを見つけたのだった。そうして遊び場の隅から隅までくまなく記憶した彼女は、駆けっこをしても負けたりしなくなった。自宅では大きな活字の印刷された本を、まつ毛がページに触れるほど近づけて読書をした。そしてミネソタ大学の文学士と、コロンビア大学の文学修士、ふたつの学位を取得したのである。

彼女はミネソタ州ツイン・バレーにある小さな村で教師の職を得ると、やがてサウスダコタ州スーフォールズにあるオーガスタナ・カレッジでジャーナリズムと文学の教授になる。そこで十三年間にわたって教壇に立ち続けただけでなく、本や作家について婦人クラブで講演活動を行ったり、ラジオのトーク番組に出演したりし続けたのだった。彼女は、こう書いている。「心の奥底には、すっかり目が見えなくなってしまうことへの不安がいつもありました。これを乗り越えるため私は人生と明るく、大げさなほど陽気に向き合うよう努めたのです」

その後、一九四三年、五十二歳の彼女に奇跡が起こる。かのメイヨー・クリニックにて受けた手術により、以前の四十倍もの視力を手に入れたのである。

美しき興奮にあふれ返る新たな世界が、彼女の目の前に開けた。キッチンで食器を洗うだけのことで、ぞくぞくするほど興奮するのである。彼女はその様子を、こんなふうに書いている。

「流し台に浮かぶ白くふわふわした泡と、私はたわむれる。手を差し入れて、小さな石《せっ》鹸《けん》の泡をいくつも手に取ってみる。それを光にかざしてみると、どの泡の中にも目を見張るほど鮮やかな色をした、小さな虹《にじ》がいくつも入っていた」

流し台の上の窓から外を覗《のぞ》く。「大降りの雪のなか、濃い灰色の翼を羽ばたかせながらツバメたちが飛んでゆくのが見えた」と、彼女はその景色を書き綴《つづ》った。

洗剤の泡やツバメたちの姿に無上の感激を憶《おぼ》えた彼女は、著書を次のような言葉で締めくくった。「天にまします神よ。感謝いたします。感謝いたします」

皿洗いの泡の中に虹を見たり、雪のなかを飛ぶツバメを見て、神に感謝を捧《ささ》げる自分の姿を、あなたは思い浮かべることができるだろうか？

私たちは、反省しなくてはいけない。こんなにも美しい妖精《ようせい》の国にずっと住んでいながら、それを当たり前だと思い込み、すっかり見えなくなってしまっているのだから。

平穏と幸福とをもたらす心の在り方を身につけるための、第四のルール。それは……

問題の数ではなく、祝福の数をかぞえること。

第十六章　自分を発見し、自分になる　この地上にあなたという人間はただひとり

ノースカロライナ州マウント・エアリーに住むエディス・オールレッド夫人から「子どものころの私は、とにかく繊細で内気でした」という手紙を貰《もら》った。「頬がぷっくりしていたせいで、肥満児だったのがなおさら太って見えました。母は、可愛らしい洋服なんて着るのはくだらないことだという考えの、古いタイプの女性でした。いつでも『大きい服は着られるけれど、小さい服は破けてしまう』が口癖で、私にもその言葉どおりの服ばかり選んできました。私は、パーティにも行かず、楽しい思いをしたこともありませんでした。学校に行っても外で遊ぶ子たちの仲間には入らず、運動すらしようとはしませんでした。とにかく病的に内気で、自分はみんなと違うのだ、みんなから嫌われているのだと思い込んでいたのです。

大人になると、自分より何歳か年上の男性と結婚をしました。ですが、私は相変わらずでした。夫の家族たちは、物静かで自信を感じさせる、私がどんなに憧《あこが》れてもなれないような人たちばかりでした。いくら彼らのように振る舞おうと思っても、どうしても無理だったのです。皆さんが私を殻の中から引っぱり出そうとすればするほど、私は自

分の殻に引きこもってしまいました。びくびくとして短気になり、友人たちを避けるようになっていきました。私は失敗作なのです。自分でそう思っていた私は、それが夫にばれるのが恐ろしくてなりませんでした。だから人前に出るときにはいつでも明るく振る舞い、ついやり過ぎてしまうのでした。そして、やり過ぎてしまったことを気に病み、その後数日間は惨めな気持ちで過ごすのです。最後には、自分の存在価値をまったく見《み》出《いだ》せなくなり、自殺を考えるようになってしまいました」

いったいこの女性の不幸な人生に、どんな変化が起こったというのだろう？　それは、ほんの偶然耳にした言葉だった。

「偶然耳にしたある言葉が、私の人生をすっかり変えてしまうことになったのです。ある日義理の母が、どうやって子どもたちを育て上げたのかを話してくれながら、『たとえどんなことがあろうと、自分らしく生きなさいと、いつも言ってきたわ』と言いました。『自分らしく生きなさい』この言葉が、私の人生を変えたのです。その瞬間、それまでの私は自分でも好きになれない姿に自分を押し込めようとして、すべての不幸を招いていたのだと気づいたのです。

私はひと晩のうちに変身し、自分らしく生きはじめました。自分はいったいどんな人間なのかと、自分自身を見つめようとしてみました。自分の長所はなにかと考えてみました。どんな洋服ならば自分らしいのだろうと、色やデザインをあれこれ考えました。自分から友だちを作ろうと、まずは小さなサークルに入ったのですが、プログラムに載った自分の名前を見つけると、驚きのあまり固まってしまいました。ですが、人前で話をするたびに、すこしずつ勇気がついていくのです。それからずいぶんと時間がかかりましたが、今では夢にも見なかったような幸せな気持ちに包まれています。あの苦しい経験から得たものを、今では自分の子どもたちに教えています。たとえどんなことがあろうと、自分らしく生きなさいと」

自分らしく生きる。ジェームズ・ゴードン・ジルキー博士によると、これは「歴史と同じくらい古く、命と同じくらい普遍的」な問題らしい。自分らしく生きようという気持ちがなくなることが、さまざまな神経症や精神病、そして強迫観念を生み出す根源となっているのである。児童教育について十三冊の著書を持ちさまざまな新聞に寄稿しているアンジェロ・パトリは「自分の持つ肉体と精神を捨てて他の人間に、他のなにかになろうと願う者こそが、もっとも不幸な人間なのである」と言っている。

自分じゃない誰かになりたい――この渇望は、特にハリウッドに蔓延《まんえん》している。ハリウッドで最高の映画監督のひとりサム・ウッドは、野心に燃える若い俳優たちに自分らしくいることを教えることこそが、もっとも難しいのだと言っている。誰もが、ラナ・ターナーの二級品やクラーク・ゲーブルの三級品になりたがるのだ。サム・ウッドは彼らに「その味はもうみんなすっかりお馴染《なじ》みなんだ。次は新しい味を待望しているんだよ」と言い続けている。

『チップス先生さようなら』や『誰《た》がために鐘は鳴る』といった名画でメガホンを取るまで、サム・ウッドは何年も不動産業界で働き、セールスマンとして自らを洗練させてきた。その彼が、ビジネスだろうと映画だろうと同じ原則が当てはまるのだという。誰かのまねをしてもしょうがない、オウムになろうとしても意味はない。「私は経験から、自分ではない誰かのような顔をしている連中をさっさと見限ることが、もっとも安全な道なのだと学んだ」と、サム・ウッドは語る。

最近、石油会社の大手ソコニー・バキューム石油で人事担当重役を務めるポール・ボイントンに、求職中の人びとが犯す最大の過ちとはなにかを訊《たず》ねたことがある。六万人を超える就職希望者を面接し、『仕事を手にする六つの方法 (6 Ways to Get a Job)』という本を書いた彼ほどの人物ならば、当然答えを知っていると思ったのだ。彼はこう答えてくれた。「就職希望者が犯す最大の間違いは、自分自身を偽ってしまうことです。自分のありのままの姿を包み隠し、こちらが望む答えを口にしようとしてしまうのです」

だが、それではいけない。わざわざ偽物を摑《つか》もうとする人など、誰もいはしないのだ。偽金を見せられ、いったい誰が喜んで受け取るだろう？

路面電車の運転手を父に持つある少女は、苦しい思いをした末にこの教訓を学んだ。

彼女は歌手になりたいと夢見ていた。だが、残念ながら顔立ちに恵まれなかった。口が大きく、そのうえひどい出っ歯だったのだ。ニュージャージーのナイトクラブで初めて人前で唄《うた》った夜、彼女は上唇をかぶせて自分の前歯を隠そうとした。そうして人びとを魅了しようとしたのだ。だがその様子があまりに滑稽《こっけい》で、結局は魅了どころの話ではなくなってしまったのだった。

だがナイトクラブの客のひとりが、彼女の歌を聴いてその才能に目をつけた。彼は少女を呼び止めると「ねえ、キミが唄うのを見ながら、なにを隠そうとしているのか僕には分かったよ。その前歯だね？」とずけずけと言った。少女は戸惑ったが、彼はさらに言葉を続けた。「なんでそんなに気にするんだい？　その出っ歯がなにか悪いとでも言うのかい？　隠そうだなんて、意味がないよ！　大きく口を開いてごらん。お客さんは堂々としたその姿を見て、君のことが大好きになる。それに、君が嫌いなその歯のおかげで、運命が変わるかもしれないぞ」

キャス・デイリーは男の忠告を受け入れ歯のことを忘れると、それっきり観客たちのことだけを考えるようになった。そして口を大きく開けて見事で聞き惚《ほ》れるような歌声を披露し、映画やラジオの世界でスターダムへとのし上がっていったのだ。彼女のものまねをするコメディアンが出るほど、みんなの人気者になったのだ。

名高いウィリアム・ジェームズは「人びとの多くは潜在能力の十%しか引き出すこと

ができない」と述べているが、これは自分らしさを見つけようとしない人びとのことである。私たちは、本来あるべき姿の半分しか目覚めていない。肉体的にも精神的にも、ほんのわずかな力しか使うことができていないのだ。大ざっぱに言うとするならば、人間は自らの限界のはるか内側で暮らしている。さまざまな力を持っていながら、それを発揮できるだけの下地を持っていないのだ。

私にもあなたにもそうした能力が眠っているのだから、わずかな時間も無駄にしてはいけない。私たちは他の誰でもない、この世界にとって新しい人間なのだ。地球が誕生してから今まで、あなたと同じ人間など誰ひとりとしていはしなかった。そして今後も未来永劫《えいごう》、そんな人間が生まれ出ることはないのだ。最新の科学によると、あなたという人間は父親から受け継いだ二十三本の染色体と、母親から受け継いだ二十三本の染色体が組み合わさった結果誕生した存在だ。その四十六本の染色体が、あなたがなにを受け継いだのかを決定づけているのだ。アムラン・シャインフェルドは、それぞれの染色体には「数十から数百の遺伝子が含まれており、たったひとつの遺伝子が人の人生を変えてしまうこともある」という。私たちはまさしく「恐ろしくも素晴らしい」産物なのである。

両親が出会って結婚したとしても、あなたという個人が生まれる確率は、約三百兆分の一程度しかない。そして、あなたにもし三百兆人の兄弟姉妹がいたとしても、その全員があなたとは違うのである。これは推測ではなく、科学的事実だ。もしこのことをもっと知りたければ、図書館に行きアムラン・シャインフェルドの『人と遺伝』という本を手に取ってみるといい。

この「自分らしく生きる」ということについては、確信とともに話すことができる。私にも、深い実感があるからだ。自分の考えを疑いようもない。苦々しく手痛い経験から、私はこれを学んだのだから。ミズーリのトウモロコシ畑からニューヨークに出てきたばかりの私は、アメリカン・アカデミー・オブ・ドラマティック・アーツに入学した。俳優を目指していたのだ。私には、夢への近道をゆくための画期的なアイデアがあった。とても簡単で誰にでもできるようなことなので、なぜ今までどの俳優志望者もそんなことに気づかなかったのかと、不思議でならなかった。

そのアイデアとはこうだ。まず、ジョン・ドルー、ウォルター・ハムデン、オーティス・スキナーらといった当時の有名俳優たちがどのように人びとの心を摑むのか勉強する。そしてそれぞれのいいとこどりをすれば、彼らの優れた才能をひとつにまとめた天才俳優になれると思っていたのである。とことん馬鹿だったのである。そうして私はミズーリの石頭を抱えたまま、「決して他人にはなれはしない」ということにも気づかず、人の猿まねをしながら何年も無駄にしてしまったのである。

この痛々しい経験から、教訓を学ばなくてはいけなかった。だが、私は学んだりしなかった。なんと馬鹿だったのだろう。だから結局、また同じことを繰り返さなくてはいけなくなった。数年後、私はビジネスマン向けの話術について、かつてない名著を書いてやろうと思い立った。そこで、俳優志望時代と同じ過ちを犯し、さまざまな著者の本から知恵を拝借してそれをひとまとめにし、最強の一冊を作ろうなどと思ってしまったのである。そこで私は話術についての本を何十冊と集めてくると、一冊一冊の内容を採り入れながら、一年がかりで原稿を書き上げた。だが、私はまたしても自分の浅はかさを思い知らされることになる。あまりに嘘くさくて面白みがなく、誰にも手に取ってなどもらえないような寄せ集め原稿ができあがってしまったのである。私は一年分の労力をゴミ箱に放り込むと、またゼロからやり直すことにした。

今度は、自分に「どんな失敗も限界もそのままに、お前はデール・カーネギーその人にならなくちゃ駄目だ。他の誰にもなりようなどないのだから」と言い聞かせた。そして他人のアイデアなどに頼るのをやめて腕まくりをすると、最初からすべきだった方法で執筆を開始した。演説家として、そして話術の講師として培ってきた経験、調査、信念を頼りに、話術のテキストを書き上げたのである。私は、サー・ウォルター・ローリーの得た教訓を自分も学び、それをいつも心の拠《よ》り所にしてきた（女王の足もとに自らのコートを敷いて歩かせた、あのサー・ウォルターのことではない。私が言っているのは一九〇四年にオックスフォードで英文学の教授を務めていたサー・ウォルター・ローリーのことである）。彼は、こう話している。「私にはシェークスピアのような本を書くことはできないが、私にしか書けない本を書くことができる」

自分らしく生きる。かつてアーヴィング・バーリンがジョージ・ガーシュウィンに送ったアドバイスをご存じだろうか。ふたりが初対面したとき、バーリンは有名人だったがガーシュウィンはティン・パン・アレー（ブロードウェイの一角にある、音楽関連企業が集まった地域）で週三十五ドルのために働く、若き貧乏作曲家であった。彼の才能に感銘を受けたバーリンは、三倍の給料を払うから自分の音楽秘書をしてはどうかと申し出た。そして、こうアドバイスをしたのである。

「でも、本当はこの仕事なんて請けちゃいけない。もし引き受けたら、君はバーリンの二級品になってしまうかもしれないんだからね。だが、自分でいることを貫きさえすれば、君はいつの日か一級品のガーシュウィンになれるだろう」

この忠告を胸に刻んだガーシュウィンは徐々に、当時のアメリカを代表する作曲家へとなっていったのだった。

チャーリー・チャップリン、ウィル・ロジャース、マリー・マーガレット・マクブライド、ジーン・オートリーらも、私がこの章で書いているのとまったく同じ教訓を学んだ人びとである。彼らもまた私と同じように、苦心の後にそこに辿《たど》り着いたのだった。

チャップリンが映画を撮り始めたころ、監督を任された人びとは口を揃えて、当時人気だったドイツのコメディアンをまねすべきだと主張した。だが、チャップリンが売れ始めたのは、彼が自分らしく役を演じ始めてからのことである。ボブ・ホープも同じような轍《てつ》を踏んでいる。歌と踊りと演技とで鳴かず飛ばずの数年を過ごし、それから彼らしい皮肉と毒舌とで名を馳《は》せたのだ。ウィル・ロジャースは、台詞《せりふ》もなくロープをいじり回すだけのステージを何年も続けた。そして、彼にしかないユーモアの才能に気づいてそこに喋《しゃべ》りを採り入れ出してから、人気者になっていった。マリー・マーガレット・マクブライドは、初めてのラジオ出演でアイルランド人コメディアンを装い、これに失敗した。ニューヨークでトップのラジオスターの仲間入りを果たしたのは、ありのままの自分らしく、ミズーリの田舎娘としてラジオに出始めてからのことである。

ジーン・オートリーがテキサス訛《なま》りを隠して都会人のように着飾り、自分のことをニューヨーク出身だと言ってみせても、人は背中を指差して笑うばかりだった。だがバンジョーをかき鳴らしてカウボーイのバラッドを唄いだすと一気に人気に火がつき、世界一有名なカウボーイとして映画やラジオに引っ張りだこになったのだった。

あなたは、この世界にただひとりの、新しい人間だ。それは、とても素晴らしいことなのだ。持って生まれたものを、最大限に活《い》かさなくてはいけない。突き詰めてしまえば、人は自分の経験したことしか形にすることができないものだ。あなたにはあなたの歌しか唄えない。あなたの絵しか描けない。あなたは自分の経験と、取り巻く環境と、受け継いで生まれてきたものに作り上げられた存在なのだ。

どんなことがあろうと、あなたは自分の持つ小さな庭をせっせと手入れしなくてはいけない。人生という壮大なオーケストラのなか、自分の手に持つ小さな楽器を演奏し続けなければならないのだ。エマソンは『自己信頼』というエッセーの中でこう書いている。

「人は教育を受けるに従い、いずれ気づくことになる。嫉妬《しっと》は無知であるということ。模倣は自分を殺すことであるということ。どんな自分であれそれを受け入れるしかないということ。どんなに宇宙が幸福に満ちていようとも、自分の手元にある大地を丹精込めて耕さない限りは糧となる穀物は育ってくれないのだということ——。人は誰しも、この世界に新たなものをもたらす力を持っている。だがどんな力があるのかは自分にしか分からないし、実際にやってみるまでは自分でも分からないのだ」

エマソンのこの言葉と同じことを、詩人のダグラス・マロックはこう書いている。

丘のてっぺんに立つ松になることができないのならば
谷底の低木となりなさい——しかし
小川のほとりに立つもっとも美しき低木になりなさい。
木になれなければ、藪《やぶ》になりなさい。

藪になることができないのならば、わずかばかりの草となり、大通りの道端を美しく飾りなさい。
カワマスになれなければ、ブラックバスになりなさい。
でも、湖でいちばん元気なブラックバスに。

船長になる人ばかりではないから、水夫になる人もいる。
そのひとりひとりに、なにか役割がある。
大きな仕事もあれば、小さな仕事もあり、
すべき仕事はいつもすぐ身近に見つかる。

大通りになれなければ、小道になりなさい。
太陽になれなければ、星になりなさい。
勝ち負けとは、大きさなどでは決まらない。
最高の自分になりなさい。

心の在り方を育《はぐく》んで不安を消し去り、平穏と幸福とをもたらすための第五のルールとは……。

人のまねをしてはいけない。自分を見つけ、自分らしく生きること。

第十七章　レモンがあるならレモネードを作れ

この本の執筆中、私はシカゴ大学を訪れ、学長のロバート・メイナード・ハッチンスにどう不安に対処しているのか訊《たず》ねてみた。彼はこう答えた。

「いつでも、シアーズ・ローバック社の社長だった、故ジュリアス・ローゼンウォルドのアドバイス、『レモンがあるならレモネードを作れ』に従うようにしているよ」

優れた教育者は、皆これをしている。愚か者は、この真逆のことをする。人生からレモン《欠陥品》を手渡されるとすぐに諦《あきら》めて「もうだめだ。これが運命だ。チャンスなどありはしないのだ」と投げ出してしまう。そして人生に不満を並べ立て、自己憐憫《れんびん》にどっぷりとひたってしまうのである。だが賢い者はレモンを手渡されても「この不運からなにが学べるだろう？　どう状況を改善できるだろう？　このレモンからレモネードを作るにはどうしたらいいだろう？」と考える。

生涯をかけて人間と潜在能力とを研究した偉大な心理学者アルフレッド・アドラーは、人の持つ脅威の性質とは「マイナスをプラスに変える力である」と話している。

それを物語る、ある女性の非常に面白く刺激的な話を紹介しよう。名前をセルマ・トンプソンというこの女性は、ニューヨーク市モーニングサイド・ドライブに住んでいる。

「戦時中、夫はカリフォルニア州のモハーベ砂漠近くにある軍のトレーニング・キャンプに配属されていました。私はそばにいたくて、一緒に引っ越しました。ですがひどいところで、嫌でたまりませんでした。あんなに惨めだったことはありません。夫が砂漠での演習に参加するよう命じられると、私はひとりきりで小さな掘っ立て小屋に取り残されました。サボテンの日陰の中ですら、五十度を超える信じがたいほどの暑さです。周囲には英語の話せないメキシコ人やインディアンばかりで、話し相手など誰もいませんん。強い風が吹きすさび、食べ物も空気も、なにもかもが砂まみれでした。

心の底からわびしく、悲しかったので、両親に手紙を書きました。そして、もう一分たりとも我慢ができない、ここにいるなら牢獄《ろうごく》に入ったほうがましだと伝えたのです。父がくれた返事には、たった二行しか書かれていませんでした。その二行がずっと私の胸に残り、人生を変えてくれることになったのです。

ふたりの囚人が鉄格子から外を見ていた。
ひとりは地面を、ひとりは星空を見つめた。

私はこの二行を何度も何度も読み返しました。そして、自分が恥ずかしくなりました。そして、今の状況の中でなにかいいことはないのか、星は輝いてないのかを探し出すことに決めたのです。

先住民と知り合ってみて、私はその反応に驚きました。彼らの作る織物や焼き物に私が興味を示すと、観光客には決して売りたがらないような大事なものでも私にプレゼントしてくれるのです。私は、面白い形をしたサボテンや、リュウゼツランや、ヨシュアの木のことを勉強するようになりました。そしてプレイリー・ドッグのことを学び、砂漠の夕陽を眺め、かつて砂漠が海底だったころの名残である貝殻を探し回りました。

なぜそんなにも大きな変化が私に起こったのでしょう？　モハーベ砂漠が変わったわけではありません。先住民も変わりません。ですが、私が変わったのです。私の心の有り様が変わったのです。そうして、あの惨めだった日々を人生最高の興奮に満ちあふれた冒険へと変貌《へんぼう》させたのです。新しく見つけだしたこの世界は、刺激と興奮に包まれていました。そして興奮に突き動かされるようにして『輝ける城壁』という小説を書き上げたのです。自分を閉じ込めていた牢獄から抜け出し、星々を見つけ出したのです」

セルマ・トンプソンの見つけた真理は、キリスト誕生の五百年も前にギリシャ人たちが説いた「良きことこそ難しきものなり」という真理であった。

ハリー・エマーソン・フォズディックはこの二十世紀に、それを改めて説いている。「ほとんどの場合、幸福とは喜びではなく勝利である」。そう、達成感、征服感、そしてレモンをレモネードに変えたのだという気持ちから生まれる勝利なのである。

以前フロリダで、ただのレモンではない毒レモンすらもレモネードに変えてしまった、幸福な農夫を訪ねたことがあった。

初めて農場に移り住んだとき、彼はすっかり打ちひしがれた。土地が痩《や》せており、フルーツを育てることも、豚を飼うこともできないような有様だったのだ。逞《たくま》しく息づいているのは、痩せた樫《かし》の木の茂みとガラガラヘビだけだった。と、彼にある考えが閃《ひらめ》いた。このガラガラヘビたちを利用すれば、負債を資源へとひっくり返すことができるのではないだろうか？　なんと彼は、ガラガラヘビの肉を缶詰にして売り出し、人びとを仰天させたのである。数年前に農場を訪れたときにも彼のガラガラヘビ農場には観光客が来ていたが、年間来場者数は二万人にものぼるという。ビジネスは絶好調だった。農場で毒牙《どくが》から採取されたガラガラヘビの毒は、抗毒剤を作るために各地の研究所へと送られた。蛇の皮は、婦人向けの靴やハンドバッグにするため高値で取引されていた。そしてガラガラヘビの缶詰は、世界じゅうの顧客たちの元へと出荷されていた。私はそこで絵はがきを一枚買うと、村の郵便局で投函《とうかん》した。村の名は、毒レモンを甘いレモネードへと変えた男の名を讃《たた》えるため『フロリダ州ガラガラヘビ村』へと変わっていた。

アメリカ全土を東西南北、縦横無尽に旅をして回る暮らしのなか、私は「マイナスをプラスに変える力」を実践してきた人びとと、本当にたくさん巡り会うことができた。『神に背いた十二人』を書いた故ウィリアム・ボリソは、こんなことを書いている。「人生でもっとも重要なのは、出した利益を使うことではない。そんなことは馬鹿にでもできる。本当に重要なのは、損失から利益を生み出すことだ。そのためには、知性が必要だ。知性の有無が、賢者と愚者との差である」

この言葉は、ボリソが列車事故で片脚を失った後に口にしたものだ。だが、世の中には両脚を失ってなお、マイナスをプラスに転じた人物もいる。その名を、ベン・フォーストンという。彼と出会ったのは、ジョージア州アトランタにあるホテルでのことだった。エレベーターに入っていった私は、両脚のない車椅子姿の男性が、エレベーターの隅でにこにこ微笑んでいるのに気がついた。エレベーターが自分の階で止まると、彼はここで降りるからちょっと脇へどいてもらえないかと私に声をかけた。「ご迷惑をおかけしてすいません」と、彼は心からの温かな笑みを浮かべながら言ったのだった。

自室に戻ってからも、私はあの朗らかな障害者のことが忘れられなかった。そこで彼の部屋を探し出すと、話を聞かせてほしいと頼み込んだのだった。

「一九二九年のことでした」と、彼は話し出した。「私は庭に植えた豆の木の支柱にするため、ヒッコリーの木を切りに出かけました。そして切り出した木を愛車に積んで自宅へと車を発進させたのですが、ちょうど急カーブを曲がっているときにそのうちの一本が落ちて車の下に入ってしまい、ハンドルが切れなくなってしまったのです。車は道端の盛り土を乗り越えて木に激突し、私は脊髄《せきずい》を損傷してしまいました。そして、両脚が麻痺《まひ》してしまったのです。私が二十四歳のころのことで、それから一歩も歩いていません」

そう、彼は二十四歳で、一生車椅子だと宣告を受けてしまったのだ。いったいなぜそんなにも苦しい現実を受け入れる強さを持っていたのか、彼に訊ねてみた。すると彼は「強さなど持っていませんでした」と答えた。怒り狂い、必死に抗《あらが》おうとし、自分の運命を呪ったのだという。だが一年、また一年と時が進むにつれ、彼はどんなに反抗しても苦しさが募るばかりでどうしようもないのだと悟っていった。「そしてようやく、周囲のみんなが私に向けてくれている優しさと温かさとに気づいたのです。私にできることはただひとつ、彼らに自分の優しさと温かさとを返すことだけでした」

私は、まだその事故のことを不幸だと呪っているか訊ねてみた。すると彼は何の迷いもなく「いいえ。むしろ幸運だったとすら思っています」と答えた。そして、あの事故の衝撃を乗り越えてからはまったく別世界になり、文学を読み、愛するようになったのだと語ってくれた。彼いわく、その後十四年間ですくなくとも千四百冊の本を読んだ。文学は、想像すらしていなかったほど豊かな新しい人生を彼に見せてくれた。いい音楽も聴くようになった。そして、以前は退屈だったはずの交響曲を聴いて胸を躍らせるようになった。だがいちばんの変化は、彼に考える時間ができたことだった。

「人生で初めて私は世界を見つめ、ものごとの価値を理解するようになったのです。そして、かつて欲しくてたまらなかったもののほとんどは、まったく価値のないものだったのだと知ったのです」

読書を通して彼は政治に興味を持ち、社会問題について勉強をし、車椅子で演説をして回るようになった。多くの人びとを知り、多くの人びとが彼のことを知った。このベン・フォーストンという男は相変わらずの車椅子生活だが、今はなんとジョージア州の州務長官になっている。

この三十五年間ニューヨークで成人クラスを教えてきたが、そこで分かったのは、多くの大人たちにとって大学に進学しなかったことが最大の後悔になっている、ということだ。大学教育を受けなかったことが、大きなハンデになっていると思っているようなのだ。だが本当にハンデなのかというと、必ずしもそうではない。私は、大学に進学していない成功者たちを、何千人と知っている。だから私はクラスの生徒たちに、小学校すら終えていないある男の話をして聞かせることにしている。彼は極貧の家庭に生まれた。父親が死んだときには棺《ひつぎ》が買えず、友人たちがカンパしなくてはいけないほどだった。その後母親は傘工場に勤めだし、一日十時間の労働に加え、自宅に帰ってきても、夜には出来高払いの仕事で夜十一時まで働いた。

そんな家庭環境で育った少年は教会のアマチュア劇団に入り、そこですっかり演劇に魅了されると、演説法を身につけようと思い立った。それが政界進出のきっかけとなり、三十歳を前にしてニューヨーク市議会議員に選出されたのである。だが、彼はまだそんな重責を背負えるほどの人物にはなっていなかった。私にも、なにをどうすればいいのかさっぱり分からなかったと正直に話してくれた。議会で行われる投票に備えて長くややこしい議案を読んでも、まるでチョクトー・インディアンの言葉で書かれているかのように、まったく意味が分からない。なにもかも、不安でたまらなかった。森になど入ったことがないのに森林委員会に入れられたかと思えば、銀行口座も持っていないのに州立銀行委員に選出される。母親への裏切り行為にさえならなければ、すぐにでも市議を辞めてしまいたいとすら思ったという。だが彼は一念発起すると一日十六時間をかけて勉強し、無知のレモンを知識のレモネードへと変えてみせる。この猛勉強によって彼は単なる市議会議員から全国区の有名人へと自分を成長させ、ニューヨーク・タイムズ紙に「ニューヨークでもっとも愛される市民」と書かれるほどの人物となったのだった。

この人物とは、アル・スミスのことである。独学で政治を学び始めてから十年後、彼はニューヨーク州政で最高の権力を持つようになった。そして州知事に四回も選出されるという、前人未踏の記録を打ち立てたのである。一九二八年、彼は民主党の大統領候補に選ばれた。そして、コロンビア大とハーバード大をはじめとする有名六大学が、小学校しか出ていない彼に名誉学位を贈ったのである。

アル・スミスは、マイナスをプラスに変えるための一日十六時間の猛勉強がなければ、どれひとつとして達成できなかったろう、と語ってくれた。

ニーチェいわく、超人の定義とは「窮状を耐えるだけでなく、それを愛することができる人物である」と言っている。

成功者たちの辿《たど》ったキャリアを深く知れば知るほど、「背負ったハンデを力にして努力に変え、そうして成功を手にした人びとは本当に多いのだ」という確信はますます深まっていった。「欠点は、思いがけず人を助けてくれる」とは、ウィリアム・ジェームズの言葉である。

たとえばミルトンは盲目だったからこそ優れた詩を書き、ベートーベンは耳が聞こえなかったからこそ素晴らしい音楽を書いた、ということも十分に考えられることなのだ。ヘレン・ケラーの輝かしいキャリアは、目と耳が不自由だったことに触発され、現実となった。もしチャイコフスキーがフラストレーションを溜《た》め込み、結婚の苦悩で自殺寸前にまで追い込まれていなければ、『悲愴《ひそう》』という名交響曲が生まれることはなかっただろう。ドストエフスキーやトルストイが不朽の名作の数々を書き上げたのも、彼らが苦難の人生を歩んでいたからかもしれない。

地上の生命の概念をぐるりと覆したチャールズ・ダーウィンは「もし私が病弱でなかったら、あれほど膨大な仕事はまず達成できなかったろう」と述べている。彼もまた、思いがけず自らの欠点に助けられた人物だったのだ。

イギリスでダーウィンが生まれたその同じ日、ケンタッキー州の森に立つ丸太小屋で、ひとりの赤ん坊が生まれていた。名前を、エイブラハム・リンカーンという。彼がもし上流階級の家庭で育ったり、ハーバード大学で法律の学位を取ったり、幸福な結婚生活を送ることができていたりしたら、ゲティスバーグで彼が口にした不滅の名演説が生まれることはなかったかもしれない。そして、二度目の就任式で彼が口にした「何者にも悪意を抱かず、誰にでも思いやりを持ち……」という素晴らしい言葉も、きっと生まれなかったことだろう。

ハリー・エマーソン・フォズディックは自著『ものごとを見抜く力（The Power to See it through）』の中で、こう書いている。

「スカンジナビアには『北風がバイキングを育てあげた』ということわざがあるが、この言葉を人生のスローガンだと受け取る人もいるだろう。安全で楽しい日々、困難などなくただ心地よく穏やかな日々さえあれば人は善良になり、幸福になるのだという考えは、いったいどこから生まれてきたのだろう？　自己憐憫《れんびん》にひたる人びとというものは、柔らかなクッションの上に寝転がっていようと、決してひたり続けることをやめようとはしない。すでに歴史が何度も証明しているとおり、人が自らの責任をしっかりと背負えば、どんな状況であろうとも成功と幸福が訪れる。北風は何人も何人も、屈強なバイキングたちを育てあげてきたのである」

絶望にさいなまれるあまり、レモンをレモネードに変えることなどできるわけがないと思っているのならば、立ち上がらなくてはいけない理由はふたつある。いずれにせよ失うものはなく、得ることばかりなのだ。

理由その一――成功の目は常にある。

理由その二――たとえ成功しなかったとしても、マイナスをプラスに変えようとすることで、私たちは後ろではなく前を向くことができる。すると、ネガティブな思考が消えてポジティブな思考を持つようになって創造力が解放され、私たちは忙しく動き回り、過ぎ去った過去を嘆いているような時間も気持ちもなくなってゆくのだ。

かつて世界的バイオリン奏者のオーレ・ブルがパリで開いたコンサート中、とつぜんAの弦が切れてしまったことがあった。だがオーレ・ブルは、残りの三本で曲を弾き終えた。「A線が切れるのも、三本で弾き終えるのも、人生なのだ」と、ハリー・エマーソン・フォズディックは語っている。

だが、ただの人生ではない。人生以上のもの、勝利の人生なのである。

できることなら、私はウィリアム・ボリソの言葉を銅板に刻み、国じゅうの小学校という小学校に飾りたい。

「人生でもっとも重要なのは、出した利益を使うことではない。そんなことは馬鹿にでもできる。本当に重要なのは、損失から利益を生み出すことだ。そのためには、知性が必要だ。知性の有無が、賢者と愚者との差である」

さて、平穏と幸福とへ続く心の在り方を育てるため、第六のルールを教えよう。

レモンがあるならば、レモネードを作ってみようとすることだ。

第十八章　二週間で憂鬱症から解き放たれる

この本の執筆を始めるにあたり、私は「自分はこうして不安に打ち勝った」という体験談を集めてコンテストを行い、もっとも読者の力となり鼓舞してくれる作品に賞金二百ドルを出すことにした。

審査員は、イースタン航空社長のエディ・リッケンバッカー、リンカーン記念大学の学長スチュワート・W・マクレランド、ラジオのニュース解説者H・V・カルテンボーンの三人である。だが、最終選考まで残ったふたつのエピソードがどちらも素晴らしく、私たちには甲乙の付けようがなかったため、賞金を半分ずつ出すことにしたのだった。そのうちのひとつ、ミズーリ州スプリングフィールド、コマーシャル通りに住むC・R・バートン氏のエピソードをここで紹介しよう（ミズーリのウィザー自動車販売で働く人物である）。

「私は九歳で母を失い、十二歳で父を失った。父は亡くなったのだが、母親のほうは十九年前に家を出て行ったきり、二度と戻ってこなかった。彼女が連れていったふたりの妹たちとも、それ以来ずっと会っていない。出て行って七年が経つまで、母は手紙のひとつすら書いてはくれなかった。父は母が出て行った三年後、事故で亡くなった。父は、ある人物と一緒にミズーリでカフェを経営していた。だが父が商用で地元を離れている間に、この男がカフェを売り払って現金に換え、姿をくらませてしまった。父は友人からすぐに戻って来いという電報を受け取ると、大急ぎで帰って来る途中にカンザス州サリナスで自動車事故に遭い、死亡してしまったのである。父の姉たちは貧しく、年寄りなうえに体も悪かったのだが、私たち兄姉のうち三人を自宅に引き取ってくれた。私と弟は誰にも引き取ってもらえず、街の住人に預けられることになった。孤児と呼ばれ、孤児扱いされるのが、私も弟も恐ろしくてたまらなかった。その恐怖は、すぐ現実になった。

すこしの間、私は街の貧しい家庭に預けられた。だがひどい不況で家の主人が仕事を失い、私の食費などとても出せないような状況になった。そこで、今度は市街から十七キロほど離れたところにある、ロフティン夫妻の農場へと預けられることになった。ロフティンさんは七十歳で、帯状疱疹《ほうしん》を患いベッド生活を送っていた。彼は『嘘をつかず、ものを盗んだりせず、自分の言うことを聞くのであれば』そこに住んでいいと言った。この三つの約束をバイブルとして、私は忠実にそれに従った。学校にも通いだしたが、最初の一週間は家に帰ると泣きはらして過ごした。他の子どもたちにいじめられ、大きな鼻をからかわれ、「みなしご」呼ばわりされたのである。深く傷ついた私はやり返してやろうと思ったが、ロフティンさんはそんな私に『いいかい、よくお聞き。喧嘩《けんか》をせずに立ち去るのは、その場で喧嘩をしてしまうよりずっと立派なことなんだ』と言った。私がついに我慢できなくなったのは、ひとりの少年が校庭で私の顔めがけてニワトリの糞《ふん》を投げつけたときだった。彼を叩《たた》きのめすと、私にも友だちが何人かできた。そして、あいつは殴られて当然さと私に言ってくれたのだった。

ロフティンさんの奥さんが買ってくれた新しい帽子がお気に入りだった。だがある日、上の学年の女の子がそれを取り上げると、中に水を入れて台無しにしてしまった。そして『これであなたの石頭も冷えて、ちょっとはよくなるかもね』と私をからかったのだった。

学校では絶対に泣かなかったが、家ではわんわん泣いた。だがある日、ロフティン夫人から私はアドバイスを受ける。その言葉のおかげで、すべての悩みと不安から解放され、それまでの敵が友人へと変わっていったのだった。

『ラルフ。もしあなたがみんなにちゃんと興味を持って自分になにができるかを考えれば、みんなもあなたのことを「みなしご」なんて呼んだりはしないわ』

私は彼女の言葉を守った。そして一生懸命に勉強をしてすぐにクラスのトップになった。みんなのためになるようにいつも工夫していたので、誰からもやっかんだりはされなかった。

友人たちの課題の作文を手伝ってあげたこともあったし、討論会の原稿をまるまる書いてあげたこともあった。ある少年は私に手伝ってもらっているのを家族に知られたくないので、母親にはいつも、フクロネズミを捕まえに行くんだと言って家を出てきた。そしてロフティンさんの農場にやって来ると犬を納屋につなぎ、私に宿題を手伝わせたのだった。ある男の子には読書感想文を書いてあげたし、ある女の子などは、何夜も続けて算数を手伝ってあげた。

近隣を、死神が荒らし回ったこともあった。年老いた農夫がふたり死に、ひとりのご婦人は夫に捨てられた。四家族のなか、男は私ひとりだった。だから二年がかりで、私は未亡人たちにあれこれと手を貸した。学校の行き帰りに彼女たちの農場に立ち寄って木を切り、牛の乳しぼりをし、家畜に餌や水をやった。私は悪口ではなく感謝を伝えられ、みんなから友だちだと思われるようになっていた。私が海軍から戻って来たときは、大歓迎を受けたものだ。家に戻った当日などは、二百人を超える農夫たちが私に会いにやって来た。中には百三十キロも遠くから車で駆け付けてくれた人もおり、みんな本当に私を大事に思ってくれていたのだった。忙しく人助けをする暮らしに幸せを感じていた私には、不安などほとんどない。そして、この十三年は「みなしご」と呼ばれることも、すっかり無くなった」

C・R・バートンのこのエピソードは、どう友を得ればいいのかを教えてくれる。そして、どうやって不安に打ち勝ち人生を楽しめばいいのか示してくれているのだ。

ワシントン州シアトルに住むフランク・ループ博士のケースも同じである。彼は二十三年間、病に苦しみ続けていた。関節炎である。だがシアトル・スター紙のスチュアート・ホワイトハウスは私にこう書いてきた。「何度もループ博士にはインタビューをしてきたが、あれほど人のためを思い人生を楽しんでいる人は他にいない」

なぜそんなにも長く病に苦しみながら、そこまで人生を楽しむことができるのだろうか。不満を並べ立て、人を批判することを楽しんでいるのだろうか？　違う。それとも自己憐憫《れんびん》にどっぷりひたりながら、みんなに「自分を気遣え、自分に尽くせ」と求めているのだろうか？　これも違う。彼が人生の喜びを得ているのは、英国皇太子のモットー「私は人に尽くす」を自らの座右の銘にしているからだ。病気に苦しむ人びとの住所を集めて励ましの手紙を書くことで、自分のことも彼らのことも勇気づけたのである。さらに彼は病人のための文通クラブを立ち上げて、見舞いの手紙を互いに交換できるようにした。そして、その文通クラブを全国的な組織へと育て上げていったのだ。彼はベッドの中で過ごしながら一年に平均千四百通もの手紙を書き、外出できない病人たちのためにラジオや本を送って喜びをもたらし続けたのだった。

他の多くの人びととループ博士との違いは、いったいどこにあるのだろう？　それはたったひとつ。目的感と使命感を持つ、内なる光である。彼は、自分よりも高貴で雄大な信念のために奉仕しているのだということに、喜びを抱いていたのだ。バーナード・ショーが「世界は自分を幸せにしてくれないと不満と不平とに明け暮れる、自己中心的な小物」と称した人びととは、まさに正反対なのである。

精神科医の言葉のなかで、私がもっとも感銘を受けたひとつを紹介しよう。アルフレッド・アドラーの言葉である。

彼はかつて憂鬱症《ゆううつ》の患者たちに、こう言っていた。「自分がどうしたら人を喜ばせることができるのか。これを毎日考えるようにすれば、二週間で憂鬱症から回復するでしょう」

この言葉だけではあなたも腑《ふ》に落ちないと思うので、ここに彼の著書『人生の意味の心理学』（アルテ　岸見《きしみ》一郎《いちろう》訳）からすこし引用してみよう（これは必読書である）。

「憂鬱症の患者というものは、わざと自らの罪悪感にひたることで周囲の注意を集め、同情を引き、手を差し伸べてもらおうとしているように見られがちだが、これは実のところ、なかなか消えることのない他者への怒りや叱責《しっせき》の念と同じようなものである。憂鬱症の患者が持つ最初の記憶とは、往々にして『ソファで横になろうと思ったらもう兄が横になっていたので、私は、どいてくれと大声で泣きわめいた』といったようなものである場合が多い。

彼らはよく自殺により自分自身への報復行為をしようとするので、医師がまずすべきは、彼らに自殺の口実を与えないことである。私は彼らの緊張状態をほぐすため『嫌なことはしないこと』を、治療する上での第一のルールにしている。とても控えめなルールに見えると思うが、これには問題の根っこを押さえる大きな効果があると私は思っている。もし好きなことだけしていれば、憂鬱症の患者には責めるべき人がいなくなり、自己への復讐《ふくしゅう》も必要なくなり、自殺する理由がなくなるからである。『もし劇場に行ったり、旅行に出かけたりしたいのなら、そうしなさい。ただ、途中で嫌になったならばやめなさい』と、彼らには伝える。この条件が気に入らない人間など、いるわけがない。これにより『あなたは望むことが何でもできる神なのだ』と、優越感を求める患者の気持ちを満たしてやるのだ。また、このルールを守ることで従来のような生き方がすんなり出来なくなってしまうのも、利点だといえる。他人を支配し批判したいという欲求を持つ彼らも、人に同意されてしまうと他者を責める理由がなくなるのだ。このルールは心の緊張を大きく軽減してくれる。私の患者から自殺者が出たことは、一度もない。

患者たちはよく『ですが、やりたいことなんてひとつもないんです』と言う。だが、これは決まり文句と言っていいので、答えは決まっている。『では、嫌なことをしないだけで構わないよ』と伝えるのだ。ときには『ずっとベッドから出たくありません』という患者もいる。だが、ではそうしなさいと伝えれば、患者のほうからベッドを出てくるものだと私は知っている。逆にそれではだめだと言えば、患者は荒れ狂ってしまう。私は、絶対に反対はしない。

これがルールその一である。次に、患者の生き方をもっと直接的に攻撃する。『毎日、どうしたら人を喜ばせられるか考えるようにしてください』と伝えるのだ。これは、延々と『どうすれば人に心配をかけられるか』という考えに支配され続けてきた彼らにとって、大きな意味を持つ言葉である。中には『そんなの簡単です。生まれてこのかた、ずっとそうして生きてきたんですから』と答える患者もいる。だが、そんなことはしたことがないのだ。だから、よく考えてみるように伝える。彼らは考えない。そこで私は『眠れない夜があれば、そんな時間に人をどう幸せにできるのかを考えることです。これは、回復への大きなステップになるんですから』と言う。そして翌日その患者と顔を合わせ『どうです？　言われたとおりに考えてみましたか？』と訊《たず》ねてみる。すると『昨日はベッドに入ってすぐに眠ってしまいました』という答えが返ってくる。もちろん、こちらは高圧的であってはならず、穏やかで親近感のあふれる接し方を心がけなくてはいけない。

また、患者の中には『それができたら、こんなに悩んだりしません』と答える人もいる。彼らには『悩むのをやめようとしてはいけません。ただ同時に、折に触れて人のことを考えるようにすることです』と伝える。そうして常に、彼らの気持ちを周囲の人びとのほうに向けさせるのだ。多くの患者たちは『なぜ人を幸せにしなくちゃいけないんですか？　人は私を幸せになんてしてくれないのに』と口にする。そんなときは『あなたの健康のためにです。他の連中は、後でじゅうぶん罰を受けますよ』と答える。『先生のおっしゃったことを、よく考えてみました』と言う患者は、ごくごく稀《まれ》である。私はとにかく、患者の社会的関心を増大させることに全力を注ぐ。彼らの病の根源が協調性の欠如なのは確かなのだから、彼らにもそれを意識させようというわけだ。患者たちは、ひとたび周囲の人びとと公平に繋《つな》がり協調すれば、それで完治してしまうのだ。……宗教では常に『汝《なんじ》の隣人を愛せ』ということこそ、もっとも重要な使命であるという。……とりわけ苦しい人生を歩みながら周囲の人びとを深く傷つけてしまうのは、他者への興味を持たない患者たちである。そうした人こそ、人類が犯すあらゆる過ちの源なのだといえる。

私たちがひとりの人間に求められるもの、そして逆に与えることのできる最大の賛辞とは、共に道をゆくよき仲間となり、すべての人びとの友人となり、心からの恋人となり、伴侶《はんりょ》となることなのだ」

アドラー博士は、一日一善を強く奨《すす》めている。だが、善行とはどのようなものだろう？　預言者マホメットは「善行とは、人の顔に喜びの笑みをもたらす行いのことである」と述べている。

では、なぜ一日一善が本人にとってそれほど大きな意味を持つというのだろう？　それは、他者を幸せにしようと思うことで、自分のことを考えなくなるからである。人は、自分のことを考えるあまり不安や恐怖、憂鬱症にさいなまれているのだ。

ニューヨーク五番街でムーン秘書養成学校を営むウィリアム・T・ムーン夫人は、人を幸せにする道を考えることで、二週間経たずに憂鬱症から解放された。アドラー博士に一日、いや十三日ほどの大差をつけたのである。十四日どころかたった一日で彼女の憂鬱症を吹き飛ばしたのは、ふたりの孤児を幸せにしたいという彼女の気持ちだった。ことの顚末《てんまつ》はこうである。

「五年前の十二月、私は悲しみと自己憐憫の中にどっぷりと浸《つ》かってしまっていました。数年間ほど幸せな結婚生活を続けた後、夫に先立たれてしまったのです。クリスマスが近づくにつれ、私はどんどんつらくなっていってしまいました。それまでひとりきりでクリスマスを過ごしたことなどなかったので、クリスマスなど来なければいいのにという気持ちでした。友人はパーティに誘ってくれたのですが、どうしても行きたい気持ちにはなれませんでした。行っても、場の空気を暗くしてしまうだけだと思い、誘いを断ってしまったのです。

クリスマス・イヴが迫るにつれ、私は自分があまりに哀れでどうしようもない気持ちになってきました。本当ならば、誰にでも感謝すべきことはあるのですから、私もいろんなことに感謝すべきだったのです。クリスマス前日、私は午後三時にオフィスを後にすると、どうにかしてこの自己憐憫と憂鬱を消し去ることができないかと願いながら、五番街をあてどなく歩きました。五番街にあふれ返る幸せそうな人波を眺めていると、過ぎ去った幸せな記憶が胸に蘇《よみがえ》ってきました。

誰もいないアパートに帰ることを思うと、とても耐えられないような気持ちでした。

すっかり途方に暮れてしまい、どうしたらいいのかも分かりません。もう涙がこらえられませんでした。一時間ほどふらふらと歩き回った私は、ふとバス・ターミナルの前に差し掛かりました。そういえば、夫とよく行き先も確かめずにバスに乗り込み冒険に出たものだと思い出し、最初に見つけたバスに乗り込みました。ハドソン川を越えてしばらく進むと、車掌が『次で終点ですよ』と言う声が聞こえたので、私はそこでバスを降りました。名前も知らない、静かで、穏やかで、こぢんまりとした街でした。

自宅へと向かう次のバスを待っている間に、私は住宅街を散歩してみることにしました。教会の前を通りかかると、中から『きよしこの夜』の美しい旋律が聞こえてきたので、中に入ってみました。教会には、オルガン奏者がひとりいるだけでした。私は邪魔をしないよう、そっと信者席の前列に腰を下ろしました。きれいに飾られたクリスマスツリーが、まるで月明かりに踊る無数の星々のようです。ゆったりとした旋律と、朝からなにも食べていなかった空腹感とで、眠気が湧いてきました。そしてくたくたに疲れ切っていた私は、知らず知らず眠りに落ちてしまったのです。

目を覚ました私は、一瞬自分がどこにいるのかも分からずにうろたえました。目の前には、どうやらクリスマスツリーを見に来たのか、ふたりの子どもたちの姿が見えました。片方の女の子が私を指差して『サンタさんが連れて来たのかしら』と言いました。目を覚ました私に驚いた様子だったので、私はふたりに、なにもしないから心配しないでと言いました。ふたりともみすぼらしい身なりです。パパとママはどこにいるの、と訊ねてみました。『パパもママもいないの』とふたりが答えました。ふたりとも孤児で、私などよりよほど可哀想な身の上だったのです。そう思うと、私は自己憐憫《れんびん》にひたっていた自分のことが恥ずかしくてたまらなくなってきました。私はふたりにクリスマスツリーを見せるとドラッグストアに行き、お菓子とプレゼントをいくつか買ってあげました。あの孤独感は、魔法のように消え去ってしまっていました。ふたりのおかげで私は心からの幸福と、人への思いやりの気持ちを思い出すことができたのです。

ふたりと話をしながら私は、自分は本当に幸運だったのだと気づきました。そして、少女時代のクリスマスが愛と温《ぬく》もりに満ちていたことを、神に感謝しました。私は、むしろふたりの孤児たちからとても大きなプレゼントをもらったのです。

自分を幸せにするには、人びとを幸せにしなくてはいけないのだと、私は改めて思い出しました。幸せとは、人から人に伝染するものなのです。与えることで、受け取るものなのです。私は愛情を与えることで、不安も悲しみも自己憐憫も乗り越え、生まれ変わったような気持ちになりました。そして、二度と昔の自分に戻ることなく、今までこうして生きてきたのです」

自分を忘れることで健康と幸福とを手にした人びとの話ならば、本を一冊書けるくらい私は知っている。たとえば、アメリカ海軍でもっとも有名な女性ともいえる、マーガレット・テーラー・イェイツの話をしよう。

イェイツ夫人といえば小説家だが、日本軍による真珠湾攻撃の朝に彼女が味わった実話に比べれば、彼女の作品はどれもかすんでしまうに違いない。イェイツ夫人は心臓を悪くし、一年以上もベッドの上で生活を送っていた。一日二十四時間のうち二十二時間は寝たきりの生活である。移動といえば、日光を浴びに庭まで出て行く程度のもので、それにしてもメイドに腕を支えられながらである。彼女は、きっと自分はこのまま生涯ベッドの上で過ごすのだと思っていたのだそうだ。「もし日本軍が真珠湾を攻撃してこなかったなら、私はあのまま満足してしまい、生まれ変わることができなかったでしょう」と、彼女は私に話をしてくれた。

「あの瞬間は、なにもかもがめちゃくちゃで、まったくわけが分かりませんでした。家のすぐそばで爆弾がひとつ破裂し、その衝撃で私はベッドから飛び出しました。陸海軍兵の妻子たちを公立学校に避難させるため、軍のトラックがヒッカム飛行場とスコフィールド兵舎、そしてカネオヘ湾空軍基地へと急行していました。赤十字は、避難民を収容できる空き部屋がないかを訊ねるため、家々に電話をかけていました。私がベッドサイドに電話を置いているのを知っていた赤十字の職員が、情報の交換所になってくれないかと頼んできました。だから私は陸海軍兵の妻子たちがどこに収容されているのか情報を集めました。兵士たちは赤十字の案内で私のところに電話をかけ、妻子の居場所を確認したのです。

間もなく、夫であるロバート・ローリー・イェイツ司令官の無事が確認できました。

そして夫の生死が分からず不安そうにしている妻たちを元気づけ、夫が戦死してしまった妻たちを慰めようと努めました。たくさんの兵士たちが亡くなりました。報告書によると、海軍兵と海兵隊員の死者は百十七名、行方不明者だけでも九百六十名にのぼっていたのです。

最初の電話は、ベッドに横になって受けましたが、やがてベッドから身を起こして対応しないと間に合わなくなりました。そして最後にはあまりにひっきりなしに電話がかかってくるものだから、自分の病気も忘れてテーブルに着かなくては間に合わなくなってしまいました。自分よりも悲惨な状況に置かれた人びとの対応をしていると、自分のことなどすっかり忘れてしまいました。それ以来、毎晩八時間の睡眠を取る以外、ベッドにもぐることを私はしなくなったのです。きっと、あのとき日本軍の真珠湾攻撃がなかったら、私は半分寝たきりのようにベッドに横になったまま、人生を送る羽目になっていたのに違いありません。ベッドは居心地がよかったのです。いつでも誰かに世話を焼いてもらえる毎日を送りながら、私は知らず知らず、元気になろうという気持ちを忘れていってしまっていたのです。

真珠湾攻撃はアメリカ最大の悲劇のひとつとされていますが、私にとっては、自分の身に起きた最高のできごとだといえます。あの悲劇があったからこそ、私は自分が求めてやまなかった強さを得て、自分自身ではなく人のほうへと目を向けることができたわけですから。あのとき私は、生きていく上でとても大きく欠かせないものを学びました。

もう今の私には、自分のことを考えたり、気にしたりするような時間はないのです」

精神科を訪れる患者たちの三分の一は、マーガレット・テーラー・イェイツと同じように人助けをする気持ちを持つだけで、回復してもおかしくはない。これは私の偏見ではなく、カール・ユングが同じようなことを言っているのだ。彼が言うのならば、間違いないだろう。「私の元を訪れる患者の三分の一は臨床的に神経症とはいえない、人生の虚《むな》しさや無意味さに苦しんでいる人びとである」。言い換えるならば、彼らはヒッチハイクで無料の人生を送ろうとして車の列に無視されてしまい、自分の人生の惨めさ、無意味さ、そして虚しさに打ちひしがれて精神科の門を叩《たた》くのである。彼らはいわば、船着き場で船を逃したまま立ちすくみ、なんで誰も自分の言うとおりにしてくれないのかと、自分以外の全員を責めているようなものなのだ。

「そんな話を聞いても何とも思わないよ」とあなたは言うだろうか。「自分だってクリスマス・イヴに孤児ふたりと出会ったら、興味くらい持つ。それに真珠湾攻撃のようなことがあれば、喜んでマーガレット・テーラー・イェイツと同じようにするさ。だが、僕は彼らと違ってごく当たり前の日常の中にいるんだよ。したくもない仕事を一日八時間もしながらね。ドラマチックなことなんて、なにも起こりはしない。なのにどうして、人を助ける気持ちを持てるっていうんだ？　なぜそんな気持ちを持たなくちゃいけない？　そんなことをして、僕に何の得がある？」

もっともな疑問だ。だが、答えは明白である。どんなにあなたの人生が平凡なものだろうと、あなたは毎日何人もの人びとと行き交っている。あなたは彼らとどう接しているだろう？　ただ眺めているだけだろうか。それとも彼らがどんな生き方をしているか知ろうとしているだろうか。たとえば、年に何百キロも歩いて郵便物を配達している郵便配達夫はどうだろう。あなたは彼らがどこに住んでいるか訊《たず》ねたり、奥さんと子どもの写真を見せてもらえないか訊ねたりしたことはあるだろうか。足は疲れていないか、仕事は楽しいか、訊ねたりしたことはあるだろうか。

雑貨屋の少年や、新聞スタンドの店員や、靴磨きの男はどうだろう？　彼らも皆、問題を抱え、夢や理想を持つ人間なのだ。誰かにその話をしたくて、うずうずしているのだ。だが、あなたは彼らに話を聞いたことがあるだろうか？　彼らの人生を知ろうと、本心から思ったことがあるだろうか？　私が言っているのは、そういうことだ。なにも世界を――あなたの世界を変えてゆくために、フローレンス・ナイチンゲールや社会革命家のようになろうとする必要はない。明日の朝から、出会った人びとへの接し方を変えればいいだけなのだ。

そこには、あなたにとってより大きな幸福がある。より大きな満足感と誇りとがある。アリストテレスはこのような心の在り方を「悟りの利己主義」と呼んだ。また、ゾロアスターは「他者へ善をなすことは、人の義務ではない。健康と幸福とを高めてくれる、自らの喜びなのだ」と言っている。さらに、ベンジャミン・フランクリンはとても簡潔に「人に行う善は、自分への最善である」と言っている。

ニューヨークの臨床心理センターのトップ、ヘンリー・C・リンクはこう書いている。「私が思うに、近代科学の最大の発見とは、『自己実現と幸福とには自己犠牲や訓練が必要なのだ』ということを、科学的に証明したことである」

人は他者のことを考えることによって不安から解放されるだけではない。多くの友人や楽しみをも、得ることができる。このことについて私は以前、エール大のウィリアム・ライオン・フェルプス教授に話を聞いたことがある。

「ホテルや美容院や店に入るときには、必ずなにか、気持ちのいい言葉をかけることにしている。人を単なる機械の歯車のひとつではなく、人として見ていることが伝わるような言葉をね。店に女の子の店員がいれば、目や髪の毛の色を褒めてあげることもある。美容院に行けば、一日じゅう立ちっぱなしで疲れないかとねぎらい、どうして美容師になったのか、どのくらい続けているのか、今まで何人くらいの髪を切ってきたのか、そんなことを訊ねる。そして彼らが思い出せるよう、話を導くのである。興味を持って話を聞くと、人は楽しくて顔を輝かせてくれる。手荷物を運んでくれた赤帽と握手をよく交わすが、そうすれば彼の疲れは吹き飛び、一日じゅう気持ちよく働いてくれる。

ある馬鹿みたいに暑い夏の日に、ニューヘブン鉄道の食堂車で昼食をとろうとしたことがあった。食堂車は満員で、かまどのように暑く、待てど暮らせど誰も私に気づかなかった。

ようやくメニューを持ったボーイがやってくると、私は『こんなに暑いと、厨房《ちゅうぼう》のコックさんたちはさぞ大変だろうね』と声をかけた。するとボーイが、苦々しい顔でまくしたてはじめた。最初は、怒らせてしまったのかと思った。『やれやれですよ。お客さんたちは、食事がまずいと文句ばかりです。サービスが遅い、暑くてたまらない、値段が高いだのとおっしゃってね。私はここで十九年間延々とそんな愚痴ばかり聞かされてきましたが、あの蒸し風呂《ぶろ》みたいなキッチンで働くコックたちをねぎらってくれたのは、お客さんたったひとりだけですよ。もっとお客さんみたいな方々ばかりだったらいいんですけどね』

ボーイは、私が黒人コックのことを大鉄道会社の歯車としてではなく、ひとりの人間として見ていたことに驚いたのだった。人は誰だって、すこしは人間らしく扱われたいものだ。私は見事な犬を連れた人と道端で出会えば、本当に見事な犬だねと声をかける。そうして歩きすぎてから振り向いてみると、犬を愛《いと》おしそうに撫《な》でている飼い主の姿が目に入る。私が褒めたことで、彼は自分の犬への愛情を再確認したのだ。

以前イギリスにいたころ、羊飼いと出会った私は彼の大きく賢い牧羊犬のことを褒め讃《たた》えた。そして、どうやって訓練すればこんな犬になるのかと訊ねた。立ち去り際に振り返ってみると、犬は後ろ足で立ち上がって前足を羊飼いの肩に載せていた。彼は愛おしそうに犬を撫でてやっていた。私がすこしの興味を犬に示したことが、あの羊飼いは嬉《うれ》しかったのだ。私は、犬も自分も幸せな気持ちにさせることができたのだった。」

赤帽と握手をし、灼熱《しゃくねつ》の調理室で働くコックをねぎらい、人の飼い犬を褒めるような男が、不安に悩まされてむっつりした顔で精神科のドアを叩いたりする様子が、あなたには想像がつくだろうか？　きっと想像できないに違いない。中国のことわざに、こんなものがある。「バラを手渡せば、この手にも香りが残る」

だが、エール大学のビリー・フェルプスに、わざわざこの言葉を知らせることもない。彼はこれを心で知っており、そういう人生を歩んでいるからだ。

もしあなたが男性なら、ここからの一節は飛ばしてもいい。面白くないだろう。これから書くのは、ある不安に悩まされた可哀想な少女が、なぜ何人もの男たちからプロポーズされたのかということだ。その少女には今、孫がいる。数年前、私は彼女夫婦の自宅でひと晩を過ごした。その街で講演会を開いたのだ。翌朝、彼女は八十キロも離れたニューヨーク・セントラル鉄道本線の駅まで私を車に乗せて送り届けてくれた。車内の話題が友人の作り方になると、彼女が「カーネギーさん、まだ誰にも――夫にも打ち明けていない話を聞いてください」と言った（もしかしたら、あなたが思う半分も面白い話ではないかもしれない）。彼女は、自分はフィラデルフィアの社交界に名を連ねるような家の出なのだと言った。「少女時代につらかったのは、家の貧しさでした。他の家の子たちと同じような楽しみが、私の家には無かったのです。洋服はいつも粗末な安物で、小さすぎて私には合わず、だいたい流行遅れのものばかりでした。私は本当に恥ずかしくて惨めな気持ちで、よくベッドの中でこっそり泣いたものです。すっかり希望を失った私が思いついたのは、ディナー・パーティのパートナーに質問をして、彼の生い立ちや考え、そして人生設計を語らせることでした。そういうことに興味があったからではありません。そうすれば、私の粗末な洋服から目を逸《そ》らしてくれるのではないかと思ったのです。ですが、思いがけないことが起こったのです。そうして彼らの話を聞いているうちに、だんだんと自分が本当に興味を持ち始めているのに気づき、はっとしたのです。あまりに楽しくて、たまに服のことなど忘れてしまうほどでした。ですが、本当の驚きはそこではありません。私がよく話を聞いてうまく彼らに自分の話をさせるものですから、彼らはすっかり嬉しくなってしまい、私はだんだんと社交グループでいちばんの人気者になっていきました。そして、そのうち三人からプロポーズを受けることになったのです」

この章を読んで、こんなことを考える人がいるかもしれない。

「人に興味を持てだのなんだの、まったく意味がない！　そんな胡散《うさん》臭い説教はごめんだ！　俺にはまったく役になんて立たないぞ！　俺はがっぽり金儲《もう》けがしたいんだ。今すぐに、手に入るものをすべて手に入れたいんだ。他の話なんてどうでもいい！」

あなたがそう思うなら、それはそれでいい。だが、もしあなたが正しいのだとしたら、キリストも、孔子も、仏陀《ぶつだ》も、プラトンも、アリストテレスも、ソクラテスも、聖フランシスコも、人類史に名を残す偉大な哲学者や導師たちは、全員間違っていたということになる。だから、もし宗教的指導者たちの教えが気に入らないのならば、無神論者の言葉に耳を傾けてみてはどうだろうか。

まずは、ケンブリッジ大学の故A・E・ハウスマン教授からいってみるとしよう。一九三六年、彼はケンブリッジ大学において『A・E・ハウスマン詩論――詩の名称と本質』（八潮出版社　鈴木《すずき》富生《とみお》、小幡《こばた》武《たけし》、丸谷《まるたに》晴康《はるやす》訳）という講演を行った。その講演の中で、彼はこう主張している。「人類誕生以来もっとも偉大なる真実――最大の道徳的発見とは、イエス・キリストの『自分の命を必死に守ろうとすれば人はそれを失い、私のために命を投げ出すものはそれを真に自分のものとする』という言葉であろう」

神父や牧師の説教でこの言葉を聞いた人は多いだろう。だがハウスマンは無神論者であり、悲観論者であり、自殺を試みたことすらあるような人物だった。その彼も、自分のことばかり考えるような人間は人生から多くを得られないのだ、惨めに生きてゆくことになるのだ、ということを知っていたのである。自分を顧みず人に手を差し伸べる者こそ、喜びの人生を歩んでゆくことができるのだということを。

もしA・E・ハウスマンの言葉も胸に響かないのならば、二十世紀を代表するアメリカ人無神論者セオドア・ドライサーの言葉を紹介しよう。ドライサーはすべての宗教をおとぎ話であると一刀両断し、人生とは「愚か者の語る、騒音と怒りに満ちたまったく無意味な物語である」と言ってのけた人物である。だが彼は、キリストの言う「他者への奉仕」という原則に賛同している。「短い一生から喜びを得ようと思うのであれば、自分だけではなく他者のことも考え、どうすればよりよい道を歩めるかを計画すべきである。人の喜びとは、人に与える喜びと、人から与えてもらう喜びによって決まるからだ」

もし私たちが彼の言葉どおり「他者のことも考え、どうすればよりよい道を歩めるか」を目指すのならば、もたもたしている暇はない。時間はどんどん過ぎていってしまう。「この道をゆくのは一度だけ。だから今できる善行と示せる親切は、今のうちにしておかなければ。ためらったり、放り出したりしてはいけない。この道は、今しか通ることができないのだ」

不安を打ち消し平穏と幸福とをはぐくむための第七のルールとは……。

人に興味を持つことで、自分を忘れること。毎日、誰かを笑顔にするような行いをするよう心がけること。

パート4　まとめ
平穏と幸福とをもたらす心の在り方を育てる七つの方法

ルール一　心を平穏、勇気、健康、希望で満たすこと。人生とは、思考が作り上げるもの。

ルール二　仕返しを考えてはいけない。そんなことをすれば、相手よりも自分が傷つくことになるからだ。アイゼンハワー元帥にならい、嫌いな相手のことなどわずかでも考えないようにする。

ルール三　A　恩知らずな人に腹を立てるのではなく、そういうものだと受け入れる。イエスが癒《いや》した十人のハンセン病患者のうち、感謝したのはひとりだけだった。私たちは、イエスより大きな感謝を受け取るようなことをしているだろうか？

B　幸福とは、感謝を求めることではなく、与える喜びのために人に与えること。

C　感謝とは育《はぐく》むもの。感謝を持つ子どもを育てたいならば、感謝を持つよう育てなくてはいけない。

ルール四　苦難ではなく、喜びを数える。

ルール五　人のまねをしてはいけない。自分を見つけ、自分らしく生きること。羨望《せんぼう》を抱くのは無知だからであり、人のまねをすることは自殺に等しい行為である。

ルール六　運命にレモンを手渡されたなら、レモネードを作れないかと考える。

ルール七　自らの幸せは忘れ、人のために小さな幸せを生み出そう。「人に行う善は、自分への最善である」

パート5　不安に打ち勝つ黄金律

第十九章　両親はこうして不安を乗り越えた

先にも書いたとおり私はミズーリの農場で育った。当時の農家はみんなそうだったが、うちの両親も貧しさに喘《あえ》いで暮らしていた。母は田舎の学校で教師を務め、父はよその農場で月十二ドルの仕事を貰《もら》っていた。母は私の洋服ばかりか、それを洗う洗剤までも手作りしていた。

年に一度豚を売った後をのぞき、家にお金があることはほとんど無かった。手作りのバターや卵を食糧品店に持って行き、小麦粉や砂糖、コーヒーと換えてもらっていた。十二歳のころの私が好きに使えるお金は、年に五十セントくらいのものだった。独立記念日のお祭りで父が十セントを私にくれて好きに使っていいと言ってくれたときは、まるでインディアンの財宝を手に入れたような気持ちになったものである。

私は毎朝一・六キロの道のりを歩き、教室ひとつだけの小さな学校に通っていた。雪が深く積もり、気温が零下三十度近くの日でも、歩いて行かなくてはいけなかった。十四歳になるまでゴム長靴やオーバーシューズを履いたことはなかった。長く寒い冬の間、私の両足はいつも濡《ぬ》れて凍えていた。子どものころは、みんなそうして凍えているものだとばかり、私は信じ込んでいたのだった。

両親は一日に十六時間も働いていたが、それでも借金は重くのしかかり、悪運に苦しめられた。私のもっとも昔のころの記憶に、一〇二川が氾濫《はんらん》して私たちのトウモロコシ畑も、干し草畑も、すべて押し流してめちゃくちゃにしてしまった光景が焼き付いている。七年のうち六年は、この水害で穀物をすっかりやられてしまったのである。豚は毎年のようにコレラにかかって死に、その死体を焼かなくてはいけなかった。目を閉じれば今でも、あのむかむかする焼ける豚の臭いが蘇《よみがえ》ってくるようだ。

ある、水害の起こらなかった一年のこと。穀物は大豊作で、買ってきた牛にもたっぷりとトウモロコシを与えて太らせた。だが、洪水で流されたのと大して変わらないような儲《もう》けにしかならなかった。シカゴの市場で肥育牛の価格が急落してしまったのだ。牛に食べさせ太らせる経費を差し引くと、儲けはたったの三十ドルにしかならなかった。丸一年働いて、たった三十ドルである。

なにをしても、お金は減っていくばかりだった。父が子ラバを仕入れてきたときのことを、今でも憶《おぼ》えている。人まで雇って三年がかりで育て上げ、それからテネシー州メンフィスへと出荷したのだが、売値は三年分の経費に届かなかったのだった。

十年もそうして重労働まみれの暮らしをして、一家は一文無しになったばかりか、多額の借金を背負い込むことになってしまった。農場は抵当に入れられた。どんなに頑張って働いても、利子を払うこともできなかった。銀行は父を罵《ののし》り、農場を取り上げるぞと脅しをかけてきた。父は四十七歳だった。三十年もの間働き続けて父が手にしたのは、借金と屈辱だけだったのだ。彼はとてもそれを受け止めることができず、不安にさいなまれ続け、体を壊してしまった。一日じゅう農場で働きづめだというのに食欲が出ず、食欲増進のため薬を飲まなくてはいけなかった。げっそりと瘦《や》せ細ってしまった。医師は母に、このままではご主人は半年で亡くなってしまいますと伝えた。父は不安を募らせるあまり、生きる気力すらも失っていた。父が馬の世話や牛の乳搾りのため家畜小屋に行ってしばらく戻って来ないと、母はもしかしたら首を吊《つ》っているのではないかとびくびくしながら様子を見に行った。父を脅している銀行はメアリービルにあったのだが、ある日、父はそこからの帰り道に一〇二川を渡る橋の上で馬車を止めて降りると、長い間じっと川面《かわも》を見下ろした。そのまま飛び込んですべてを終わらせてしまおうかと考えていたのである。

後に父は、自殺を思いとどまった理由を私に話してくれた。それは「もし神を敬い戒律を守っていたならばきっとすべてうまくいく日が来る」という、母がずっと抱いていた深い信仰心のおかげだということだった。そして母の言うとおり、最終的にはすべてがうまくいった。父はそれから幸せに四十二年を生き、一九四一年、八十九歳でこの世を去ったのである。

そんな苦しみと胸の痛みに満ちた日々を送りながらも、母は不安など抱いたことがなかった。彼女はすべての悩みを祈りにして、神に委《ゆだ》ねていたのだった。毎晩ベッドに入ると、母が聖書を開いて私たちに読んでくれた。父も母もよく、イエス・キリストの暖かな言葉を私たちに聞かせてくれた。「私の父の家には宿がたくさんある……あなたのために、そこに部屋を用意しておこう……私のいるところに、あなたもまたいられるように」。それから私たちはわびしいミズーリの我が家で椅子の前にひざまずき、神の愛と加護とに祈りを捧《ささ》げるのだった。

かつてウィリアム・ジェームズ教授はハーバード大で哲学を教えていたころ、「不安の特効薬は、宗教的信仰である」と述べた。

これは、ハーバード大に行かなくても、誰にでも分かることだ。母は、ミズーリの農場でこのことに気づいた。洪水も借金も苦難も、幸福と光と勇敢さに満ちた彼女の魂をくじくことはできなかったのだ。母は働きながら、よくこんな歌を唄《うた》っていた。

平和、平和、すばらしき平和よ
天の神からさずかる平和よ
どうか私の魂を永遠に清めたまえ
果てしなき愛の海原で

母は、私が生涯を宗教の仕事に捧げることを願っていた。私も、外国で宣教師になろうと本気で考えていた。やがて大学に進学すると、私の中でゆっくりと変化が起こっていった。生物学を学び、科学を学び、哲学を学び、比較宗教学を学んだ。どのように聖書が書かれたのかを学んだ。そして、聖書の中にたくさんの疑問を見つけ出していった。当時、田舎の説教師が説いていた偏った教えの多くを、胡散《うさん》臭く思うようになっていった。そして当惑した。ウォルト・ホイットマンのように「胸の中でとつぜん、妙な疑問が湧き起こった」のを感じたのだった。なにを信じるべきなのか分からなかった。人生の目的を見失ってしまった。私は祈りを捧げることをやめて不可知論者に、つまりものごとの本質は認識できないものだと信じるようになった。

人生とは無計画で無目的なものなのだと、私は信じていた。二億年以上も前に地上を闊歩《かっぽ》していた恐竜たちのように神聖な目的など、人間が持っているわけはないと信じていた。そしていつの日か人間も恐竜と同じように、滅亡への道を辿《たど》るのだと信じていた。科学を学んだ私は、太陽の温度がゆっくりと低下しつつあり、十%も低下すれば地上の人類が生きていけなくなることを知っていたのだ。慈悲深き神が自分の姿に似せて人間を造ったのだなどという考えは、鼻で笑っていた。無目的な力が働いて数え切れないほどの太陽を作り、それが暗く冷たく命を持たない空間をぐるぐると回っているのだと信じていた。もしかしたら、時間や空間と同じように、ずっと存在し続けてきたのかもしれないと思っていた。

だが、今私がその答えを知っているというわけではない。宇宙の神秘も命の神秘も、誰にも分からないのだ。私たちは、神秘に囲まれている。あなたの体の働きは神秘である。家庭を流れる電気にしてもそうだ。壁の割れ目に咲く花も、窓の外に青々と広がる草も同じことだ。ゼネラル・モータース・リサーチコーポレーションの天才的指導者であるチャールズ・F・ケタリングは、なぜ草は緑色をしているのかを突き止めようと、自分の懐から三万ドルをアンティオーク大学に出した。植物がどのようにして日光と水と二酸化炭素を糖分に変えているのかを突き止めることができれば、文明に改革を起こすことができる、と彼は信じているのだ。

あなたの車に積まれたエンジンの働きもまた、神秘である。ゼネラル・モータース・リサーチコーポレーションは長い年月と巨額の研究費用を投じて、シリンダー内の火花が爆発を起こして車を走らせているのかを調べてきた。だが、その答えは彼らにも分からないのだ。

だが、人体や電気、エンジンの神秘が分からないからといって、私たちがそれらを利用したり、楽しんだりすることができないわけではない。祈りや宗教の神秘が分からなくても、信仰がもたらしてくれる豊かで幸福な暮らしを享受することはできるのだ。私はようやくサンタヤナの言う「人は人生を理解するためにではなく、人生を生きるために作られたのだ」という言葉の意味を理解したのだった。

私はまた宗教へと立ち戻った。いや、正確に言うならば、宗教に関して新たな考え方を持つようになったのである。教会同士を隔てる教義の差などに興味はない。宗教が自分になにをもたらしてくれるのかということに、強い興味を感じるのである。これは、電気や美味《おい》しい食事や水が自分になにかをもたらしてくれるのと同じことだ。おかげで私たちは豊かで満ち足りた、幸福な生活を送ることができている。だが、宗教はもっと大きなものを与えてくれる。魂の価値を与えてくれる。ウィリアム・ジェームズの言う「人生への新たな活力を……より大きく、より豊かで、より満ち足りた人生」を、私たちに与えてくれる。信仰と希望、そして勇気を与えてくれる。緊張も、悩みも、恐怖も、そして不安も取り払ってくれる。人生に目的を授け、道を教えてくれる。私の幸福を無限に広げ、健康をもたらしてくれる。「人生の砂嵐の中にある、安らぎのオアシス」を創り出す手助けをしてくれる。三百五十年前にフランシス・ベーコンが残した言葉は正しい。

「浅き哲学は人心を無神論へと誘《いざな》い、深き哲学は人心を宗教へと誘う」

かつて人びとは、科学と宗教との間で論争を繰り広げてきた。だが、今はどこにもそんな議論は見当たらない。最新の科学である精神医学は、キリストの教えとなにも変わらない。精神科医たちは祈りと強い信仰心が、我々を悩ませる病の半数以上の原因となっている、不安、悩み、緊張、恐怖といったものを打ち消してくれると理解しているのだ。精神科医の指導者のひとり、A・A・ブリル博士は「心からの信仰心を持つ者は、神経症にかかることはない」と言っているが、これは彼らの常識なのである。

もし宗教が真実でなければ、人生は意味などない。単なる惨めな茶番劇になりはててしまう。

ヘンリー・フォードが亡くなる数年前に、インタビューをさせてもらったことがある。会う前の私は、きっと世界最大の企業を立ち上げ運営してきた彼には、長年の苦労が刻まれているのだろうと思っていた。だから、七十八歳の彼が落ち着きと穏やかさに満ちているのを目にすると、心底驚かされてしまった。これまでに不安にさいなまれたことはなかったのかと訊《たず》ねると、彼はこう答えた。「ありませんよ。すべてのものごとは神が操っておられるのだし、神は私の言葉など必要にはなさらないものです。その神が見ていてくださるのだから、最後にはきっとうまくいくのだと信じていました。不安になる理由など、なにもありません」

現代では、精神分析医でさえ新たな伝道者になっている。死後に地獄の業火に焼かれないように宗教的な人生を送れというのではなく、現世で胃潰瘍《いかいよう》や狭心症、神経衰弱や発狂といった地獄の業火を免れるため、宗教的な人生を送るべきだと説いているのである。心理学者や精神科医の教えを知りたいのであれば図書館に出かけ、ヘンリー・C・リンク博士の『宗教への回帰（The Return to Religion）』という本を手にとってみるといい。

そう、キリスト教は人びとに直感と健康とをもたらす教えである。キリストは「私が来たのはあなたがたに生を与え、それをより豊かにするためである」と説いている。彼は、当時の宗教に横行していた無意味な形式や儀式を非難し、攻撃した。彼は反逆者だったのである。そして、新たな宗教を――世界をひっくり返しかねない宗教を人びとに説いた。だから、磔《はりつけ》にされてしまったのだ。彼は、宗教は人のためにあるべきであり、人が宗教のためにあってはいけないのだと説いた。人のために安息日があるのであり、安息日のために人がいるのではないのだと。そして、罪業よりも恐怖について多くを語った。誤った恐怖というものは、人の健康への罪業であり、キリストが説いたような富と幸福と充足と勇気に満ちた人生に対する罪業なのだと。エマソンは自分のことを「歓喜の科学の教師」と呼んだ。キリストもまた、歓喜の科学の教師であった。彼は使徒たちに「歓喜し、喜びに踊りなさい」と命じていたのである。

キリストは、宗教で大事なことはふたつだけだという。それは、心から神を愛することと、自分と同じように隣人を愛することだ。意識するしないにかかわらず、自らそれを行う者は信心深いのだ。たとえば、オクラホマ州タルサに住む私の義父、ヘンリー・プライスがそうだ。彼は黄金律に従って生き、決して人に残酷にしたり、自己中心的に振る舞ったり、相手を欺いたりはしない。だが教会には一切通わず、自分のことは不可知論者だと言っていた。こんなことがあるだろうか！　いったいクリスチャンとは何なのだろう？　その答えは、ジョン・ベイリーの言葉にある。エジンバラ大学で教える彼は、おそらく最も優れた神学教授だと言っていい。彼はこう言っている。「人をクリスチャンだと定義づけるのは、その概念を知的に受け入れることでもなければ、その規則を遵守することでもない。その精神を持ち、その人生を選んで生きることなのだ」

それがクリスチャンであるということならば、ヘンリー・プライスは純然たるクリスチャンである。

近代心理学の父ウィリアム・ジェームズは、友人のトーマス・デイヴィッドソンへの手紙で、年を追うごとに自分は「神の存在を無くしては、どんどん生きにくくなってゆく」と書いている。


この本の前のほうで、クラスの生徒たちから不安についての体験談を募集したところ、最優秀賞が選べず賞金を半分に分けたことを書いた。そのときに受賞したもうひとつのエピソードを、ここで紹介したい。苦労の末に「自分は神無しには生きられないのだ」ということに気づいたある女性の、忘れがたい体験談である。

彼女のことは本名ではなく、メアリー・カッシュマンと呼ぶことにする。彼女には子どもと孫がいるのだが、この体験談で嫌な思いをさせてしまうかもしれないので、敢《あ》えて名前は伏せることにした。だが、彼女は実在の人物である。この話は数ヶ月前、私のデスクの隣に置かれた肘《ひじ》掛《か》け椅子に腰かけ、彼女が話してくれたものである。

「不況が続く間、夫のお給料は週に十八ドルでした。でも、それすら貰《もら》えないこともありました。夫は体が弱く、よく病欠していたのです。何度も流行性耳下腺炎《じかせんえん》や猩紅熱《しょうこうねつ》にかかったり、インフルエンザに感染したりを繰り返していたのです。自分たちの手で建てた小さな家も手放すことになりました。食糧品店には五十ドルの借金がありましたが、それでも五人の子どもたちを食べさせなくてはいけませんでした。私は近所の人たちの洗濯やアイロンがけを請け負い、子どもたちには救世軍の店で買ってきた古着を仕立直して着せていました。私は、不安のあまり体まで悪くしてしまいました。ある日、五十ドル借りている食糧品店の店主が、鉛筆を何本か万引きしたと言って十一歳の息子をひどくなじりました。

息子は、泣きながら私にそのことを話してくれました。彼は、正直で繊細な子です。きっと人前でそんなことをされて、ひどく恥ずかしく、屈辱的な思いをしたに違いありません。私はこれを聞いて、我慢ができなくなってしまいました。それまで堪え忍んできた苦労を思い返し、未来に希望などないような気になってしまったのです。きっと、不安で一時的に正気を失ってしまったのでしょう。私は洗濯機を止めると五歳の娘を連れて寝室へ行き、窓を閉め、その隙間を紙や布を詰め込んでふさぎました。『ママ、なにしてるの?』と娘が言いました。私は『すきま風が入るのよ』と答えると、火もつけずに寝室のガス・ヒーターの栓を開けました。娘を連れてベッドに横になると、娘は『へんなの、さっき起きたばっかりなのに!』と言いました。私は『いいのよ、ちょっとお昼寝するの』と答えました。

目を閉じると、ヒーターから漏れるガスの音が聞こえました。あの匂いは、今も忘れることができません……。

ふと、音楽が聞こえた気がして、私は耳をそばだてました。キッチンのラジオを切るのを忘れていました。ですが、今さらどうでもいいことです。流れ続けるラジオからは、誰かが唄《うた》う賛美歌が流れていました。

人びとの持つ罪と憂いを
　友なるイエスは引き受けたもう
神にすべてを打ち明けて
　この重荷を御手に託さん
我らはときに安らぎを忘れ
　意味もなく苦しみ背負う
神にすべてを打ち明けて
　この重荷を託さぬかぎり

賛美歌を聴いているうちに、私は自分がひどい過ちを犯していることに気づきました。自分ひとりきりですべてと戦おうとして、神に打ち明けようとはしてこなかったのです。……私は飛び起きてガスを止めるとドアを開け、窓を開けました。

その日は一日じゅう、泣きながら祈りを捧《ささ》げました。助けが欲しかったからだけではありません。神が与えてくださった祝福への感謝を込めたのです。心身ともに健康な子どもたちを、五人も授かったのですから。そして神に、二度とこんな欺くようなことはしないと誓いを立てました。そして、その誓いを守り続けてきたのです。

家を失った私たちは、田舎の小さな学校の校舎を月五ドルで借りて移り住まなくてはいけなくなりましたが、私は校舎を借りられたことを神に感謝しました。雨風をしのぐことのできる暖かな屋根があることに、感謝を捧げたのです。もっとひどい状態になってもおかしくはありませんでした。そして、きっと神は私の祈りを聞き届けてくれたのでしょう。もちろんすぐにというわけではありませんが、不況が終わりへと近づくにつれて、少しずつ私たちにもお金ができてきたのです。私は大きなカントリークラブの帽子預かり所で仕事につき、副業でストッキングを売り始めました。息子は大学を卒業するために農場で仕事を見つけ、朝晩に十三頭の牛の乳搾りをしていました。今、子どもたちは皆成長し、結婚しています。三人の元気な孫たちにも恵まれました。ガス自殺を図ろうとしたあの最悪の日を振り返るたびに、私はなんとか人生に舞い戻ることができたことを、深く深く神に感謝せずにはいられません。あのまま死んでいたら、こんな喜びは味わえませんでした。こんなに素晴らしい年月を、自ら捨て去ってしまうことになっていたのです。誰かが自分の人生を終わりにしたいと口にするのを耳にする度に、私は『そんなことをしてはだめよ！』と叫びたくなるのです。人生最悪のときはすぐに終わりを迎え、その先には未来が訪れるのですから……」

アメリカでは平均すると、三十五分にひとり自殺者が出ている。平均すると、百二十秒にひとり人が発狂している。その自殺と発狂の多くは、もし本人が宗教や祈りの中にある癒《いや》しと平穏とに気づけば、防ぐことができたのかもしれない。

世界最高峰の精神分析医のひとり、カール・ユング博士は『魂を求める現代人(Modern Man in Search of a Soul)』という本の中で、こんなことを書いている。

「過去三十年間、私の元には世界各国から患者たちが訪れてきた。治療した患者の数は、数百人にものぼる。その中で人生の後半を迎えた患者たち、つまり三十五歳以上の患者たちはすべて、もう宗教的な視野を持つ以外に生きる道はないという人びとだった。彼らが病に冒されてしまったのは、生きた宗教がどの時代にも人びとに与え続けてきたものを失ってしまったからだと言っていい。宗教的な視野を取り戻すことができない限り、真の回復は得られないのだ」

ウィリアム・ジェームズも、これとほぼ同じことを言っている。「信仰とは人の命を支える力のひとつであり、これを失うことは死を意味する」

仏陀以来、インドで最高の指導者となったマハトマ・ガンジーは、祈りの持つ力を受け取り命をつないだ人物だった。彼自身が「祈りがなければ、私はとっくの昔に正気を失っていた」と語っている。

同じように証言をする人の数は、計り知れない。前にも書いたとおりだが、私の父にしても、母の祈りと信仰がなければ生き長らえることができなかったろう。おそらく、今この瞬間に精神病院で苦しみの悲鳴を挙げている多くの人びとは、「孤独のうちに闘うのではなく、より高き力に救いを求めよう」という気持ちになれば、救われていたことだろう。

「苦しいときの神頼み」と言うとおり、人は苦しみにさいなまれ続けて力の限りを使い果たすと、絶望して神にすがりつく。だが、なぜ絶望してしまう前にそうしないのだろう？　なぜ、日々新たな力を得ようとしないのだろう？　なぜ日曜まで先延ばしにしてしまうのだろう？　私はここ何年も、平日午後によく誰もいない教会を訪れる。自分の内面を省みるような時間も取れないほど忙しくなると、私は「待てよ、デール・カーネギー。そんなに急いでいったいどうするつもりだ？　ちょっと立ち止まって、一歩先のことを考えなくてはいけないぞ」と、自分に語りかけてみる。そんなとき、ぱっと目に付いた教会に入ってみるようにしているのだ。

私はプロテスタントだが、平日昼間には五番街の聖パトリック大聖堂に立ち寄ることも多い。そして「自分はあと三十年そこそこで死ぬのだろうが、教会で説かれている宗教的な真理は永遠に不滅なのだ」と、胸の中で確認する。目を閉じ、祈りを捧げる。すると神経が鎮まり、体が休まり、視界が晴れ、自分の生き方を見つめ直すことができるようになるのだ。あなたも、試してみてはどうだろう？

ここ六年間、私はこの本の執筆にあたりながら、祈りによって恐怖と不安を乗り越えた人びとのエピソードや動かぬ証言を、数限りなく集めてきた。書類棚は、そうした事例がぎっしり詰まっている。その中からジョン・R・アンソニーという、失意と絶望の底にいた本のセールスマンの話を紹介しよう。彼は今、テキサス州ヒューストンのビルにオフィスを構える弁護士になっている。

「二十二年前、私はオールアメリカン法律書籍という会社の販売営業を務めるため、自分の事務所を閉じました。専門は、弁護士にとって必要不可欠ともいえる法律書のセットを、彼らに販売することでした。

仕事については、十分なトレーニングを受けていました。どう売り込みをかけ、どんな反論にどう応じればいいか、私にはすべて分かっていたのです。買ってもらえそうな弁護士を訪れる際には、事前にその弁護士がどんな評判の人物なのか、どんな訴訟を扱っているのか、どんな政治的意見や趣味を持っているのかを調査しました。そして、力の限りを尽くしてそうした情報を利用し、売り込みをかけたのです。ですが、なぜか上手《うま》くいきませんでした。まったく注文が取れないのです。

だんだんと、くじけそうになってきました。日々が過ぎ、週が過ぎてゆくにつれ、私はもっともっとひたむきにがんばりましたが、それでも必要経費を上回るほどの売り上げを出すことができません。胸の中では、恐怖と不安が膨れあがっていました。電話をかけるのが、怖くてたまりません。セールス先に辿《たど》り着いても怖くなってしまい、廊下をうろうろしたり、建物の外に出て周辺をぐるぐると歩き回ったりするようになりました。そうして貴重な時間を無駄にしながらようやく『いっそドアを蹴《け》破ってやれ』と勇気を奮い立たせると、本人が留守にしていることを半ば祈りながら、震える手で恐る恐るノブを回すのです。

社の販売部長は、契約が取れないなら前払い金の支払をやめるぞと私を脅してきました。ですが自宅には妻と三人の子どもが、腹をすかせて待っているのです。私は、不安に取り憑《つ》かれ、日を追うごとに追い詰められていきました。どうすればいいのかなど、分かりません。お話ししたとおり、個人事務所も閉めて顧客も失ってしまっていたのです。今や財布もすっからかんで、ホテルの部屋代も払えません。田舎に帰る交通費もありませんでしたし、もしチケットを持っていたとしても、負け犬として帰郷するような勇気はありませんでした。そうして悪夢の日々に打ちひしがれながらとぼとぼとホテルに戻ったある日、ふと『もうこれで終わりにしよう』という気持ちになりました。私はもう完全に、叩《たた》きのめされてしまっていたのです。

傷つき絶望した私は、もうどうすべきなのかも分かりませんでした。自分の生死への興味すら、失ってしまったほどです。生まれてきたことが、悲しくてたまらなくなりました。夕食には、コップに一杯のホットミルクだけ。ですが本当なら、それすらも買えないような有様でした。その夜、なぜ人がホテルの窓を開けて飛び降りたりするのか、痛いほど分かりました。勇気さえあれば、私もそうしていたかもしれません。人生とは何のためにあるのだろうかと、あれこれ考えました。ですが、分かりません。考えても、なにも見えなかったのです。

すっかり道を見失った私は、神に祈りを捧《ささ》げました。自分を取り囲む果てしない絶望の暗闇に一条の導きの光を与えては貰《もら》えないかと、神にすがるような気持ちだったのです。どうか本が売れますように、そして妻子を養うことができますようにと、私は神に祈りました。そして目を開けると、ホテルの室内に置かれた鏡台の上に、ギデオン協会が配布する聖書が置かれているのが目に留まったのです。私はそれを開くと、きっとこれまで孤独と不安にさいなまれ絶望した人びとを無数に救ってきたに違いない、美しき不滅の言葉を目で追いました。そこには、不安から解き放たれるにはどうしたらよいか、キリストが使徒たちに説いた言葉が記されていました。

『自分の命について、なにを食べるか、なにを飲むかと悩んではいけない。自分の肉体のために、なにを着ようかと悩んではいけない。命は食糧より尊く、肉体は衣服よりも尊い。空を飛ぶあの鳥たちを見よ。鳥たちは種も蒔《ま》かず、穀物も刈らず、それを納屋に蓄えもしない。それでも天の神は、鳥たちに糧をお与えなさる。あなたは自分が鳥よりも劣ると思うかね？　……まずは神の国を求め、神の正しさを知りなさい。そうすれば、あなたにはすべて与えられるのだよ』

祈りを捧げてその言葉を読んだ私に、奇跡が起こりました。張り詰めっぱなしだった神経が、ふっと緩んだのです。そして、悩みと恐怖と不安とが、胸を温めるような勇気と、輝くような信仰心へと変容していったのです。

ホテルに払える十分なお金も持っていませんでしたが、私は幸福感に満たされていました。そしてその何年もの間で初めてすべてを忘れ、ぐっすりと眠りに就いたのです。

翌朝は、営業先のオフィスが開くのが待ちきれないような思いでした。美しく冷たい雨が降る中、私は明るい足取りで最初の営業先へと向かいました。しっかりとノブを握り、ドアを開けます。足を踏み入れると私はまっすぐに顧客の元に向かいました。活《い》き活《い》きと胸を張り、ほどよい自信と笑顔を顔に浮かべ、挨拶《あいさつ》をしました。『おはようございます、スミスさん！　オールアメリカン法律書籍のジョン・R・アンソニーです』『ああ、お待ちしてましたよ』。彼は笑顔でそう答えると椅子を立ち上がり、手を差し出しました。『お会いできて光栄です。さあ、おかけ下さい』

その日私は、それまでの数週間よりも多くの売り上げを出しました。そして、まるで凱旋《がいせん》する英雄のような気持ちでホテルへと戻りました。まるで生まれ変わったような気分でした。いや、あんなにも意気揚々とした心持ちだったのですから、生まれ変わったのです。その日の夕食は、ホットミルクなんかじゃ済ましませんでした。付け合わせをたっぷりつけたステーキです。その日から、私のセールスは好調続きです。

二十二年前に訪れたあの絶望の夜、私はテキサス州アマリロのホテルで生まれ変わりました。翌日になっても周囲を取り巻く状況はそれまでと変わりませんでしたが、私の内面ではものすごい変化が起こっていました。自分は神と繋《つな》がっているのだと、とつぜん気づいたのです。孤独のうちに戦えば人間など簡単に打ち負かされてしまいますが、自らの内に神の力を抱いて生きる人間は無敵です。私のこの人生が、その証明なのです。『求めよ、さらば与えられん。探せよ、さらば見つからん。叩けよ、さらば開かれん』」

イリノイ州ハイランド八番街に住むL・G・ベアード夫人は絶望的な悲劇に見舞われると、ひざまずいて「神よ、御心のままに導きたまえ」と祈ることで、心の安らぎと静寂とを見出《みいだ》した。彼女から受け取った手紙を紹介しよう。

「ある夜、家の電話が鳴りました。十四回もベルが鳴ってから、ようやく気力を奮い立たせて受話器を取りました。病院からの電話だと分かっていたので、恐ろしかったのです。もしかしたら、幼い息子の命の火が消えかかっているのかもしれません。息子は髄膜炎だったのです。ペニシリンを投与していたのですが、おかげで体温が不安定になっていました。先生は、病気が脳にまで達して脳腫瘍《のうしゅよう》ができてしまえば、最悪の結果もありえると言いました。電話は、恐れていたとおりの内容でした。先生は、今すぐ病院に来るようにと私に告げました。

待合室の私と夫がどれほど苦悩していたかは、きっとご想像いただけることでしょう。赤ちゃんを抱く人びとの中、私たちだけがこの腕を空っぽにして、またあの子を抱けるのだろうかと不安に駆られていたのです。やがて先生から診察室に呼ばれると、その表情を見て私たちは震え上がりました。話を聞くと、さらに恐ろしくなりました。私たちの赤ちゃんが助かる道はたったひとつだけ――。先生は、もし他に心当たりの医師がいるのならば、すぐにこの場に呼びなさいと言いました。

帰りの車の中、夫は涙を流しながら拳《こぶし》を振り上げると、ハンドルを殴りつけて「ベーッ、あの子を諦《あきら》めろなんて無理だ」と言いました。男性が涙を流すところを見るなど、苦しくてたまりません。私たちは車を止めていろいろ話し合うと、教会に立ち寄って神に祈り、もしあの子を取り上げるのが神のご意志ならばそれに従おうということに決めました。そして、信者席に身を沈めると涙を流しながら『どうか主の御心のままに』と伝えたのです。

口にした瞬間、ふっと心が軽くなりました。長い間感じたことのなかったような安らぎに包まれていたのです。家に帰る途中、私はずっと『主の御心のままに』と繰り返し続けました。

その夜は、ひさしぶりにぐっすりと眠りました。数日後、先生が電話をかけてきて、ボビーが一命を取り留めたことを知らせてくれました。今四歳のあの子が元気にしていることを、いつでも神に感謝しています」

男たちの中には、「宗教とは女と子ども、そして説教師のためのもの。ひとりで戦ってこそ、男の中の男なのだ」と言う者もいる。

そんな彼らが、もっとも有名な「男の中の男」でも毎日祈りを捧げているのだと知ったら、いったいどんな顔をするだろうか。たとえば、ジャック・デンプシーは毎晩就寝前の祈りは絶対に欠かさないという。食事の前の感謝の祈りも必ず捧げるそうだ。それに毎日試合に向けてトレーニングを積みながら祈り、試合が始まれば各ラウンドのベルが鳴る前に必ず神に祈るのだという。「祈ることで、闘う勇気と自信が湧いてくるんだ」と、デンプシーは話してくれた。

男の中の男、コニー・マックも、就寝前に必ず祈りを捧げている。

男の中の男、エディ・リッケンバッカーは、祈りが彼の命を救ってくれたと話してくれた。毎日、神への祈りは欠かさないという。

男の中の男、ゼネラル・モータースとUSスチールの元幹部で元国務長官でもあるエドワード・R・ステティニアスは、叡智《えいち》と導きとを賜るべく、毎日朝と晩に神に祈りを捧げているそうだ。

男の中の男、当代随一の資本家だったジョン・ピアポント・モルガンは、土曜の午後になるとよくウォール街の角に立つトリニティ教会へ行き、ひざまずいて祈りを捧げた。

男の中の男、アイゼンハワーは英米連合軍の最高司令官として渡英する際、たった一冊だけ本を持って飛行機に乗り込んだ。聖書である。

男の中の男、マーク・クラーク将軍は、戦時中は毎日聖書を読んではひざまずき、祈りを捧げたものだと私に話してくれた。蔣介石《しょうかいせき》も、「アラメインのモンティ」と呼ばれたモンゴメリー元帥も祈った。トラファルガーの海戦の際には、ネルソン提督も祈りを捧げた。ワシントン将軍も、ロバート・E・リー将軍も、ストーンウォール・ジャクソンも、その他大勢の名高い軍指導者たちも、みな神に祈った。

ウィリアム・ジェームズは「人と神とは互いに取引をしている。神の力の前に心を開けば、我々の人生に与えられたもっとも深き目的が満たされるのである」と言った。

この真理に気づき始めている「男の中の男」は数知れない。アメリカ全土の教会員数は、七千二百万人と過去最高を記録している。すでに書いたことの繰り返しになるが、科学者たちですら、宗教へと目を向けているのだ。

たとえば『人間　この未知なるもの』(三笠書房　渡部昇一《わたなべしょういち》訳)の著者であり、ノーベル賞を受賞した科学者、アレクシス・カレルは、『リーダーズ・ダイジェスト』に寄せた記事の中でこんなことを言っている。

「祈りとは、個人が発現できるもっとも強力なエネルギーの形だ。地球の重力と同様、現実の力なのである。私は医師として、他の治療法で治癒できなかったがひたむきに祈ることによって病や憂鬱《ゆううつ》症から回復した患者たちを、数多く目にしてきた。……祈りはラジウムと同様に光を放つ、自己生成型のエネルギーなのだ。……祈りの中で人間は、自らの限りあるエネルギーを増幅させようと、無限の力の源へと語りかける。祈りを通して、宇宙を動かす無限の原動力と自分自身とを結びつけるのだ。人は、その力の一部が自分に必要なだけ分け与えられますようにと祈るのである。こう訴えるだけで、人は自らの欠陥を埋め、力を付け、立ち上がることができる。……深い祈りの中で神に語りかけることで、私たちの精神と肉体は、どちらも回復してゆくのだ。それがたとえ一瞬の祈りであろうとも、すべての人によい結果がもたらされるのである」

バード提督は「宇宙を動かす無限の原動力と自分自身とを結びつける」ということがなにを意味するのか、理解していた。だからこそ、彼は人生最大の苦難を乗り越えることができたのだ。著書『ひとり（Alone）』の中で、彼はそのことを書いている。

一九三四年、提督は南極大陸の奥地、ロス・バリアに積もる万年雪に閉ざされて五ヶ月間を過ごした。南緯七十八度以南で、彼の他に生物は何もいなかった。ブリザードが小屋の頭上で吠《ほ》え、気温は零下八十二度にも達し、彼は終わりなき夜の中に完全に取り残されていたのだった。そして彼は、ストーブから漏れ出した一酸化炭素で自分がゆっくりと中毒に冒されはじめていることに気づく。だが、こんな状況でどうすることができるのだろう？　もっとも近い救援キャンプですらほぼ二百キロ先で、辿《たど》り着くのに数ヶ月はかかりそうだ。彼はストーブと換気装置を修理しようとしたが、一酸化炭素漏れは直ってはくれなかった。中毒症状で意識を失い、倒れることも少なくなかった。飲食も睡眠もできずに衰弱し、ほとんど寝台から動くこともできなくなっていった。翌朝は目を覚ますことができないのではないかという恐怖に、彼はよく襲われた。自分はこの小屋で絶命して雪の底に埋もれてしまうのだと、そんな思いが頭を離れなくなっていった。

なにが彼の命を救ったのだろう？　ある日、彼は絶望の底で自分の人生哲学を書き記そうと、日記帳を手に取った。そして「この宇宙で人類は孤独ではない」と書いた。頭上の星々のことや、規則正しい星座や惑星の運行のことに思いを巡らせた。そして、時が来れば荒涼とした南極大陸をも等しく照らすために戻ってくる、不滅の太陽に思いを巡らせた。そして日記に、こう書いた。「私は孤独ではない」

氷の穴蔵の中にいても自分は孤独ではないのだ――リチャード・バードの命を救ったのは、この気づきだった。「おかげで私は耐え抜くことができたのだ。一生のうちに、自分の持つさまざまな力をほぼ使い果たすような経験は、そうそう誰にでも訪れるものではない。人の中には、まだ使われたことのない眠れる力を秘めた、深い井戸があるものなのだ」と彼は書いている。リチャード・バードは神と向き合うことでこの井戸を汲《く》み上げ、眠れる力を引き出したのである。

グレン・A・アーノルドはそれと同じことを、イリノイ州のトウモロコシ畑のまん中で学んだ。イリノイ州チリコシのベーコン・ビルディングで保険ブローカーを営むアーノルド氏は、不安を克服した体験談を次のように語ってくれた。

「八年前、私はこれで人生最後だと思いながら玄関のドアに鍵《かぎ》をかけると、車に乗り込み川へと向かいました。もう、完全に絶望してしまっていました。一ヶ月前、私の世界はすべて音を立てて頭上に崩れ落ちてきました。営んでいた家電ビジネスが暗礁に乗り上げてしまったのです。自宅では今にも母が死を迎えようとしていました。妻はふたりめの子供の出産を間近に控えていました。病院代は、どんどんかさんでいきました。家電ビジネスを立ち上げるために、車も家具も、あらゆるものを抵当に入れてしまっていました。保険証書まで、借金に使っていたのです。ですが、すべてを失ってしまった私は、もうとても耐えられない気分でした。だからこの悲劇に終止符を打つため車に乗り込み、川へと走らせたのです。

街を抜けて数キロほど走ったところで道を外れ、車を降りて地面に座り込むと、私は子供のように泣きじゃくりました。そして、本気で考えはじめたのです。不安に駆られて恐れの輪の中をぐるぐると回るのをやめ、建設的に考えようとしてみたのです。状況はどれだけ悪いのだろう？　さらに悪化することはあるだろうか？　本当に希望は無いのだろうか？　改善するためになにができるだろう？

私はその場で、すべての問題を神の手に委《ゆだ》ねようと心を決め、祈りを捧《ささ》げました。ひたむきに祈りました。この命のすべてがその祈りにかかっているかのように、ひたむきに。そして実際、命がかかっていたのです。不思議なことが起こりました。自分よりも高き力にすべての問題を託すやいなや、数ヶ月間も感じたことのなかった安らぎが、急に心に訪れたのです。おそらく私はその場で三十分ほど、涙を流しながら祈っていたのではないでしょうか。そしてようやく自宅へと引き返し、赤ん坊のように眠ったのです。

翌朝、私は自信を胸に目を覚ましました。神の導きを得た私には、もう恐れるものなどなにもありませんでした。私は朝のうちに意気揚々と地元のデパートへと出かけてゆくと、胸を張って、電気事業部のセールスマンとして働かせて貰《もら》えないかと伝えました。仕事が貰える確信がありました。そして、本当に採用されたのです。やがて戦争でビジネスが破綻《はたん》するまで、私は業績を上げ続けました。次に私は、やはり神の導きに従って生命保険のセールスを始めました。つい五年前のことです。今は借金も無事に返し終わり、三人の元気な子供たちのいる家庭に恵まれ、自宅を持ち、新しい車も手に入れ、二万五千ドルの生命保険にも入っています。

今にして思えば、ああしてすべてを失い打ちひしがれ、川へと車を走らせたのは幸運なことでした。あの苦難があってこそ、私は神に頼る道を知り、こうして夢にまで見た安らぎと自信とを手に入れることができたのですから」

信仰はいったいどのように、私たちに安らぎと平穏、そしてたくましさをもたらすのだろうか？　ウィリアム・ジェームズはこう話している。「どんなに波が荒れ狂おうと、その力は海の底深くには及ばない。それと同じように、広大で普遍的な世界を見すえる者にとっては、忙しく移ろう個人的な運命の波など、それほど重要なものではないのだ。真に宗教的な人物はなにごとにも動じず心安らかで、運命がなにをもたらそうとも静かにそれを受け入れられるものなのだ」

不安や悩みに苦しんでいるのならば、神に頼るのはどうだろう？　イマヌエル・カントは「神への信仰を受け入れなさい。その信仰が我々には必要なのだ」と言っている。私たちは「宇宙を動かす無限の原動力と自分自身とを結びつける」べきではないだろうか？

あなたがもし生まれ育ちのせいで宗教など無縁の人間に成長し、徹底した懐疑論者になっていたとしても、祈りにはあなたが想像する以上の効果がある。なぜなら、祈りとは実際的なものだからだ。実際的とは、どういう意味だろう？　それは、神を信じていようがいまいが、祈りはすべての人びとに共通する三つの心理的欲求を満たしてくれるということである。

一　祈ることにより、自分を悩ませているものはなにかを正確に言葉で表現する助けになる。第四章で書いたとおり、曖昧《あいまい》でぼんやりとしている限り、問題に対処するのは不可能なのだ。祈りとはつまり、自分の抱えた問題を紙に書き出すことと非常によく似ている。問題の解決に力を借りたいのであれば、たとえ相手が神であろうとも、まずは言葉にしなくては始まらない。

二　私たちは祈ることで、重荷をひとりで背負うのではなく誰かと分け合っているのだと感じることができる。ひどい重荷や苦しみに満ちた問題を、すべて自分で背負うことのできる人間など、そうそういるものではない。ときには、家族や友人にすら打ち明けられないような、隠しておきたい悩みというものもあるが、そんなときは祈りに頼るべきだ。「胸のもやもやや緊張感、苦しみといったものを人に打ち明けることには治療効果がある」というのは、精神分析医なら誰でも同意するところである。人にそうするのが無理ならば、神に打ち明けてもいい。

三

祈りは私たちの持つ力に、行動という活性成分を与えてくれる。これが、行動へと続く第一歩である。その恩恵を受けられず、なんの前進もできないのであれば、誰が毎日毎日満たされようとして祈りなど捧げるだろう。世界的科学者は「祈りとは、個人が発することのできる最大のエネルギーの形である」と述べている。ならば、それを利用しない手はない。相手が神だろうとアラーだろうと魂だろうと、神秘の力に我が身を委《ゆだ》ねるのであれば、そんな定義はどうでもいいことだ。

さて、今すぐこの本を閉じ寝室に行ってドアを閉め、ひざまずき、心の重荷を下ろしてみてはどうだろう。あなたが信仰を失っているのであれば、再び信仰心を持つことを全能の神に訴えてみればいい。「神よ、もうひとりでは闘い続けることができません。どうかそのお力をお貸しください。今までの過ちを、私は悔い改めます。この心から、すべての悪をお祓《はら》いください。安らぎと静寂、そして健康へと続く道をお示しください。そして敵をも受け入れることのできる愛を、私にお与えください」と。

もし、祈りの言葉など知らないのであれば、七百年前に聖フランシスコがしたためた、この美しく心揺さぶる祈りを繰り返せばいい。

主よ。あなたの平和の道具として私をお使いください。憎しみあるところに愛の種を、争いあるところに赦《ゆる》しの種を、疑念あるところに信仰の種を、絶望あるところに希望の種を、暗闇あるところに光の種を、悲しみあるところに歓《よろこ》びの種を、蒔《ま》かせてください。

ああ、神聖なる主よ。慰められるよりも慰めることを、理解されるよりも理解することを、愛されるよりも愛することを、私は願いたいのです。与えることは受け取ること、許すことは許されること、死することは永遠の命として生まれることなのですから。

パート6　批判を気にせず忘れる方法

第二十章　死んだ犬など誰も蹴らない

アメリカの教育界に一大センセーションを巻き起こすできごとが起こったのは、一九二九年のことだ。その目撃者になろうと、全土から学者たちがシカゴへと詰めかけてきた。その数年ほど前、ロバート・ハッチンスという学生が、ウェイター、木こり、講師、物干しロープのセールスマンなどの仕事で学費を稼ぎ、エール大学を卒業した。その八年後、彼は全米で四番目に大きな大学、シカゴ大学の学長に就任した。信じがたいことに、わずか三十歳でである。年長の教育者たちは、これに難色を示した。この「天才少年」に、怒濤《どとう》のような批判が降りかかった。人びとは若すぎるだの、経験不足だの、教育観が偏っているだの、好き勝手なことを言い立てた。新聞までもが一緒になって、彼を攻撃した。

就任式の日、友人のひとりがハッチンスの父親に言った。「今朝届いた新聞の社説で息子さんが叩《たた》かれていたのを見て驚きましたよ」

「ええ、ずいぶん叩かれてましたね」と、父親は答えた。「まあ、死んだ犬など誰も蹴《け》らないということですよ」

まさにそのとおり。そして、犬が立派であればあるほど、蹴る人びとの抱く満足も大きくなるのだ。エドワード八世（後のウィンザー公）は英国皇太子だった当時、否応《いやおう》なくこの現実を学ばされることになった。当時まだ十四歳だった彼は、デボンシャーのダートマス・カレッジにいた。米国アナポリスの海軍兵学校にあたる大学である。ある日、ひとりの海軍将校が泣いている皇太子を見つけ、いったいどうしたのかと訊《たず》ねた。皇太子は初めなにも話そうとはしなかったが、しばらくすると重たい口を開いた。士官訓練生たちに蹴られたというのである。校長は訓練生たちを呼び集めると、皇太子は苦情こそ言ってはいないが、なぜそんな目に遭わされたのかを知りたいと言っていると告げた。

候補生たちはしばらくもごもごなにかを言ったり、咳払《せきばら》いをしたり、足をもじもじさせたりしていたが、やがて観念して口を開いた。いわく、いずれ英国海軍の司令官や艦長になってから、「俺は王様を蹴ったことがあるぞ」と言ってみたかったのだという。

忘れてはいけない。人が誰かを蹴ったり批判したりするのは、往々にして本人が優越感に浸るためだったりするものなのだ。つまり、あなたがなにかを成し遂げ、人びとの注目を集めているからこそ、叩かれやすくなるというわけだ。自分より高い教育を受けた人間や大きな成功を収めた人間を叩くことで、歪《ゆが》んだ満足を味わおうとする人間は本当に多いものなのである。

たとえば、この章を書いている今も、私はある女性から手紙を受け取った。救世軍の創設者、ウィリアム・ブース大将を批判する内容の手紙である。彼女は以前、大将を褒め讃《たた》える私の放送を聞き「貧しい人びとの救済のために集めた八百万ドルを、大将は横領した」と書いてきたのだ。もちろん、そんなものは言いがかりである。だが、彼女にとって真実などどうでもいいのだ。彼女が求めていたのは、自分より遥《はる》かな高みにいる誰かを叩くことで、卑しい満足感を得ることだったのである。私はその手紙をゴミ箱に放り込むと、彼女と結婚するような運命にならなかったことを神に感謝した。彼女の手紙を読んでもブース大将のことなどまったく分からないが、彼女自身のことならば実によく分かる。何年も前にショーペンハウアーは「卑しき人びとというものは、偉大なる人びとの失敗や失態を大きな喜びとするものだ」と言っている。

エール大の学長と聞けば、誰もが立派な人格者を思い浮かべることだろうが、元学長のティモシー・ドワイトは、ある大統領候補者を叩くことに大きな喜びを感じるような男だった。もしこの候補者が大統領選に勝つようなことがあれば「妻や娘は合法売春制度の被害者となり、辱められ、汚されることになる。美徳も尊厳も失い、神からも人間からも見放されてしまうのだ」とまで言ってみせたのである。

まるでヒトラーに対する非難声明のようではないか。だが彼の相手はヒトラーではなく、トーマス・ジェファーソンであった。あなたには、いったいどのジェファーソンのことかお分かりだろうか？　まさかと思われるかもしれないが、独立宣言の起草者であり、民主主義の守護聖人ともいえる、あのトーマス・ジェファーソンなのである。

さて、「偽善者」「詐欺師」「殺人者よりちょっとマシなだけの男」と呼ばれたアメリカ人と聞いて、あなたは誰を思い浮かべるだろう？　ある新聞の風刺漫画で彼はギロチンにかけられ、大きな刃で首を切り落とされようとしていた。街じゅうを引き回される彼を見て、野次馬たちは罵声《ばせい》を浴びせかけていた。この人物はいったい誰だろう？　それは、ジョージ・ワシントンである。

だが、これは大昔の話。今はもっと人びとの持つ人間性もよくなっているはずである。では、ピアリー提督のケースを振り返ってみよう。彼は一九〇九年四月六日、数多《あまた》の勇敢な冒険家たちが何世紀にもわたって目指し、苦しみ、命を落としていった北極点に到達し、世界を激震させた人物である。ピアリー自身もまた、寒さと飢えのせいでほとんど命を落としかけ、凍りついた足の指は八本も切断しなくてはいけなかった。相次ぐ苦難に、彼は発狂してしまうのではないかと恐ろしくなるほどの苦境に立たされていた。だがワシントンにいる海軍の上官たちは、ピアリーが人びとの人気を独占しつつあるのを見て激怒する。そこで彼らは、ピアリーが探険のために資金を集めておきながら「北極でだらだらくつろいでいる」などと言って糾弾したのである。恐らく、彼らは本気でそう思い込んでいたのだろう。信じたいと思えば、人は信じずにいられなくなるものなのだ。彼らの攻撃は熾烈《しれつ》を極め、マッキンリー大統領からの直接命令がなければ、断念せざるを得ないほどだった。

もしピアリーがワシントンの海軍省でデスクワークをしていたら、こんなふうに叩かれただろうか？　ありえない。もしその立場であれば、嫉妬《しっと》を買うほどの重要人物にはなっていなかったからだ。

グラント将軍の場合は、ピアリーよりもよほどひどい。一八六二年、グラント将軍は初の大勝利を上げて北軍を沸かせた。たった半日で上げたこの勝利によりグラントは一夜にして国民的偶像になった。この勝利はヨーロッパにまで轟《とどろ》き渡った。大西洋岸からミシシッピーの沿岸まで、教会という教会が勝利の鐘を打ち鳴らし、かがり火を焚《た》いてこれを祝った。だがその大勝利から半年後、北軍の英雄グラントは逮捕され、軍を取り上げられてしまった。屈辱と失意に、グラントは涙した。

なぜU・S・グラント将軍は、勝利の絶頂のうちに逮捕されなくてはいけなかったのだろう？　それは、傲慢《ごうまん》な上官たちの嫉妬と羨望《せんぼう》とを、彼が掻《か》き立ててしまったからということが大きかった。

いわれのない批判を受けることが不安ならば、まず第一のルールを教えよう。不当な批判とは、往々にして賛辞の裏返しである。死んだ犬を蹴飛ばす者は誰もいないということを、胸に刻んでおこう。

第二十一章　批判に傷つかず済ませる方法

かつて、「突き刺す瞳《ひとみ》」や「地獄の悪魔」の異名を取ったスメドリー・バトラー少将に話を聞かせてもらったことがある。憶《おぼ》えておいでだろうか？　アメリカ海軍でもっとも異彩を放つ、向こう見ずな司令官である。

少将いわく、若いころはとにかく人気者になり、みんなから好かれたくてたまらなかったのだという。当時は、ちょっとした批判にもひどく神経を尖《とが》らせていた。だが、海軍で過ごした三十年間で、彼は逞《たくま》しい男へと成長する。

「私はしょっちゅう、臆病《おくびよう》者だ、陰険だ、臭いなどと悪態をつかれた。叩《たた》きたがり屋にとっては、格好の標的だった。口にするのもためらわれるような汚い言葉を、これでもかと浴びせられたものだ。悪態が気になるかって？　今じゃあ、誰かに叩かれているのが聞こえても、顔を見ようとすら思わないよ」

恐らく、彼は人びとの批判に対して丈夫すぎるのかもしれない。だが、確かに言えるのは「人は自分への嘲笑《ちようしよう》や悪口を、あまりにも気にしすぎである」ということだ。何年か前、ニューヨーク・サン紙の記者が私の成人クラスの宣伝集会を訪れ、私と私の仕事を風刺記事で攻撃してきた。だが、私は激怒したりはしなかった。個人攻撃だと受け取ったのである。私はサン紙の執行委員長を務めるジル・ホッジスに電話をかけ、冷やかし記事を撤回して事実を掲載するよう求めた。記事を担当した記者に、しっかり責任を取らせることにしたのだった。

あのときの自分の行動を、今では恥ずかしく思っている。購読者の半分はあんな記事を読んだりはしなかっただろう。読んだにしろ、その半数は他意のない笑い話程度にしか受け取らなかったに違いない。記事に同調して勝ち誇ったような気持ちになった人びとにしろ、その半分は何週間も経てばすっかり忘れてしまうだろう。

人は、私やあなたや、私たちが浴びている批判になど、まったく興味など持ってはいない。朝も昼も、そして真夜中になるまで、ずっと自分のことを考えているものなのだ。あなたや私が死んだところで、自分を悩ませる頭痛の千分の一ほども、そんなことには構わないものなのだ。

たとえ欺かれたり、馬鹿にされたり、裏切られたり、後ろから刺されたり、親友の六人にひとりがあなたを見殺しにしたとしても、気持ちに任せて自己憐憫《れんびん》にひたったりしてはいけない。むしろ、自分はキリストと同じ道を辿《たど》ったのだと気づくべきだ。彼がもっとも信頼していた十二使徒のひとりは、今ならたかだか十九ドル程度の金を受け取るために、キリストを売ったのだ。また、他の使徒のひとりはキリストの身に難が降りかかるやいなや三度も逃げ、キリストなど知らないと言ったばかりか、誓いまで立てたのである。つまり、六人にひとりである。キリストですらそうだったのだから、あなたが同じ道を辿っても、なんの不思議もないだろう。

何年も前の話になるが、私は、どんなに不当なものだろうと人の批判を止めることはできないが、もっとすべき重要なことがあると気がついた。言われなき批判で傷つくかどうかは、私たちが決めることができるのだ。

ただ、はっきりと書いておきたいのは、私が「批判はなんでもかんでも無視しろ」と言っているのではないということだ。それはまったく違う。私はただ「不当な批判は無視しろ」と言っているにすぎない。以前、エレノア・ルーズベルトに、どうやって不当な批判をかわしているのかを訊《たず》ねてみた。彼女ほど熱狂的な友人と暴力的な敵とをたくさん持つ大統領夫人は、他にいなかった。

彼女いわく、若いころにはひどく内気で、人に何と言われるかが気になって気になってしかたなかったのだという。あまりに不安だったため、彼女はある日叔母《おば》、つまりセオドア・ルーズベルトの妹に、アドバイスを求めることにした。「叔母さん、私はしたいことがあるのだけれど、批判されるのが怖いんです」

叔母は彼女の目をじっと見つめると「自分が正しいと信じているのならば、人にどう言われようと気にしちゃだめよ」と言った。そして、あらゆる批判を受けないでいるためのただひとつの道は、ドレスデン焼きの人形のように棚の上にじっとしていることだけだと彼女に伝えた。

「あなたは自分が正しいと信じることをすべきだわ。どちらにしろ、あなたがなにかをすれば批判をされるし、しなければしないで悪口を言われるのだから」

ウォール街四〇番にあるアメリカン・インターナショナル・コーポレーションの社長だった故マシュー・C・ブラッシュに、私は以前、人の批判が気になるかと訊ねたことがあった。すると彼はこう答えた。「ああ、昔はひどく気にしてばかりいたよ。会社にいるすべての従業員たちから、完璧《かんぺき》な男として見られたくてしかたなかったんだ。そう見られないと思うと、怖かった。そこで、もっとも自分に反感を持っていた男のご機嫌取りをしてみたのだが、そのせいで、他の社員をすっかり怒らせてしまった。そこで今度は彼と仲直りしようとしたんだが、そうすると、それが他の連中の気に障ってしまった。そこでようやく私は、自分への批判から逃れようと卑屈になればなるほど、どんどん敵を増やしてしまうのだということに気づいたんだ。だから私は自分に『人の上に立つのであれば批判は避けられない。そんなものだと受け入れろ』と言い聞かせた。これがよく効いてくれた。それからというものずっと私は、とにかくベストを尽くしたならば、あとは古傘を広げて批判の雨で首を濡《ぬ》らさんようにしているよ。漏れてくるくらいはあるけどね」

作曲家のディームズ・テイラーは、さらにその上をゆく人物だ。批判の雨に首を濡らしながらも、公然と笑ってみせたのである。日曜午後に放送されたニューヨーク・フィルハーモニー交響楽団のラジオ・コンサートでのこと、演奏の合間にした彼のトークを聞いたひとりの女性から、手紙が届いた。手紙の中で彼女はティラーのことを「嘘つきだ、卑怯《ひきょう》者だ、陰険だ、馬鹿だ」と罵《ののし》っていた。

翌週の放送で、ティラーは百万の視聴者に向けてこの手紙を読んで聞かせた。自著『人と音楽と（Of Men & Music）』の中で彼は、その数日後に同じ女性から手紙が届いたことを明かし「彼女は変わらず私のことを、嘘つき、卑怯者、陰険、馬鹿と書いていた。恐らく彼女には、私が話した内容など関係はないのだ」と書いている。この見事な切り返しは、まさに尊敬に値する。この落ち着きと揺るぎない態度、そしてユーモアは、実に見事である。

チャールズ・シュワブはプリンストン大学の学生たちを前に、自分にとってもっとも重要な教訓は、自分の製鉄所で働く老ドイツ人から教わったものだと語った。この老ドイツ人は製鉄所の行員たちと戦争のことで口論となり、頭に血を上らせた彼らの手で川へ放り込まれたのだという。「泥まみれのずぶぬれで私のオフィスにやって来た彼に私は、そんな目に遭わされてなにか言い返したのかと訊ねた。そうすると、彼が『ただ笑っただけですよ』と答えたんだ」

シュワブは「ただ笑う」という老ドイツ人の言葉を、自分の座右の銘にしたという。

これは、言われなき批判の的にされたときには実に有効だ。こちらが言い返せば相手も売り言葉に買い言葉となるだろうが、もし「ただ笑う」だけならば、なにを言い返すことができるだろう。

もしリンカーンが、無用の批判を無視することを知らなかったならば、きっと南北戦争で神経をすり減らし、倒れてしまっていたに違いない。彼はこう言っている。「もし自分への攻撃的な批判文を読んだり、ましてやそれへの返答を書いたりするくらいならば、この事務所を閉鎖して他の仕事でも始めるよ。私は自分の知識の限り最善を尽くしているし、このまま最後までやり遂げる覚悟だ。そして結果が良ければ、今なにを言われようが問題ではない。もし結果が悪ければ、十人の天使が私の正義を認めようと、なにも意味はない」

もしあなたが不当な批判を受けたなら、この第二のルールを思い出してほしい。

ベストを尽くすだけ尽くしたならば、首筋にしたたる批判の雨を防ぐため、古傘を広げればいい。

第二十二章　私の愚かしい過ち

私は自分の書類キャビネットに、「FTD」と書かれたファイルをひとつ入れている。これは「Fool Things I Have Done（私の愚かしい過ち）」の略語で、フォルダの中にはその名のとおり、私の愚かな過ちの記録が保管されている。折に触れ秘書にそのメモを清書させるのだが、あまりに個人的なものや愚かなものは、恥ずかしいので自ら手書きで清書することにしている。

十五年前にこのFTDフォルダにしまったデール・カーネギー批判のいくつかは、今でも思い出せる。もし私が根っから正直な人間だったなら、この書類キャビネットは今ごろ無数のFTDメモであふれ返っているに違いない。サウル王は三千年の昔に「余は愚行を働き、大きな過ちを犯した」と述べたが、私も真摯《しんし》にこの言葉を繰り返したい。

FTDフォルダにしまい込んだ自分自身に対する批判を見返すことは、自分の抱える最大の問題と向き合うための大きな力になってくれる。その問題とは、デール・カーネギーの管理である。私はかつて自分の問題をよく人のせいにしたものだが、歳を取り知恵をつけるに従って、結局自分の身に降りかかる不運はすべて自分のせいなのだということに気がついた。歳を取ると、多くの人びとがそう気づくものなのだ。ナポレオンは、セントヘレナ島でこう言っている。「この没落は自分以外の何物のせいでもない。私は自分にとって最大の敵だった。私自身が、悲劇的運命の元凶だったのだ」

私の知り合いの話をしよう。自己評価と自己管理にかけては芸術家といってもいい、H・P・ハウエルという男の話だ。一九四四年七月三十一日、アンバサダー・ホテルの売店で彼が急死したというニュースが国を駆け巡ると、ウォール街に激震が走った。彼がウォール街五六番にあるコマーシャル・ナショナル・バンク＆トラストの取締役会長をはじめ、数々の大企業で重役を務めていたからである。彼は大した教育も受けずに地元商店の店員からそのキャリアを歩みだし、やがてUSスチールの調査部長に就任すると、着々と出世と権力とを手にしていったのである。その成功の秘訣《ひけつ》を訊ねると、彼はこんな話をしてくれた。

「私は長年にわたり、その日の予定を記録したスケジュール帳をつけていた。家族たちは、土曜の夜にはいつも私抜きで用事を組んだ。土曜の夜は私が一週間を振り返って自分の仕事の反省と評価をすることを知っているからだ。夕食を済ませると私は自室に引っ込んでスケジュール帳を開き、月曜からの面談や話し合いや会議をすべて振り返る。そして『どんなミスをここで犯しただろう？』『よかったところはどこだろう？　改善できる部分はどこだろう？』『この経験からなにを学べるだろう？』と自分に問いかけてみる。ときには、そうして週を振り返ってがっくりと落ち込んでしまうこともあったし、あまりにひどい大失敗に呆《あき》れてしまうこともあった。当然、そうした失敗は年を追うにつれてすこしずつ減っていった。今まで、何年も続けてきたこの自己分析ほど自分の役に立ってくれたものはない」

H・P・ハウエルは、おそらくベンジャミン・フランクリンのアイデアを拝借したのだろう。違う点は、フランクリンは土曜の夜まで待たず、毎晩その日を振り返ったところだ。彼は、自分が十三個の大きな間違いを犯していることに気がついた。そのうち三つが「時間の浪費」「小さいことでくよくよすること」「人と言い合い、論争をしてしまうこと」である。ベンジャミン・フランクリンは賢明な男である。彼は、自分がこの欠点を解消しないともっと先へは進めないことを自覚したのだった。そこで彼は一週間を通して欠点のひとつと毎日格闘を続け、その日はどちらが勝利したかを記録につけていった。そして二週目になると彼は次の欠点と向き合い、終了のゴングが鳴るまで闘い続けたのだった。彼は毎週こうして欠点と闘いながら、実に二年以上を過ごしたのである。彼は全米でもっとも愛され、もっとも影響力を持つ人物になったが、当然の話だろう。

エルバート・ハバードは言っている。「誰でも一日に最低五分間はどうしようもない馬鹿になる。いくら知恵があろうと、そこは超えられないのだ」。

小さい人間は批判されるとすぐに激怒するが、賢い人間は自分を叩《たた》き、非難し、意見を戦わせた相手から学ぼうという気持ちを持つものだ。ウォルト・ホイットマンは言っている。「君は、自分を褒めてくれる人や、優しくしてくれる人や、味方をしてくれる人の言葉からしかものを学んでこなかったのか？ 君を拒絶し、君に挑みかかり、議論を戦わせた人からはなにも学ばなかったのか？」

指をくわえて敵からの批判をただ待つのではなく、先手を打ち、自分にとってもっとも手厳しい批判者に自らなってみてはどうだろう。敵に付け入る隙を与える前に、自ら弱点を克服してしまうのだ。

チャールズ・ダーウィンは、これを成し遂げた。彼は、十五年の年月を批判に費やしたのである。天地創造についての革新的な観念をしたためた普及の名著『種の起源』の草稿を書き上げたダーウィンは、それが思想界と宗教界とを激震させてしまう本になることに気づいた。そこで彼は自らの批判者となると、さらに十五年をかけて自分のデータをチェックし、入念な裏付けを行い、結論を徹底的に検証したのである。

もし誰かから「お前は救いようもない馬鹿だ」と罵られたら、あなたはどう頭に来るだろうか？ 腹を立てるだろうか？ リンカーンの場合を見てみよう。かつてリンカーンの元で陸軍長官を務めたエドワード・M・スタントンが、リンカーンを馬鹿者呼ばわりしたことがある。というのもリンカーンが、自分のことしか考えないある政治家の言いなりになって、いくつかの連隊の移動命令書にサインをしてしまったからである。この余計なお世話に腹を立てたスタントンは命令を拒否したばかりか、そんな命令書にサインするなどリンカーンはとんだ馬鹿者だと批判を浴びせたのだった。リンカーンはこれを耳にすると、静かに「スタントンが言うことはだいたいいつも正しいのだから、彼がそう言うのなら私はきっと馬鹿者なのだろう。ちょっと自分で確かめてみるとするよ」と答えてスタントンのところへ行った。そして、スタントンの批判に従って、命令書を撤回したのである。リンカーンは、ちゃんとした知識に基づき彼のためを思ってなされた批判であれば、進んでそれを受け入れたのである。

私たちもそうした批判にはしっかりと耳を傾けなくてはいけない。なぜなら、人は四回のうち三回は誤った判断をしてしまうものだからである。あのセオドア・ルーズベルトも、大統領時代にはせいぜいその程度だったと話している。そして人類最高の頭脳ともいえるアインシュタインですら、自分の結論の九十九％は間違いだったと言っているのだ。

ラ・ロシュフコーは、こんなことを話している。「私たちに対して敵が持つ意見というものは、私たちが自分で持つ意見よりもよほど真実に近い」

この言葉がおおむね正しいのは私も理解している。だが、誰かに批判されたと思うと、相手の言葉の意味をよく理解すらしないうちから、勝手に自分を守ろうとする意識が働いてしまう。そして、その度に自己嫌悪に陥るのだ。私たちは批判や賞賛を受けると、それが妥当なものかもろくろく考えずに批判を排除し、賞賛を受け入れようとするものだ。人間は、理性の生きものではないのである。感情の生きものなのだ。人の理性とは、深く暗く荒れ狂う感情の海に浮かべられた、一艘《そう》のカヌーのようなものなのだ。今は自分のことをよく分かっているような気がしていても、四十年後に振り返ってみれば、今の自分など滑稽《こっけい》に見えてたまらないことだろう。今

地方紙の編集者として最大級の賞賛を集めたウィリアム・アレン・ホワイトは、五十年前の自分を振り返り「自惚《うぬぼ》れがひどく、無神経で、自己満足にあふれた傲慢《ごうまん》な独善家」と語った。私もあなたもきっと二十年後になれば、同じような言葉で今の自分たちを語るのだろう。

前の章で、不当な批判を受けたときにはどうすればいいのかを書いた。それにひとつ加えておこう。もし不当に叩かれたと感じて怒りが込み上げてきたなら、ひとまず落ち着いてこう自分に問いかけてみるといい。「待てよ……僕はぜんぜん完全な人間なんかじゃない。アインシュタインでさえ九十九%は間違っていたというのなら、僕なんてどうひいき目に見ても八十%は間違っているに違いない。だとしたら、この批判はきっと当然の批判なんだ。だったら怒るよりも感謝して、そこからなにかを得ようとすべきだ」

ペプソーデント社の社長、チャールズ・アックマンは、ボブ・ホープを放送に出演させるために年間何百万ドルもの大金を注ぎ込んでいる。だが、番組を褒める手紙などは

無視して、批判的な手紙だけを読むようにしているという。そこにはなにか学ぶべきことがあると知っているのだ。

フォード社は、管理体制と作業体制の欠点を見つけることに非常に熱心である。最近も、選んだ従業員たちを呼んで会社への批判を受け付ける公聴会を開いたという。

私の知っている元石鹼《せっけん》セールスマンは、わざわざ自分に対する批判を人に聞いて回った。コルゲート社の石鹼を売り始めた当初、あまりに注文が取れないために彼は失業するのではないかと不安でたまらなかった。だが、石鹼にも価格にも問題などないのだから、きっと自分に問題があるのだと彼は思い当たった。契約が取れないときには、いったい自分のどこが間違っているのか考えながら、街を歩き回ったという。自分の売り方がまずいのだろうか？　自分は熱意に欠けているのだろうか？　ときには、失敗した相手の元に話を聞きに戻ることもあった。

「また石鹼を売ろうと戻って来たわけではないのです。ご意見とご批判とを伺いに来たのです。さっき、なぜ私から石鹼を買う気になれなかったのか、お聞かせ願えないでしょうか？　あなたは私よりもずっと経験も実績も豊富にお持ちです。どうかご遠慮なく、率直なご批判をお聞かせください」

これにより彼は多くの友人と、かけがえのないアドバイスの数々を得ることができたという。名前をE・H・リトルというこの人物は今、世界最大級の石鹼メーカー、コルゲート・パーモリーブ・ピート社の社長になっている。昨年の彼の収入は二十四万百四十一ドルで、これを超えるのは全米でも十四人だけである。

それはH・P・ハウエルやベンジャミン・フランクリン、そしてE・H・リトルのような大物だからできたのだ、とあなたは言うだろうか。ならば、誰もいないときに鏡の中の自分と向き合い、自分もそんな人物になれるのではないかと問いかけてみるといい。

あなたが批判を恐れているなら、このルール三を思い出してほしい。

自分の犯した愚かな過ちを記録し、自分自身を批判すること。完全な人間など誰もいないのだから、E・H・リトルを見習い、偏見のない有益かつ建設的な批判を人に求めてみるといい。

パート６　まとめ
批判を気にせず忘れる方法

ルール一　不当な批判とは往々にして賞賛の裏返しであり、人びとの嫉妬《しっと》と羨望《せんぼう》が生み出しているものだ。死んだ犬を蹴《け》る者などいないのだと憶《おぼ》えておこう。

ルール二　ベストを尽くしたら古傘を広げ、批判の雨に濡《ぬ》れないよう首筋を守ること。

ルール三　自分の犯した愚かな過ちを記録し、自分自身を批判すること。完璧《かんぺき》な自分になどなれはしない。E・H・リトルのように、自分にとって有益で建設的な批判を人に求めること。

パート7　疲労と不安を予防して元気になる六つの方法

第二十三章　日々の活動時間をあと一時間増やすには

なぜ、不安対処の本の中に疲労防止の章があるのだろう？　答えは簡単。疲労はよく不安の原因になるし、すくなくとも不安に陥りやすい状態に人をさせるからだ。疲労が風邪をはじめさまざまな病気への抵抗力を弱めることは、医学の心得があれば誰でも知っている。同じように不安が恐怖や感情への抵抗力を弱めてしまうのは、精神分析医にとっては常識だ。つまり疲労予防は不安予防と言ってもいいのである。

いや「言ってもいい」というのはすこし控えめな表現だろう。エドモンド・ジェイコブソン博士は疲労予防の推進論者で、リラクゼーションに関して『新たなるリラクゼーション』『リラックスのすすめ』という二冊の本を書いている。医療行為の一環として、博士は長年にわたりリラクゼーションを採り入れているのだ。その彼は、どんな緊張も情動も「完全なリラックス状態のもとでは起こりえない」と述べている。つまり、リラックスしていれば不安とは無縁であるということだ。

疲労予防と不安予防のための第一のルールとは、よく休むこと。疲れてしまう前に、とにかく休むことだ。

疲れる前に休むのが大事なのは、なぜだろう？　これは、疲労とはびっくりするほど早く溜《た》まってしまうものだからだ。アメリカ陸軍は何度も若い兵士たちを対象に研究を行ってきたが、長年の訓練をくぐり抜けてきたえり抜きの兵士でも、一時間に十分間は背嚢《はいのう》を下ろして休憩したほうが、持久力も耐久力も上昇することが分かっている。だから陸軍では、兵士たちに休養を強制している。あなたの心臓も、陸軍と同じくらいに頭がいい。心臓はあなたの体を働かせるため、毎日タンク車一台分にもなる血液を送り出している。そして、二十トンの石炭を高さ九十センチに積み上げるほどのエネルギーを、二十四時間のうちに消費しているのだ。こうしたものすごい働きを、五十年、六十年、そして七十年と心臓は続けるのである。なぜ、そんな働きができるのだろう？　ハーバード大医学部のウォルター・B・キャノン博士は、こう説明している。

「ほとんどの人は、心臓とは常に働き続けているものだと思っているはずです。しかし実際には、収縮するたびにちゃんと一定時間、休止状態になっているのです。たとえば一分間に七十の心拍で安定しているとすれば、心臓が働いているのは二十四時間のうちわずか九時間になります。つまり、一日に十五時間も心臓は休んでいるわけです」

第二次世界大戦中に六十代後半から七十代序盤を過ごしたウィンストン・チャーチルは、その年齢にもかかわらず一日十六時間働き、イギリス軍の指揮を執った。恐るべき記録である。その秘訣《ひけつ》はどこにあるのだろう？　彼は毎朝十一時まではベッドから出ずに報告書を読み、命令書を口述筆記させ、必要な電話をかけ、それから大事な会議を行った。そして昼食後にもう一度ベッドに潜ると一時間眠り、夕方にはまたベッドに入ると八時の夕食まで二時間ほど眠った。疲れを癒《いや》すためではない。癒す必要がないのだ。彼は、疲労に襲われる前に休んでいたのである。こうして小まめに休憩を取っていたからこそ彼は元気に、夜遅くまで働き続けることができたのだった。

初代ジョン・D・ロックフェラーは、とんでもない記録をふたつ打ち立てた。ひとつは、史上類を見ない巨万の富を築き上げたこと、そしてもうひとつは、九十七歳まで生きたことである。いったいなぜこんなことが達成できたのだろう？　もちろん、長寿の傾向を彼が受け継いでいたというのは大きい。もうひとつの理由は、毎日午後、自分のオフィスで取ることにしていた三十分の昼寝である。ソファの上でごろりと横になると、彼はたとえ大統領から電話があろうと絶対に起きたりしなかったという。

ダニエル・W・ジョスリンは自著『なぜ人は疲れるのか（Why Be Tired）』のなかで「休息というのはなにもしないことではない。回復することなのだ」と書いている。休息には、たとえ五分間という短いうたた寝であろうとも、目覚ましい回復力がある。往年の名野球選手コニー・マックは、昼寝をせずに試合に出ると、五回あたりでくたくたになってしまうと話してくれたことがある。だが、たとえ五分間でも睡眠を取っていれば、まったく疲労など感じることなくダブルヘッダーにフル出場できたというのだ。

エレノア・ルーズベルトは、「大統領夫人として生きた十二年間、なぜあのような激務のスケジュールに耐えることができたのか」という私の質問に、人前に出たり講演をしたりする前には、椅子かソファに腰かけ、二十分間じっと目を閉じるようにしていたのだと答えてくれた。

最近、ロデオ世界選手権のスター選手であるジーン・オートリーに、マディソン・スクエア・ガーデンの控え室で話を聞いた。控え室に、簡易ベッドが置いてあるのが目に留まった。「毎日午後、あそこで横になって、一時間ほど寝てから舞台に出るんだ」。ジーン・オートリーが教えてくれた。「ハリウッドで映画に出るときには、大きくゆったりした椅子で一日二、三十分は昼寝をするね。そうすると、すっかり元気になるんだよ」

トーマス・エジソンがあれほどのエネルギーと耐久力を発揮できたのは、「寝たいときに寝る」という習慣のおかげだったという。

私がヘンリー・フォードに話を聞いたのは彼が八十歳を迎える直前のことだったが、あまりに快活で元気なその姿は、目を疑うほどだった。その秘訣を訊《たず》ねてみると、彼はこう答えた。「座れるときは、絶対に座るようにしているんだよ。そして、横になれるときには絶対に横になることにしている」

アメリカ公教育の父ホーレス・マンも、大人になってからは同じ習慣に従っている。アンティオーク大学の学長時代には、いつもソファに寝転がったまま学生たちの面談を行ったというのだ。

かつて、あるハリウッドの映画監督にもこれを勧めてみたことがあるのだが、彼はその結果、奇跡的な効果を得ることができたという。彼は、メトロ・ゴールドウィン・メイヤーのトップ監督のひとり、ジャック・チャートクである。数年前に私のところに来た頃、MGMの短編部門の責任者だった彼はすっかりぼろぼろに疲弊してしまっており、強壮剤、ビタミン剤、医薬品など、ありとあらゆるものを試していた。だが、どれも大して効き目はなかった。そこで私は、毎日休みを取るようにアドバイスをした。脚本家たちとオフィスで会議をするときにも、体を横にして全身をリラックスするよう伝えたのだ。

その二年後に再会した彼は「奇跡が起こったよ」と言った。「医者にそう言われたんだ。前ならば短編の会議でも、気持ちをじっと張り詰めさせて椅子に座っていたんだ。でも今は、カウチに寝そべりながら会議をしている。この二十年で、こんなに元気なのは初めてだよ。前より一日二時間も多く働いてるのに、滅多に疲れたりしないんだ」

さて、あなたにもこの方法が使えるだろうか？　もしあなたが速記者ならば、エジソンやサム・ゴールドウィンのように事務所で昼寝というわけにもいかない。あなたが会計士なら、ごろごろ寝転がったまま上司と財務表について語り合うわけにもいかない。だが、もし昼食の時間に余裕があれば、食後に十分の昼寝くらいはできるはずだ。ジョージ・C・マーシャル将軍は、これを習慣にしていた。戦時中に陸軍の指揮で忙しかった将軍は、休むならば昼しかないと考えていたのだ。もしあなたが五十歳を過ぎて、とてもそんな時間は取れないほど忙しいのであれば、すぐにかけられるだけの生命保険を自分にかけるべきだ。最近では葬儀代も急激に高騰しているし、あなたの奥さんも、保険金をたんまり受け取って若い男と結婚したがっているかもしれない。

昼寝をするのが無理でも、夕食前にすこし横になろうとしてみることくらいは、あなたにもできるはずだ。ハイボール一杯よりもそのほうが安上がりだし、長期的に考えれば、五千四百六十七杯分も効果的だ。午後五時、六時、七時あたりに一時間ほど睡眠を取ったなら、あなたは普段よりも一時間多く起きていられることになる。というのは、夕食前に取る一時間の睡眠と、夜に取る六時間の睡眠の合計七時間は、ぶっ通し八時間の睡眠よりも遥《はる》かに効果があるからだ。

肉体労働者は、休憩を増やすことができたらもっと働くことができる。フレデリック・テイラーはベスレヘム・スチール社で科学的管理の専門家として働いていた当時、これを証明してみせた。彼の調査によると、貨車への詰め込み作業で作業員ひとりにつき十二トン半の銑鉄を割り当てると、正午までにすっかり疲れ切ってしまった。彼は疲労の要素についてあれこれと研究し尽くすと、彼らには一日十二トン半ではなく、四十七トンの割り当てが妥当であると結論を出した。従来の約四倍を割り当てても大丈夫だというのだ。いったいどういうことだろう？

テイラーは、シュミットという作業員を選ぶと、ストップウォッチで時間を計測しながら働かせてみせた。係員をそばに付け、彼にタイムキーパーをさせ「よし、持ち上げて歩く。……よし、座って休憩。よし、今度は歩く。……よし、休憩だ」といった具合に指示を出させたのである。

その結果なんとシュミットは、毎日十二トン半の他の作業員たちを後目《しりめ》に、毎日四十七トンの銑鉄の積み込み作業を成し遂げたのである。そしてシュミットは、テイラーがベスレヘムに身を置いた三年間、ずっとこのペースで仕事を続けた。これを可能にしたのは、「疲れ切ってしまう前に休む」を徹底したことである。一時間のうちおよそ二十六分働き、三十四分が休憩に当てられた。休憩時間のほうが多いというのに、他の作業員の四倍も働いたのである。そんなことはでっちあげだと言うだろうか？　そう思うのならば、彼の著書『科学的管理法の諸原理』（晃洋《こうよう》書房　中谷彪《なかたにかおる》、中谷愛《あい》、中谷謙《けん》訳）に書かれた記録を読んでみてほしい。

もう一度書いておく。

軍隊を見習い、小まめに休息を取ること。心臓と同じように疲れる前に休みを取ること。そうすれば、あなたは普段よりも一時間多く起きていられることになる。

第二十四章　疲労の原因を見極め、対処する

ここに、重要な事実をひとつ紹介しよう。精神的な作業だけでは、人は決して疲れない。ばかばかしい考えに聞こえるだろう。だが数年前、科学者たちにより、人間の脳がどのくらいの時間「機能を低下させずに働き続けられるのか」を調査したことがある。つまり、疲労というものを科学的に定義しようとしたのだ。

だが、脳の血流に疲労のサインがまったく見られなかったことに、科学者たちは目を見張ることになった。勤労中の肉体労働者から採血すると、そこにはあふれんばかりの疲労毒素や疲労生成物が見られる。だが、アインシュタインの血液を覗《のぞ》き込んだとしても、疲労毒素など断じて見つかりはしないのである。

脳というものは、八時間経とうと十二時間経とうと、最初と同じくらい活発に働くことができるものなのだ。このように脳とは疲れ知らずなものなのに、なぜ私たちは、疲れたように感じるのだろう？　精神分析医の間では、疲労は精神的要因と感情的要因から生み出されるというのが定説になっている。イングランドの有名な精神分析医J・A・ハドフィールドは、自らの本『力の心理学』の中で、こんなことを書いている。

「私たちを悩ませる疲労の大部分は、精神的な理由で起こっている。純粋に肉体的な理由で疲弊しきることなど、ほとんどありはしないのだ」

アメリカでもっとも名高い精神分析医といえるA・A・ブリル博士は、もっと大胆な意見を述べている。「デスクワーカーが感じる疲労は百%、精神的要因、つまり情緒的要因によるものである」

いったい、どのような情緒的要因がデスクワーカーの疲労の種になるのだろう？　喜びだろうか？　満足感だろうか？　それはあり得ない。倦怠《けんたい》感、苛立《いらだ》ち、正当な評価をされていないという気持ち、無力感、焦燥感、不安……。こうした情緒的要因がデスクワーカーたちを疲れさせ、風邪への免疫力を低め、生産性を落とし、頭痛を抱えたまま帰宅の途につかせているのである。そう、私たちは感情が生み出した神経的な緊張によって疲れているのである。

メトロポリタン生命保険は、自社のパンフレットの中で疲労について触れ、そのことを書いている。「ハードワークによって、寝ても取れないような疲労が蓄積されることはほとんどありません。不安、緊張、感情の混乱は、疲労の三大要素です。肉体的、もしくは精神的な要因により疲労が生じているように思えても、大抵の場合、その三要素が原因になっているのです。緊張状態にいると、筋肉は休まることができません。気持ちを楽にして、大事な仕事のためにエネルギーを蓄えることです」

さて、読み進めるのをひとまずやめて、ご自分をチェックして頂きたい。今この本を読みながら、あなたは顔をしかめていなかっただろうか？　眉間《みけん》に皺《しわ》が寄っていなかっただろうか？　のんびり椅子でくつろぎながら読んでいるだろうか？　肩をいからせてはいないだろうか？　顔の筋肉は強《こわ》ばっていないだろうか？　もし今、あなたの体から古い人形のように力が抜けていないのならば、あなたはこの瞬間にも神経と筋肉に緊張を生み出している。自ら神経を張り詰めさせ、神経を疲弊させているのだ。

なぜ精神的な労働をしていると、私たちはそんな不要の緊張を生み出してしまうのだろうか？　ジョスリンは「私は、大きな障害物があるのに気がついた。それは『一生懸命打ち込む気持ちがなければ、ハードワークはうまくこなせない』という誤解がまかり通っていることである」と言っている。だから私たちは集中しようと眉《まゆ》をひそめ、肩をいからせ、努力するのだと筋肉を強ばらせるが、そんなことをしても脳の力にはまったくならないのである。

実に胸の痛む話だ。お金ならば誰も無駄になどしたいと思わないだろうが、エネルギーについては、酔っぱらった水夫のように湯水のごとく無駄にしているのだから。

神経からくる疲労を解決するにはただひとつしか道はない。とにかく、とにかく、休息すること以外にないのだ。休息しながら仕事をする方法を、身につけるしかないのだ。

だが、これは簡単ではない。ともすれば、生涯の習慣をまるごと変えなくてはいけなくなるかもしれないからだ。だが、人生に革命が起こるのであれば、それもお安いものだ。ウィリアム・ジェームズは『安らぎの福音（The Gospel of Relaxation）』の中で「緊張を背負い込み、ぎくしゃく振る舞い、気ぜわしく生き、神経をとがらせ、言いたいことも言えない。アメリカ人は悪い習慣にまみれている。まったく意味がない」と書いている。緊張感とは、習慣である。休息もまた、習慣である。悪い習慣は壊すことができるし、いい習慣は身につけることができる。

では、どうやってリラックスすればいいのだろう？　心から始めるのだろうか？　それとも神経から始めるのだろうか？　どちらでもない。リラックスは、常に筋肉から始めなくてはいけない。では、やってみよう。まずは手始めに、目から始めてみたい。この章を読み終わったら椅子にもたれかかり、瞳《ひとみ》を閉じ、自分の目にそっと声をかけてみてほしい。「よしよし、休め。力を抜いて、緊張をほぐすんだ。休め、休め」。これを一分ほど、とてもゆっくり繰り返してみよう。

すぐに、その言葉に目の筋肉が従いだしたのがお分かりいただけただろうか？　まるで誰かの手が、さっと緊張をほぐしてくれたように感じなかっただろうか？　信じがたいかもしれないが、この一分間であなたはリラックスに関するカギと秘訣《ひけつ》とを、すべて自ら実践してみせたのだ。顔の筋肉に語りかけて顎《あご》を、肩の筋肉に語りかけて首を、そして全身を、あなたは同じようにリラックスさせることができる。だが、とにもかくにも最も重要な器官は目である。シカゴ大学のエドモンド・ジェイコブソン博士は「もし目の筋肉を完全にリラックスさせられるなら、どんな問題でも忘れることができる」とまで言っている。なぜ、神経の緊張を取り去るのに目がそんなにも重要なのかというと、目が全身の神経エネルギーの実に四分の一を消費しているからである。目に問題のない人びとが眼精疲労にさいなまれるのも、これが理由である。目を緊張させてしまっているのだ。

有名な小説家ヴィッキイ・バウムは、少女時代に出会ったある老人から、もっとも重要な教訓を学んだという。彼女が転んで膝《ひざ》に切り傷を作り手首を痛めたとき、ひとりの老人が立ち上がらせてくれた。元はサーカスでピエロをしていたというこの老人は、彼女に言った。「けがをしたのは、君が体をリラックスさせる方法を知らなかったからだよ。履き古したよれよれの靴下みたいに、力を抜かなくちゃいけないんだ。どれ、私が見せてあげよう」

老人は彼女や他の子供たちを集めて、転びかたやでんぐりがえし、そして宙返りのしかたなどを教えてくれた。「自分のことをよれよれの靴下なんだと思い込みなさい。そうすれば、体の力が抜ける！」と言いながら。

いつでもどこでも、人はリラックスできる。だが、リラックスしようとしてみてはいけない。すべての緊張と力を抜いてこそのリラックスなのだから。気持ちを軽くし、くつろいでいる自分を想像する。まずは目と顔の筋肉を緩めるところから始め、「休め……休め……休んでリラックスしよう」と声に出してみる。顔から力が抜けて体の中心へと向かってゆくのを感じながら、まるで赤ん坊のように緊張から解放された自分の姿を思いえがいてみるといい。

偉大なソプラノ歌手ガリ＝クルチは、これを実践していた。ヘレン・ジェプソンから聞いたのだが、公演前になるとガリ＝クルチは椅子に腰かけ、下あごががっくりと落ちるほど全筋肉を緩めていたという。ステージに出る前の緊張をほぐすには、この上ないリラックス法である。これにより、疲労を予防することができたのだ。

リラックス法を身につけるための、五つのカギを書いておこう。

一　デイヴィッド・ハロルド・フィンクの『神経があなたの体を狂わせている』（創元社　山口博《やまぐちひろし》訳）を読むこと。この問題について書かれた、最高の一冊だ。

二　暇を見つけてリラックスすること。あなたの体はよれよれの靴下だ。私は常に力を緩めることを忘れないよう、履き古した茶色の靴下を机の上に置いている。陽だまりで寝ている子猫を抱き上げたことはあるだろうか？　あるならば、その手脚はまるで濡《ぬ》らした新聞紙のようにだらりとしていたはずだ。インドのヨーガ行者も、リラックスを会得するには猫に学べと言《い》う。私はくたくたにくたびれ果てた猫も、神経衰弱を患う猫も、不眠症や不安や胃潰瘍《かいよう》に苦しむ猫も見たことがない。猫のようにリラックスする術《すべ》を身につければ、あらゆる災厄からも逃れられるはずだ。

三　できるだけ楽な姿勢で仕事をすること。肉体の緊張は肩こりと神経の疲労を引き起こす。

四　一日に四、五回ほど自分を見つめ、「手元の仕事を、実際より大変なものだと思い込んでいないだろうか？　仕事にはまったく関係ない筋肉を使ったりはしていないだろうか？」と問いかけてみる。これは、リラックスを習慣化するのには非常に役立つ。デイヴィッド・ハロルド・フィンクは「心理学を熟知している人は、ふたりにひとりがこれを習慣にしている」と書いている。

五　一日の終わりに再び自分を振り返り、訊《たず》ねてみること。「自分はどのくらい疲れているだろう？　疲れているなら、それは精神的な労働のせいではなく、自分の働きかたのせいだ」「その日の仕事の成果を計るため、私は自分がどれだけ疲れているかではなく、どれだけ疲れていないかを考えることにしている」。ダニエル・W・ジョスリンは言っている。「一日の終わりに疲れていたり、神経が疲れて苛立っていたりするならば、その日の仕事が量的にも質的にもうまくいかなかったということだ」もしアメリカ全土のビジネスマンがこのように考えたなら、高血圧に関連する疾患の死亡者数は、一夜にして激減することだろう。疲労と不安で壊れてしまった患者たちでサナトリウムや精神病院がいっぱいになることも、無くなることだろう。

第二十五章　疲労と別れ、若さを取り戻す

昨年の秋のある日、私の知人は世界でもっとも珍しい医療のクラスに出席するためにボストンへと飛んだ。これはボストン診療所で週に一回開かれているもので、患者として参加するためには、定期的に徹底した検査を受けなくてはいけない。だが実を言うと、このクラスで行われているのは心療医療である。応用心理学クラスと呼ばれているのだが、本当の目的は、不安によって病気になった患者たちを処置することである。この患者たちの中には、情動に問題を抱えた主婦が非常に多い。

いったいどのような経緯で、このクラスは始まったのだろう？　一九三〇年、サー・ウィリアム・オスラーの教え子だったジョセフ・H・プラット博士は、あることに気づいた。ボストン診療所にやって来る外来患者たちの多くは、肉体的には何の問題もないというのに、さまざまな病気の兆候を抱えているのだ。ある婦人は関節炎の症状を抱え、手が言うことを聞かなくなっていた。別の婦人は胃がんを示すあらゆる症状が出ており、ひどく苦しんでいた。他の患者たちも、背中痛、頭痛、慢性疲労や、正体不明の痛みなどに悩まされていた。実際に痛みを感じ、やって来るのだ。だが、どんなに綿密に検査

をしてみても、彼女たちの肉体には何の異常も見つからない。昔ながらの医師ならば、すべてを気のせいということにして、片づけてしまったことだろう。

だがプラット博士は、こうした患者たちに「家に帰って忘れるように」と伝えても無駄だということを分かっていた。彼女たちのほとんどは、病気になりたいと思っているわけではない。忘れられるものならば、とっくに自分で忘れているはずなのだ。では、どうすればいいのだろう？

そこで彼は、懐疑的な医療従事者たちの疑念の声を押し切って、このクラスを立ち上げたのだが、これが大成功を収めた。開始から十八年が過ぎた現在、これに出席することで治癒した患者たちは数え切れないほどいるのだ。中には、まるで教会に通うように、何年も信心深くこのクラスに出席を続ける患者たちもいる。私の助手は、九年間ほぼ欠かさず出席しているという女性に話を聞くことができた。彼女いわく初めて診療所を訪れたころは、自分が遊走腎《ゆうそうじん》と何らかの心疾患を患っていると思い込んでいたという。そして、不安と恐れのあまり、きっと自分はとつぜん失明してしまうのだという考えに取り憑《つ》かれていたのだそうだ。だが、現在の彼女は明るく朗らかにしており、体もこのうえなく健康だ。膝の上では孫がすやすやと寝息を立てていても、彼女自身はまるで四十代にしか見えないほどなのである。

「昔は、家族の問題のせいで不安でしかたなく、死んでしまいたいとすら思ったものです。ですがこの診療所に来て、不安など無意味なものだとよく分かり、やめることにしたのです。おかげで今は、すっかり平穏な暮らしを手に入れることができました」

このクラスのメディカル・アドバイザーを務めるローズ・フィルハーディング博士によると、不安を軽減する最善策のひとつは「信頼する誰かに困りごとを相談すること」だという。「私たちはそれを、浄化《カタルシス》と呼んでいます。ここを訪れる患者たちは、すっかり胸が軽くなるまでたっぷりと時間をかけて自分の問題を話すのです。問題をひとりで抱え込んで頭を悩ませていると、神経に大きな緊張をかけてしまいます。私たちは、互いの問題を、そして不安をシェアし合うべきなのです。『世界には、話を聞いて理解してくれる人がいるのだ』という気持ちが大切なのです」

私の助手は、不安を打ち明けることでひとりの女性が明るい顔を取り戻す様子を、そこで目撃した。彼女は自分の抱える不安のこと、つまり家族間のトラブルのことを話し出したが、まるで手がつけられないような興奮状態だった。だが、話し続けるにつれて、徐々にその態度が落ち着いていった。話が終わるころには、口元に笑みすら浮かべていた。問題が解決したのだろうか？　いや、そんなに簡単な話ではない。これは問題を人に打ち明け、ちょっとした助言と同情とを得ることによって訪れた変化なのである。言葉にするということには、こうした変化をも引き起こすことのできる、ものすごい治癒効果があるのだ。

心理分析の一部は、この言葉の治癒効果の上に成り立っている。フロイト以降、「話すことさえできるなら、患者は内なる不安から解放される」ということは、精神分析医たちの常識になっている。なぜ、ただ話すだけのことにそんな効果があるのだろう？おそらく人は言葉にして話すことで問題そのものへの理解をすこし深めたり、客観性を持って見つめたりすることができるのだ。確かなことは分からない。だがそれでもこうして吐き出すことですぐに楽になるというのは、間違いのないことである。

今度あなたが感情的な問題を抱えたならば、ぜひ誰か打ち明けることのできる相手を探してみてほしい。無論、見かけた人びとに手当たり次第、不平不満をぶつけて、みんなを困らせようと言っているわけではない。信頼できる誰か——身内か医師、弁護士、神父、牧師など——を探して約束を取り付け、こう話してみればいいのだ。「アドバイスが欲しいのです。自分ではどうにもできない不安を、言葉にして聞いてほしいのです。あなたは私とは違う角度から見ることができるでしょうし、そのアドバイスを聞かせて欲しいのです。もしなにも思い浮かばなかったとしても、ただ座って聞いていてくれるだけで、私はどれほど救われるか分かりません」と。

もし打ち明けられるような相手が誰も見つからないのであれば、セーブ・ア・ライフ連盟のことを憶《おぼ》えておいてほしい。これは、ボストン診療所とは無関係の組織だが、世界に類を見ない連盟である。この組織の目的は本来、自殺志願者の救済であった。だが年を追うにつれて、不幸や精神的な問題を抱える人びとのカウンセリングを行うことも、その活動の視野に含まれるようになっていった。私は何度か、ここを訪れる人びとにアドバイスを送っているローナ・B・ボネル夫人に話を聞いたことがあるが、この本の読者からの手紙にならば、喜んで答えると言ってくれた。

ボストン診療所では、この「人にすべて話す」ということを主なセラピーとして採り入れているが、そこで採用されている他の方法も紹介しておこう。誰にでも自宅で行うことができる方法である。

一　感銘を受けた言葉を、ノートかスクラップブックに書き留めておく。そして、詩でも祈りの言葉でも引用でもいいので、自分の胸に響き、元気づけてくれた言葉をそこに書き留める。そうすることにより、たとえば雨の降る陰鬱《いんうつ》な午後に気持ちが落ち込んできたときなどに、自分を救い上げてくれる言葉をそこに見つけることができるわけだ。ボストン診療所では、こうしたメモを何年も取り続けている患者たちがいる。彼らはこれを「心の注射」と呼んでいる。

二　他人の短所を見て、いつまでもくよくよしないこと。誰にでも欠点などあるものだ。もし相手が聖者なら、きっとあなたのそばになどいないだろう。ボストン診療所のクラスに出席するある女性は、自分が愚痴ばかりこぼす疲れ顔の主婦になりかけているのを知っていたが、「もし今ご主人が亡くなったらどうしますか？」と訊《き》かれ、はっと目覚めた。そしてだしぬけに腰を下ろすと、夫の長所をリストアップし始めた。長所はどんどん出てきた。もし夫が亭主関白で結婚生活がままならないと悩んでいるのなら、あなたもこれを試してみてはどうだろう？　夫の長所をずらりと並べてみたならば、彼こそ理想的な結婚相手だったのだと気づくかもしれない。

三　隣人に関心を持つ。ご近所生活を共にする彼らに、ちゃんと親しみと興味とを抱いてみるのだ。「自分は人と違いすぎるから友だちができない」と悩んでいるある女性は、次に会った誰かについてなにか話を考えてみるように告げられた。彼女はバスに乗ると乗客たちを眺めながら、いったいどんな暮らしをするどんな人たちなのだろうと想像を巡らせた。そして、今までどんな人生を生きてきたのだろうと考えてみた。なにより大きいのは、彼女が行く先々で人に話しかけてみたことである。今の彼女は胸の痛みから解放され、幸福で活《い》き活《い》きとした毎日を送る、魅力的な女性になっている。

四　眠りに就く前に、明日の予定表を作っておく。ボストン診療所のクラスでは、「永遠に繰り返される逃れられない仕事」が人びとを追い立て、苦しめていることが分かっている。やってもやっても仕事が終わる日は訪れず、人びとは時間に追われ続けているのだ。この焦燥感と不安とを解消するには、毎晩翌日の予定表を作っておくのがいいとされている。その結果、よりすくない疲労でより多くの仕事を成し遂げることができたうえに、達成感も味わえ、余った時間に休んだり遊んだりすることもできたのだった（女性の場合は、化粧やおしゃれに使う時間も重要だ。個人的な意見だが、自分の外見に満足するほど、女性は神経の緊張を軽く済ませることができるからだ）。

五　最後に、緊張と疲労とをさけること。とにかく、休息が大事である。緊張と疲労ほど、人を早く老けさせるものはない。これほどまでにあなたの若さと外見とを破壊するものは、他にないのだ。ボストン思考コントロール・クラスに出席した私の助手は、一時間ほど責任者であるポール・E・ジョンソン教授の話を聞いていた。内容は、この本でも触れてきたようなリラックスの原理の数々なのだが、それを聞きながら他の出席者と一緒にいろいろと体をほぐすエクササイズを試しているうちに、十分ほどで座ったまま眠りこけそうになったという。なぜ、体をほぐすということにそんなに重点を置いているのだろう？　それはボストン診療所が——他の医師たちも同様だが——不安を追い出すことができれば人はリラックスするのだと熟知しているからである。

人は、リラックスしなくてはいけない。自宅にいれば、いつでもどこでも、床の上に寝転がることができる。意外に思われるかもしれないが、リラックスするのであれば、ふかふかのベッドよりも硬い床の上のほうがいい。ベッドより抵抗が強いので、背骨のためにいいのだ。

では、自宅でできるエクササイズをいくつか紹介しよう。一週間ほど試してみて、自分の外見にどんな変化が現れるのか、その目で確かめていただきたい。

A　疲れを感じたら床に横になり、できるだけ全身を縦に伸ばしてみる。転がりたければ、ごろごろ転がってみてもいい。一日に二度、これをすること。

B　目を閉じる。そして、ジョンソン教授が勧めているように、「頭上には太陽が昇っている。空は青く輝いている。景色は静かで、穏やかで、自分は子供のように宇宙と調和している」と口にしてみる。祈りの言葉ならば、なおいいだろう。

C　何らかの事情で寝転がるのが無理ならば、椅子に座ったままでも同じような効果を得ることができる。硬くて、背もたれのしっかりした椅子のほうがリラックスするには向いている。エジプトの彫像のようにまっすぐにそこに腰かけ、手のひらを下にして太ももの上に乗せよう。

D　次に、つま先にゆっくりと力を入れ、今度は楽にしていく。今度は脚の筋肉に力を入れ、続いて緩める。つま先から首にかけて、あらゆる筋肉をこうして力ませ、緩めていく。最後に、前章で触れたように「休め……休め……」と言いながら、頭をゆっくりと、じっくりと回してゆく。

E　ゆっくりと規則正しい呼吸を繰り返し、神経を鎮める。胸の底から呼吸をすること。インドのヨーガ行者の言うとおり、リズミカルな呼吸は神経を鎮める最高の手段である。

F　顔に刻まれた皺《しわ》や表情の険しさを意識し、これをすべて取り払う。眉間《みけん》の皺と、口元のほうれい線を伸ばすこと。これを一日に二回行えば皺はすっかり消え去り、エステサロンでマッサージを受ける必要もなくなるだろう。

第二十六章　疲労と不安を予防する四つの習慣

あなたを変える仕事の習慣その一：今抱えている仕事に関係ある書類以外、すべて机の上から片づける。

シカゴ&ノースウェスタン鉄道の社長、ローランド・L・ウィリアムズは、こんなことを言っている。「机の上にあらゆる事案の関連書類を積み上げている人は、今取り組んでいるもの以外すべて片づけてしまうと、仕事がより迅速に、そして正確になる。私はこれを『片づけ上手の法則』と呼んでいるが、これぞ能率向上への最初のステップだと思っている」

ワシントンの国会図書館に行くと、詩人ポープの言葉が天井に書かれている。

「秩序は天の第一の法則」

ビジネスにおいても、秩序は第一の法則でなくてはならない。だが現状では、ビジネスマンの机の上には何週間も見ていないような書類が山と積み上がっている。以前話を聞いたニューオーリンズの新聞社などでは、二年間行方不明になっていたタイプライターが、その下から発掘されたことがあるらしい。

机の上に未返信の手紙や報告書やメモが積み上がっていると、人は混乱し、緊張し、不安になるものだ。だが、それだけでは済まない。「やることが山積みなのに時間がない」と常に意識させられるせいで、緊張と疲労にさいなまれるだけでなく、高血圧や心疾患、胃潰瘍《いかいよう》が引き起こされる可能性まで出て来てしまうのだ。

ペンシルバニア大学医学大学院の教授、ジョン・H・ストークス教授は全米医学会において『内臓疾患に併発する機能的ノイローゼ』という研究報告を読み上げた。その中で博士は、「患者の精神状態に関する留意点」と題して十一項目の条件を挙げた。最初の条件は「未処置の問題が目の前に積み上がっていることによって感じる、使命感と義務感による緊張感」となっている。

だが、机を整理したり決断を下したりという初歩的なことで、なぜ高血圧や義務感、そして「未処置の問題が目の前に積み上がっていることによって感じる緊張感」が予防できるのだろう？　有名な精神分析医のウィリアム・L・サドラーは、この単純な方法だけで神経衰弱を免れた患者について語っている。この患者というのは、シカゴのとある大会社の社長なのだが、サドラー博士のオフィスを訪れたときには、神経をぴりぴりと尖《とが》らせ、不安に悩まされた状態だったという。そのままでは神経が崩壊してしまうと知りながらも、仕事を辞めるわけにはいかないというのだ。彼には、誰かの助けが必要だった。サドラー博士は、そのときのことをこう振り返っている。

「彼から話を聞いているときに、電話のベルが鳴り響きました。病院からの電話だったのですが、私は後回しにはせず、その場で決断を下してしまいました。できる限り、その場で決断してしまうようにしているのです。電話を切ってすぐ、また別の電話がかかってきました。またしても緊急の用件だったので、しばらく電話で話し合いをしました。電話を切ると、今度は同僚の医師が部屋に入ってきて、末期患者のことで相談したいと言ってきました。三度目の中断です。その相談ごとが片付くと、私は待たせてあった彼のところへ戻って謝りました。ですが、彼は顔を明るく輝かせているではありませんか。さっきまでとはまるで別人のようでした」

男は「いえいえ、謝らないで下さい、先生」とサドラー博士に言った。「この十分間で、私は自分のどこがいけなかったのかがぜんぶ分かりましたよ。オフィスに戻って、仕事の習慣をすっかり変えなくちゃ。ですがその前に、ちょっとデスクの中を見せてはもらえませんか？」

サドラー博士は机の引き出しを開けてみせた。いくつか事務用品が入っている以外、すっかり空っぽである。患者はそれを見ると「未処理の仕事はどこにしまっておられるんです？」

「未処理のものなどありませんよ」

「では、まだ返事を書いていない手紙などは？」

「ぜんぶ返信済みです」。サドラー博士は答えた。「返信せずに放置したりはしないのを、決まりごとにしていましてね。すぐに秘書に返事を口述させているんですよ」

六週間後、この社長はサドラー博士を自分のオフィスに招待した。彼は見違えるようだった。机まで見違えるようだった。彼が引き出しを開けても、未処理の仕事はどこにも見当たらなかった。社長が博士に言った。

「六週間前は、ふたつのオフィスに三つのデスクを置いて、仕事の山に埋もれていたんです。やってもやっても終わらない。ですが先生と会ったあの日、私は戻ってくると報告書や古い書類をぜんぶ処分してしまったんです。今は一度にひとつと決めて、来た仕事をぱっぱと片づけてしまうので、滞った書類の山を気にしてぴりぴりしたり、不安になったりすることはまずありません。ですが、いちばんびっくりしたのはこうして自分がすっかり元気になってしまったことですよ。悪いところなど、どこも無くなってしまいました」

合衆国最高裁判所で裁判長を務めたチャールズ・エヴァンズ・ヒューズは「人は過労で死ぬのではない。消耗し、不安になって命を落とすのだ」と言っている。まさにそのとおり。エネルギーの消耗と、仕事が思い通りに捗《はかど》らない不安とが、命取りになってしまうのである。


あなたを変える仕事の習慣その二：重要なものから仕事を片づけること。

アメリカ全土に支社を持つシティー・サービス・カンパニーの創設者、ヘンリー・L・ダハティは、どんなに給料を払っても得られない能力がふたつあるという。そのかけがえのない力とは、まず考える力のこと。そしてふたつめは、重要なものごとから順に片づける力である。

チャールズ・ラックマンはゼロからのスタートで十二年後に、ペプソーデント社の社長にまで登り詰めた人物である。年収十万ドルのサラリーの他に百万ドルの収入を持つ彼が言うには、彼の成功の秘訣《ひけつ》はヘンリー・L・ダハティが「ほぼお目にかかれない」とする、このふたつの才能を伸ばしたことだという。チャールズ・ラックマンは、こう振り返っている。「記憶にある限りずっと昔から、私は朝五時には起きるようにしていた。その時間は頭がよく働いてくれるからね。そこで一日のプランを立てて、仕事の重要度に応じて順序を決めていくわけさ」

アメリカでもっとも成功した保険セールスマン、フランク・ベトガーはさらに早い。前日の夜のうちに翌日の目標を立て、どれだけの保険を売るかをそこで決めてしまうのだ。これが達成できなければ、その分は翌日へと繰り越されることになる。

私は長い経験を通し、「重要なものから行う」ということがどれほど簡単でないかは分かっている。だが、成り行き任せの無計画で仕事をするよりも、重要なことから手をつけるよう計画するほうが遥《はる》かにいいことも、よく分かっている。

ジョージ・バーナード・ショーも「重要なものから行う」を鉄則としていたが、もしそうでなければ、きっと一銀行員としてその生涯を終えていたことだろう。彼は、一日に五ページの執筆を自分に課していた。計画と、それを死守する決意とが、バーナード・ショーを救うことになる。彼は絶望の九年間、そうして毎日五ページを書き続けた。その間の総所得はたったの三十ドル、実に一日一ペニーにしか過ぎなかった。

あなたを変える仕事の習慣その三：問題に行き当たったとき、決断できるだけの材料が手元にあるならすぐに決断すること。先延ばしにしてはいけない。

私の元生徒であったH・P・ハウエルは、かつてUSスチールの取締役だった当時の取締役会について話してくれた。とにかく長時間にわたりあれこれと問題を話し合うのに、結論がでるのはほんのわずかだけだというのだ。そして、それぞれの取締役は自ら精査すべく、報告書を自宅へと持ち帰らなくてはいけなくなるのだ。

しびれを切らしたハウエル氏は取締役会に対し「一度にひとつの問題を取り上げ、結論を出すべきだ」と力説した。先送りや延期は無し、というわけである。手持ちの情報だけでは判断できない場合もあるし、何らかの手を打ってからでないと進めない場合もある。だが、とにかく結論を出してからでなくては次の案件には移らない、ということを徹底したのである。

この決定は、実に目覚ましい効果を発揮してくれ、案件リストも日程表も、すっかり綺麗《きれい》になったという。取締役たちが自宅に報告書を持ち帰るようなことも無くなった。そして、未解決の問題がいくつも手つかずで放置されているという不安も消し去ることができた。

これはUSスチールの取締役会だけでなく、あなたにも有効なルールである。

あなたを変える仕事の習慣その四：計画し、人に任せ、管理する。

他人に仕事を任せずすべて自分で片づけようとして、若くして自分を死へと追い込んでいるビジネスマンたちは多い。その結果、彼は雑事と混沌《こんとん》とですっかりわけが分からなくなってしまい、焦燥感、不安、心配、そして緊張感に追い立てられるようになってしまう。人に仕事を任せるというのは、確かに簡単なことではない。本当に難しいことだと言ってもいい。また、間違った人選をしてしまいとんでもない失敗を招いてしまうことがあるのも事実である。だが、不安、緊張、疲労から解放されたいのであれば、それでも誰かに仕事を任せるようにしなくてはいけない。

大きな仕事をしているのに、計画し、人に任せ、それを管理する方法を知らない人は、往々にして五十代か六十代の序盤で、緊張感と不安感による心臓トラブルに見舞われることになる。具体的な証拠が欲しいのならば、新聞の死亡記事欄を見れば一目瞭然《りょうぜん》だ。

第二十七章　疲れ、不安、イライラの元凶、倦怠感を消し去るには

疲労を生み出す主な原因のひとつが、倦怠感《けんたい》である。アリスという速記者の話を例に説明しよう。ある夜、アリスはぐったりとくたびれきって帰宅した。見るからに疲れていた。くたくただ。頭痛がする。背中も痛い。夕食などそっちのけで、もう眠ってしまいたい。だが、母親に呼ばれるままに彼女は食卓に着いた。と、電話が鳴り響いた。恋人がダンスに誘ってきたのだ。彼女は目を輝かせ、たちまち元気になった。自分の部屋へと階段を駆け上がってブルーのガウンに着替え、午前三時まで踊った。そして自宅へと戻ったときには、疲れなどどこかに吹き飛んでいた。むしろ、元気が余ってしまい眠れなかったほどだった。

さて、くたくたになって帰宅した八時間前、彼女は本当にくたびれきっていたのだろうか？　もちろん、くたびれていた。なぜなら仕事に、いや、もしかしたら人生に飽きしてしまっていたからだ。彼女のような人は、数え切れないほどいる。あなたもそうかもしれない。

疲労とは肉体の消耗よりも感情の消耗に大きく左右されるものだ、というのは周知の事実である。数年ほど前、ジョセフ・E・バーマック博士は『心理学アーカイブ』という著書の中で、疲労が倦怠感を生み出すことを示す実験結果を掲載した。彼は学生の一グループに、つまらないテストを何問もやらせた。すると学生たちは疲労と睡魔に襲われ、頭痛と目の疲れ、いらいら感を訴えた。胃の不調を訴える学生までいた。これらはみな、学生の思い込みによる症状だったのだろうか？　そうではない。学生たちを対象に代謝試験を行ってみたところ、退屈しているときには血圧と酸素消費量が低下していることが分かった。そして、目の前の作業に興味を感じると、すぐに代謝数値が上昇を始めていたのである。

興味のあることや楽しいことをしていると、人はなかなか疲れない。たとえば、私は最近カナディアン・ロッキーのレイク・ルイーズで休暇を取った。数日ほどコーラル・クリークでマス釣りを楽しみながら、背丈よりも高い草を掻《か》き分けて歩き、丸太につまずき、倒木をくぐり抜けるようにしながら実に八時間も歩いたというのに、まったく疲れたりしなかった。なぜだろう？　それは私が興奮し、心から楽しんでいたからである。大きなマスを六匹も釣り上げ、ものすごい達成感を感じていた。だが、もし釣りにすっかり退屈していたら、私はどんなふうに感じていただろう？　海抜二千メートル超の強行軍に、すっかりぼろぼろに疲れ果ててしまっていたに違いない。

そのように、たとえば山登りのような過酷な状況においてさえ、肉体的なつらさよりも倦怠感のほうが、よほど大きく人を疲れさせる。たとえばファーマーズ＆メカニックス・セービング銀行の頭取、Ｓ・Ｈ・キングマンの話は、実によくこのことを物語っているといえる。一九四三年七月、カナダ政府はカナダ山岳会に対し、プリンス・オブ・ウェールズ・レンジャー部隊の兵士たちに行う登山訓練のためにガイドを集めてほしいという要請を出した。キングマンは、そのときに選ばれたガイドのひとりである。四十二歳から四十九歳のガイドたちは、若い兵士たちの先に立って氷河を越え、雪原を渡り、ロープと小さな足場と手がかりとを頼りに、高さ十二メートルの断崖《だんがい》を登って行った。マイケルズ・ピーク、ヴァイスプレジデント・ピーク、そしてヨーホー渓谷に連なる名もなき山の数々を、彼らは登り続けた。こうして十五時間も登り続けると、六週間の特殊訓練を終えて体力が充実していたはずの若い兵士たちは、すっかりくたくたに疲れ果ててしまった。

彼らは、訓練でしっかり筋肉を鍛えなかったから、疲れ果ててしまったのだろうか？そんなことを言えば、特殊訓練の経験者に鼻で笑われるに違いない。彼らがそんなにも疲れたのは、山登りにうんざりしきってしまったからだ。全員がくたくたになってしまい、食事を待たずに眠りに落ちてしまった者も多かった。だというのに、彼らより二、三倍も年上のガイドたちは疲れも知らずぴんぴんしており、食事を食べてからも遅くまでその日のできごとを語り合っていたのである。登山を楽しんだからこそ、彼らは疲れなかったのだ。

コロンビア大学のエドワード・ソーンダイク博士は疲労についての実験を行い、被験者の若者を約一週間も眠らせずに興味を常に引きつけ続けた。博士は入念な調査の末「仕事量の低下の真の原因は、倦怠感である」と述べている。

あなたが頭脳労働者なら、仕事のしすぎで疲れるということはほとんど無いと言っていい。逆に、できていない仕事がありすぎて疲れるのだ。たとえば、先週は仕事をしようとするたびに何らかの邪魔が入った。手紙にも返信していない。アポイントメントがキャンセルになった。問題は山積だ。あの日はなにをしても上手《うま》くいかなかった。なにも捗《はかど》らなかったのに、あなたは頭が割れるような頭痛を抱え、ぐったりと疲れ果てて帰宅する。

翌日は、なにもかもが上手く運んだ。あなたがこなした仕事量は、前日の実に四十倍にものぼったほどだ。そしてあなたは、雪のように白いクチナシの花のごとく澄み渡る気持ちで帰宅した。誰にでもそんな経験があるはずだ。私も例外ではない。

教訓は、非常にシンプルだ。「疲労は仕事のせいとは限らず、往々にして不安やフラストレーション、いらいら感によって生み出されている」ということだ。

この章を書いている途中、私はリバイバル上演されたジェローム・カーンのミュージカル・コメディ『ショー・ボート』を観に行った。コットン・ブロッサムのアンディ船長が、幕間劇《まくあい》で「好きなことができる人間が運のいい人間というものさ」と彼の哲学を唄《うた》っていた。そう、彼らはより多くのエネルギーと幸福を持ち、不安と疲労を味わわなくて済む、運のいい人間なのだ。最愛の恋人と十キロ歩くことよりも、ぼやいてばかりの女房と街を一区画歩くことのほうが、遥《はる》かに人をくたびれさせる。

しかし、そうは言ってもどうすればいいのだろう？　ここでオクラホマ州タルサの製油会社に勤める、ある速記者の話をしよう。毎月数日ほど、彼女は最高に退屈な仕事をしなくてはならない日があった。石油の賃貸契約書に数字や統計量を書き込んでゆく仕事だ。それがあまりに退屈でたまらなかったため、彼女は何とかしなくてはいけないと思い立ち、楽しい仕事に変えてしまうことにした。毎日自分が午前中に何枚の契約書を作成したかを数え、午後にその記録と戦うのである。さらに一日の合計枚数を記録し、翌日はその記録に挑戦する。そうして彼女はすぐに、同じ部署のどの速記者よりも大量の書類をこなすことができるようになってしまった。しかし、だからといって賞賛の的になったわけでも、感謝されたわけでも、昇進したわけでも、昇給されたわけでもない。だが、なにはともあれ退屈による疲労を防ぐことはできたし、彼女にとっては精神的な刺激にもなった。彼女はつまらない仕事をできるだけ楽しもうとすることでより強いエネルギーと熱意とを抱き、余暇を最高に楽しむことができるようになったのである。この話は本当だ。彼女と結婚した私が言うのだから間違いない。

別の速記者の話をしよう。自分の仕事を楽しもうとすることで報われた女性の話だ。

名前をヴァリー・G・ゴールデンという彼女は、イリノイ州エルムハースト、サウス・ケニルワース通りに住んでいる。彼女は、こんな手紙を私に送ってくれた。

「私のオフィスには速記者が四人いるのですが、それぞれが四、五人の手紙の口述筆記を担当しています。ときどき、とにかく仕事が多くて目が回ってしまうこともあります。以前、長い手紙を作り直すよう副部長に言われたのですが、私は断りました。そして、すこし修正を加えるだけで済むのではないかと言ったのですが、部長は、ならば他の誰かを探して作り直させるというのです。私はすっかり頭に来てしまいました。結局作り直し始めたのですが、ふと、自分が今しているこの仕事をしたいと思っている人は他にもたくさんいるのだ、という気持ちが湧いてきました。それに、私はその仕事でお給料を貰《もら》っているのです。そう思うと、怒りが鎮まってきました。そして、たとえ面倒でも自分の仕事を楽しむことにしようと心に決めたのです。そして、とても大事なことに気づいたのです。それは、『楽しんでいる気になれば仕事は本当に楽しくなり、仕事を楽しむほど能率が上がってくる』ということです。おかげで今では、残業とはすっかり無縁の生活を送ることができています。こうして仕事との向き合いかたを変えたおかげで、職場の私の評価も上がりました。そして、『君は不満も言わずによく仕事をしてくれるから』と、ひとりの部長が私を個人秘書にしたいと申し出てくれたのです。この気持ちの持つ力は、私にとってかけがえのない発見になりました。まるで魔法です！」

彼女はおそらく自分でも気づかないうちに、『あたかもの哲学』を使っていたのだろう。ウィリアム・ジェームズは、人はあたかも勇気があるように行動すれば本当に勇気が湧いてくるし、あたかも幸福であるようにしていれば本当に幸福になれるのだと説いている。

あなたも、あたかも仕事を楽しんでいるようにすこし打ち込んでみれば、本当に楽しくなってくる。そうすれば疲労と緊張感と不安とは軽減されるだろう。

数年前のこと、ハーラン・ハワードは、人生をぐるりと変えてしまう決断を下した。自分が日々向き合っている退屈な仕事を楽しもうと、決意を固めたのである。他の少年たちが野球をしたり女の子たちと遊んだりしている間、彼は高校の食堂で皿洗いをしたり、カウンターをみがいたり、アイスクリームを盛りつけたりして働いていた。仕事は退屈でたまらないが、かといって辞めるわけにもいかない。

そこでハーラン・ハワードはアイスクリームの製造法や、材料や、なにが味の違いを生み出すのかといったことを勉強してみることにしたのである。彼はアイスクリームの化学を学ぶと、高校の化学の授業でめきめき成績を上げていった。そして食品化学にすっかり魅了されるとマサチューセッツ州立大学へと進学し、食品技術を専攻したのである。当時、ニューヨーク・ココア取引所が賞金百ドルをかけ、ココアとチョコレートの利用法についての論文を募集した。さて、受賞したのは誰だろう？　そう、他ならぬハーラン・ハワードである。

ハーラン・ハワードは就職活動に挫折《ざせつ》すると、マサチューセッツ州アムハースト、ノース・プリーザント通りにある自宅の地下室に自分の研究室を作った。牛乳に含まれるバクテリアを数えなくてはいけないよう法改正がなされたのは、その直後のことである。ハーラン・ハワードは十四社からこの業務を委託され、助手をふたりも雇わなくてはいけないほど忙しくなった。

さて、二十五年後のハーラン・ハワードは、いったいどんな人物になっているだろう？　今食品化学業界を動かしている人びとは、そのころには退職するか、死んでしまっており、今やる気と熱意に突き動かされている若者たちが、その後釜《あとがま》についていることだろう。二十五年後のハーラン・ハワードはきっと業界の先駆者のひとりとなっているに違いない。そのとき、彼がアイスクリームを売っていたころの同級生たちは、職を失いがっくりうなだれ、政府への恨みごとをつらねながら、「自分にはチャンスが無かった」などとこぼしているのかもしれない。だが、ハーラン・ハワードがもし自分の退屈な仕事を楽しもうと思わなかったら、彼にもチャンスなど訪れはしなかったのである。

さて、別の若者の話をしよう。数年前、工場の旋盤でボルトを作る仕事をし、すっかり退屈しきっていた若者の話だ。名前をサムというこの若者は仕事を辞めたくてたまらなかったが、新しい仕事が見つからないのではないかと思うと、恐ろしくて辞められずにいた。そこで彼はこの退屈な仕事を続ける代わりに、それを楽しんでやろうと思い立ったのである。彼は、隣の機械で働く工員と勝負することにした。ひとりがまだ粗い金属の表面を磨き上げ、もうひとりが直径をそろえてちゃんとしたボルトへと仕上げてゆく。ふたりはときどき機械を交換し、どっちが多くボルトを作れるかを競い合った。現場監督はサムの仕事の速さと正確さとに感銘を受けると、すぐにもっといい仕事を彼に任せた。ここから、サムの昇進劇場が幕を開ける。三十年後サム、いや、サミュエル・ヴォークレーンはボールドウィン・ロコモーティブ・ワークスの社長に就任した。だが、あのとき退屈な仕事を楽しもうと思っていなかったならば、彼は機械工のまま人生を送り続けていたに違いない。

有名なラジオのニュース解説者H・V・カルテンボーンも、退屈な仕事を楽しみに変えた人物のひとりだ。二十二歳のころ、彼は太平洋を渡る家畜運搬船で、家畜に餌や水をやりながら働いていた。イギリスを自転車旅行で回った彼は、空腹と空の財布を抱えてパリに辿《たど》り着いた。そこでカメラを売ってニューヨーク・ヘラルド紙のパリ版に就職希望の広告を出し、立体幻灯機のセールスマンの仕事にありついた。ふたつ並んだ同じ画像を見る、今となっては昔懐かしの立体双眼鏡《ステレオプティコン》である。これは実に不思議だった。双眼鏡に取り付けられた二枚のレンズを通して見つめていると、二枚の写真がひとつに組み合わさって、写真に奥行きが生まれてしまうのだ。あの距離感や遠近感に驚かされた人びとは、当時たくさんいたことだろう。

さて、カルテンボーンはフランス語も話せないまま、パリの家から家を回ってこの機械を売り歩き始める。それなのに、彼は自分に支払われる手数料だけで五千ドルも稼ぎ出し、その年パリでもっとも稼いだセールスマンになってしまった。彼いわくその経験により、ハーバード大で一年勉強するよりも役立つ成功術を学んだのだという。これにより彼は、主婦相手に国会議事録でも売るほどの自信を身につけたのだと語ってくれた。彼はこの経験を通してフランス人の暮らしに対する理解を深めた。それが後々、ヨーロッパのできごとを解説する際、ラジオで大きく役に立ってくれたのである。

それにしても、言葉も分からない彼がなぜトップセールスマンになれたのだろう？それは、彼が雇い主にフランス語の原稿を作ってもらい、そのセールストークを暗記していたからである。呼び鈴を鳴らしてその家の主婦が出てくると、カルテンボーンは憶《おぼ》えてきたセールストークをひどい訛《なま》りのフランス語で繰り返し、彼女を笑わせる。それから写真を見せるのだが、主婦がなにかを訊《たず》ねてきてもただ肩をすくめて「アメリカ人でして……アメリカ人でして……」と繰り返す。そしておもむろに帽子を脱ぐと、そのてっぺんに貼り付けてある完璧《かんぺき》なフランス語のセールストークを読み上げる。彼女も彼も声を立てて笑い、それからさらに写真を見せる。H・V・カルテンボーンはそんなセールスマン時代を振り返りながら、そうは言っても簡単などではなかったのだと言った。やり遂げることができた理由はたったひとつ、彼に「この仕事を楽しむんだ」という決意があったことだった。

毎朝出かける前に、彼は鏡を覗《のぞ》き込むと自分にこう声をかけた。

「カルテンボーン、食うためにはこれをしなくちゃいけないぞ。だからどうせやらなくちゃいけないのだし、せっかくならば楽しむんだ。呼び鈴を鳴らすたびに、自分はスポットライトを浴びて大観衆の前に立つ役者なのだと思い込め。舞台は違えど、同じように人を楽しませなくちゃいけないんだ。だったら、一生懸命やって自分も楽しんでしまうに限るじゃないか」

カルテンボーン氏は、そうして自分に語りかけることによって、かつては嫌でたまらなかったはずの仕事が冒険へと変わり、自分に大きな実りをもたらしてくれたのだという。

「成功したくてたまらないアメリカの若者に言いたいことはあるか」と訊ねると、カルテンボーン氏はこう言った。

「自分を応援してやることだよ。半分眠ったままのような状態から目を覚ますには、とにかく体を動かすことが大事だという。だが、行動するためには、毎朝必ず頭と心を働かせることがさらに重要なんだ。毎日、自分のことを応援してやることだよ」

毎朝自分に励ましの言葉をかけるなど、馬鹿馬鹿しいことだと思うだろうか？　いや、これは馬鹿馬鹿しいどころか、これぞ心理学的に理に適《かな》った真実だと言ってもいいのだ。マルクス・アウレリウスが『自省録』（講談社学術文庫　鈴木照雄《すずきてるお》訳）に書いた「人生とは、人の思考が作り上げるものだ」という言葉は十八世紀の時を経て、今もなお変わらぬ真実なのである。人生は、人の思考が作り上げるものなのだ。

一日じゅう、毎時間自分に語りかけることによって、人は勇気と幸福を、そして力と平穏を、自らの思考へと採り入れてゆくよう自分を仕向けることができる。感謝すべきことを自分自身と語らえば、あなたの心には心躍る美しい思考が満ちあふれるのだ。

ものごとを正しく考えてみれば、どんな仕事だろうと嫌悪感は軽減される。仕事に興味を持つことで上司の期待に応《こた》えれば、給料だって上がるだろう。だが、期待に応えることを第一にしてはいけない。重要なのは、自分の仕事を楽しむことに他ならないのだ。あなたは起きている間、時間の半分を仕事に費やしている。それを楽しめば人生の幸福は二倍にも膨れあがるだろうが、そこに幸福を見出《みいだ》せないのであれば、あなたの人生は幸福とは無縁のものになってしまう。まずは、仕事を楽しんで不安から解放されることが大事だ。昇進や昇給といったものは、その道の先にある。もし昇進も昇給も叶《かな》わなかったとしても、すくなくともあなたは疲労を最小限に抑え、余暇を楽しむことができるようになるだろう。

第二十八章　不眠への不安は克服できる

よく眠れなくなると、不安を感じないだろうか？　もしそうなら、あなたはサミュエル・アンタマイヤーに興味を持つだろう。生涯熟睡したことがなかったという、有名な渉外弁護士である。

大学時代、サミュエル・アンタマイヤーは喘息《ぜんそく》と不眠というふたつの不安を抱えていた。だが、どちらも治りそうにないと諦《あきら》めると彼は、「眠れないならその時間を利用できないか」と考えてみた。何度も寝返りを打って苦しみながら神経をすり減らせるのではなく、ベッドから起きて勉強をしようと思い立ったのだ。その結果、彼はどの授業でも優等生となり、ニューヨーク市立大学の天才たちのひとりに名を連ねるようになったのである。

弁護士になってからも、彼の不眠症が治ることはなかった。だが、アンタマイヤーは構わなかった。「自然が守ってくれる」と彼は言ったが、その言葉どおり、自然は彼を守ってくれた。ろくろく睡眠など取っていないというのに彼は体を壊すこともなく、ニューヨーク法曹界に群雄割拠する若手弁護士たちに劣らぬ労働量をこなしてみせたのである。いや、人が眠っている間も働き続けたのだから、彼らよりもずっと働いていたと言っていい。

二十一歳のサミュエル・アンタマイヤーの年収は、七万五千ドルにものぼった。彼に学ぼうと法廷を訪れる若手弁護士は、後を絶たなかった。一九三一年に受け持ったある弁護で、彼は弁護士としては史上最高額となる百万ドルをキャッシュで受け取った。

だが、彼の不眠症は治まらなかった。深夜まで眠らず読書をし、朝は五時に目を覚まして手紙を書いた。ようやく人びとが目を覚まして働き出すころには、彼は一日の仕事の半分は終えていた。彼は結局ろくろくちゃんと眠りもしないまま、八十一歳まで生きた。しかし、もし彼が不眠症を気に病み続けていたら、おそらく人生を破滅させてしまっていたことだろう。

私たちは人生の三分の一もの時間を眠って過ごすというのに、睡眠とは何なのかを本当に知る者はいない。これは習性であり、自然が与えてくれる休息のひとときなのであることは分かっていても、ひとりひとりにどれだけの睡眠が必要なのかも、私たちには分からない。本当に睡眠というものが必要なのかどうかすら、私たちは知らないのである。

第一次世界大戦で、オール・ケルンというハンガリー人兵士が脳の前頭葉に銃弾を受けた。幸い傷は治ったのだが、不思議なことに彼は眠れなくなってしまった。医師たちは手を尽くし、鎮静剤や麻酔剤、はては催眠術まで施してみたのだが、ケルンは眠るどころか眠気のひとつすら感じなかった。

医師たちは、彼の余命は長くないだろうと言った。だが、彼はその予想を裏切ってみせる。ちゃんと仕事につき、何年も健康に働き続けたのだ。横になって目を閉じることこそあれ、ケルンは眠りには落ちなかった。彼の症例は、睡眠に関する私たちの常識を覆す医学的ミステリーである。

一方、通常よりも多くの睡眠時間を必要とする人もいる。トスカニーニは一日五時間も眠ればじゅうぶんだったが、カルビン・クーリッジ大統領はその倍以上、一日十一時間の睡眠が必要だったのである。つまりトスカニーニは人生の五分の一を睡眠に費やし、クーリッジは人生のほぼ半分を費やしたということになる。

不眠症の悩みは、不眠症そのものよりも人間を蝕《むしば》んでしまう。たとえば、ニュージャージー州リッジフィールド・パーク、オーバーパック・アベニューに住む私の生徒、アイラ・サンドナーは、慢性的な不眠症のため自殺寸前にまで追い込まれてしまうことになった。

「本当に、気が狂ってしまうのではないかと思いました」。アイラ・サンドナーは、私にそう話してくれた。「きっかけは、私が眠りすぎるほど眠ってしまう人間だったことでした。目覚ましが鳴っても目を覚まさず、毎朝仕事に遅刻してしまうほどだったのです。また起きられないのではないかと不安は募り、上司からは必ず定時に出社するよう警告を受けました。寝坊を続ければ、くびになってしまうと思っていました。

そこで友だちに相談してみたところ、じゃあ眠る前に目覚まし時計のことをずっと考えていればいいと言われたのですが、それが不眠症の引き金になってしまいました。目覚まし時計のチクタクいう音が、付きまとって離れないのです。おかげでひと晩中うんうん唸《うな》るばかりで、まったく眠ることができません。朝が来るころには、病気のようにぐったりしていました。疲労と不安とで、気分は最悪です。そんなことが八週間も続きました。あの拷問のような苦しみは、とても言葉になどできるものではありません。これは発狂してしまうぞと、私は怯《おび》えました。ときには何時間でもうろうろと部屋を歩き回りながら、窓から飛び降りてすべて終わりにしてしまおうなどと考えたりもしたものです。

ついに耐えかねると、ずっとかかりつけになっている医師に相談に行きました。すると先生は『アイラ、これは私にどうにかできることじゃない。誰にもできはしないよ。だってこれは、君が自分で招いていることなんだから。もしベッドに入って眠れなくても、気にしちゃだめだ。自分に、眠れなくても構わないぞ、朝まで起きていたって大丈夫だ、と言い聞かせなさい。目を閉じて、安心してそうしていれば眠れなくてもじゅうぶん休まるんだ、と言い聞かせるんだよ』と言いました。

そこで先生の言うとおりにしてみたところ、二週間後には眠れるようになりました。そして一ヶ月もしないうちに一日八時間眠れるようになり、すっかり神経も鎮まってくれたのです」

アイラ・サンドナーを自殺させかけたのは不眠症ではない。不眠への不安だったのだ。

シカゴ大学のナサニエル・クレイトマン教授は、睡眠というものをもっとも深く研究している、睡眠の世界的権威である。その教授いわく、不眠症で死んだ人間は世界に皆無なのだという。確かに、不眠症で悩んで生命力を衰えさせ、感染病で命を落とすことはある。だが、それは不眠症ではなく、それにともなう不安が原因になっているのだ。

さらにクレイトマン教授は、不眠症に悩む患者というものは往々にして、自覚している以上に睡眠を取っているのだという。「昨日は一睡もできなかったよ」と言う人でも、気づかないうちに何時間かは眠っていることがあるというのだ。たとえば、十九世紀を代表する思想家ハーバート・スペンサーは独身のまま歳を取ってから下宿暮らしをしていたが、いつでも自分の不眠症の話ばかりして、周囲をうんざりさせていた。うるさい物音に邪魔をされないよう耳栓もしたし、睡魔を呼ぶために阿片《あへん》を使うこともあった。ある晩、彼はオックスフォード大学のセイス教授とともにホテルの同室に宿泊した。そして翌朝、スペンサーは一睡もできなかったと言ったのだが、実は一睡もできなかったのはセイス教授のほうであった。スペンサーのいびきのせいで、まったく眠ることができなかったのだ。

熟睡するためにもっとも重要なのは、安心感だ。自分より大きな力が朝まで守ってくれるという気持ちが大事なのである。西ライディング精神病院のトマス・ヒズロップ博士は、英国医学会での講演でこんな主張をした。

「長年の治療経験から私が言えるのは、もっとも強力な睡眠導入剤は祈りである、ということだ。医療従事者として、断言してもいい。祈りを日常的な習慣にしている人にとって、祈りという行為そのものがもっとも適切かつ自然な神経の鎮静剤になるということは、疑いようがない」

「神に任せ――なりゆきのままに」

ジャネット・マクドナルドは、なかなか眠れず憂鬱《ゆううつ》と不安にさいなまれるときには「主は私の羊飼い。私は乏しいことがありません。主は私を緑の野に伏させ、いこいの水辺へ導かれます」と『詩篇』二十三篇を繰り返すことで、拠《よ》り所にしていたという。

だが、もしあなたが宗教を信じないならば、肉体的なリラックス法を身につけなくてはならない。『神経があなたの体を狂わせている』の著者デイヴィッド・ハロルド・フィンク博士は、そのためのベストな方法は自らの肉体に語りかけることだという。フィンク博士は「言葉はすべての催眠状態への鍵《かぎ》であり、人がしっかりした睡眠を取ることができないのは、本人が自らに語りかけて不眠の原因を作ってしまっているからだ」という。この状態を打破するには、自分の筋肉に「休め、休め。緩んでリラックスするんだ」と話しかけることで、催眠を覚まさなくてはいけない。筋肉が緊張しているとリラックスできないのは前にも述べたとおりだが、もし熟睡したいのであれば、やはり筋肉に着目するところから始めるべきなのである。

フィンク博士は、実際に効果が認められている次の方法を勧めている。まず膝《ひざ》の緊張を緩めるため膝下に枕を置き、同じ理由で両腕の下にも小さな枕を置く。そして顎《あご》、両眼、両腕、両脚にリラックスするよう語りかけると、気づかないうちに眠りが訪れる。これは私も、自分で効果を確認した方法だ。もしあなたが睡眠の問題を抱えているなら、あなたの力となって不眠症克服へといざなってくれる一冊として、この本でも既に紹介したフィンク博士の『神経があなたの体を狂わせている』を強くお薦めしておく。

不眠克服のベストな方法のひとつは、たとえばガーデニングやスイミング、テニス、ゴルフ、スキーなどで自分の肉体を疲れ果てさせることだ。セオドア・ドライサーはこの方法で不眠を乗り越えている。まだ鳴かず飛ばずの若手作家だったころ、彼は不眠を恐れてニューヨーク・セントラル鉄道で保線作業員の仕事を始めた。そして、夜までハンマーやシャベルを振るってくたくたに疲れ果てると、夜には食事をする間もなく眠り込んでしまったという。

疲れ切っていると、人はたとえ歩いている途中だろうとも自然と眠気の中へと引きずり込まれてしまうものだ。私が十三歳だったころ、父は太らせた豚を貨車に載せ、ミズーリ州セント・ジョーゼフへと出荷したことがあった。無料乗車券を二枚持っていた父は、私も一緒に連れて行ってくれた。私はまだ、人口四千人以上の街など見たこともなかったので、六千人が住むセント・ジョーゼフに到着したときは、興奮が抑えきれなくなっていた。六階建ての高いビルも、鉄でできた自動車も、なにを見ても目を丸くしていたものだ。今でも目を閉じれば、あのときの自動車の姿も、エンジン音も、はっきりと思い出せる。人生でいちばんの興奮に満ちた日が終わると、父は私をまた電車に乗せ、ミズーリ州レーブンズウッドへと連れ帰ってくれたのだった。駅に到着したのは午前二時だったが、私たちはそこからさらに農場まで六キロも歩かなくてはいけなかった。だが、くたくたに疲れ果てていた私は歩きながら眠りこけてしまったのだった。他にも、馬の背中で眠っていたことも、一度や二度ではない。

本当に疲れ切っていると、人は雷が鳴っていようと、身の危険が迫っていようと、戦場にいようと、眠らずにはいられない。有名な神経科学者のフォスター・ケネディ博士は、一九一八年にイギリスの第五軍が退却する際、疲れ果てた兵士たちが気絶したように眠りこけ、地面に倒れる姿をいくつも目撃したという。そして、指で瞼《まぶた》をこじ開けても目を覚まさず、目は上にぐるりと白目を剝《む》いていたという。ケネディ博士は言う。「それからというもの、私はよく眠れないことがあると、同じように目玉を上に向ける運動をしています。すると、間もなくあくびが出て、眠くなってくるのです。これは自分では制御できない、自動的な反射作用なのです」

これまでに眠りを拒んで自殺した者はいないし、今後も出ることはないだろう。どんなにがんばろうとも、自然は人びとを眠りに就かせるのだ。食糧や水を与えてくれないことはあっても、眠りだけは与えてくれるのである。

自殺と聞いて思い出すのが、ヘンリー・C・リンク博士の著書『人間の再発見（The Rediscovery of Man）』に紹介されている事例である。心理学会の副会長であるリンク博士は、不安や憂鬱に苦しむ数え切れない人びとと面談を重ねてきた。『恐れと不安を克服する』と題された章の中で、博士は自殺願望を抱えたある患者のケースを紹介している。博士は、説得しても事態を悪化させるだけだと思い、彼に「どうしても自殺をするというのであれば、あまり惨めな方法でするべきではないよ。街じゅうをぐるぐる駆け回って、倒れ込んで死ぬのがいいんじゃないか？」と提案した。

患者は言われたとおりにしてみた。一度ならず二度、三度と試してみると、体は疲れるものの、だんだんと気分がよくなっていった。そして四日目、ついにリンク博士の狙いが的中する。肉体をとことん疲れ果てさせて全身の筋肉を緩めた彼は、泥のような眠りに落ちたのである。彼はやがてスポーツクラブに入り、運動競技を始めた。そして、すっかり意気揚々と人生を楽しむようになったのである。

さて、不眠への不安を克服するための五つのルールを紹介しよう。

一　眠れないならサミュエル・アンタマイヤーを思い出してベッドを離れ、眠くなるまで仕事か読書をする

二　睡眠不足で死んだ人間など過去に誰もいない。不眠よりも人の心を蝕《むしば》むのは、不眠に対する恐れなのである
三　ジャネット・マクドナルドのように、『詩篇』二十三篇を繰り返してみる
四　体の力を抜き、フィンク博士の『神経があなたの体を狂わせている』を読む
五　運動し、起きていられないほど体を疲れさせる

パート7　まとめ
疲労と不安を予防して元気になる六つの方法

ルール一　疲れる前に休むこと
ルール二　職場でのリラックス法を作る
ルール三　あなたが主婦ならば、リラックスすることで健康と外見とを守ることができる
ルール四　四つの習慣を身につける
　A　今取り組んでいる仕事に関係ない書類は、すべて机の上から片づける
　B　重要な仕事から先に片づける
　C　問題に直面し、決断を下すだけの材料が手元にあるならば、そのときその場で決断を下す
　D　計画し、人に任せ、管理することを憶《おぼ》える
ルール五　不安と疲労を予防するには、仕事を楽しみ熱意を傾けること
ルール六　睡眠不足で死んだ者はいない。不眠ではなく、不眠への不安が人を死へと追いやるのだ

パート8　幸福と成功とをもたらす仕事の見つけかた

第二十九章　人生を変える決断

この章は、まだどんな仕事をしたいのか分からない若者たちに捧《ささ》げる。もしあなたがそうならば、きっとこの章があなたの人生の役に立ってくれることだろう。

あなたがまだ十八歳以下なら、間もなく人生を決める重要な決断をふたつ迫られることになる。あなたの幸福と収入、そして健康を左右する大きな決断だ。この決断次第で、あなたの人生は豊かにも惨めにもなる。

それほど重要なふたつの決断とは、何だろう？

まずひとつめ、生活費を稼ぐのに、あなたはどんな仕事をしたいだろう？　農業、郵便配達、科学者、森林レンジャー、秘書、馬のディーラー、大学教授、それともハンバーガー・ショップを経営したいだろうか？

そしてふたつめ、あなたの子供を共に育てる相手は誰だろう？

この決断はふたつとも、往々にして賭《か》けのようなものである。ハリー・エマーソンは『ものを見抜く力（The Power to See It Through）』の中で、「職を探す若者は、誰もがギャンブラーである。そこに人生を賭けなくてはいけないのだから」と言っている。

では、そのギャンブル性を減らす方法は、果たしてあるのだろうか？　私は、最大限の助言をここで送りたい。まずは、自分が楽しむことのできる職種を探すことだ。以前、私は大手タイヤメーカー、BFグッドリッチの取締役会長、デーヴィッド・M・グッドリッチに、ビジネスでの成功の秘訣《ひけつ》を訊《たず》ねてみたことがある。すると、彼はこう答えてくれた。「仕事を楽しむことだよ。それができれば長時間働いても、仕事をしている意識すら感じないのだからね。遊んでいるようなものだ」

エジソンは、そのいい例だといえる。エジソンはろくろく教育も受けていないのに、アメリカ工業界の偉人にまでのし上がった。自分の研究室に寝泊まりし、十八時間もそこに入り浸るほどだった。だが、彼はそれを苦しみだとは感じておらず、「働いているなんて思ったことはない。楽しくてたまらないんだ」と語っている。成功したのも当然だといえるだろう。

チャールズ・シュワブもかつて、同じことを言っていた。「人はなにをしていようと、無限の情熱を注ぎ込めば必ず成功できる」

だが、自分がなにをすべきかも分かっていないのに、情熱を注ぐことなど可能なのだろうか？　以前、デュポン社に何千もの社員を雇い入れ、現在はアメリカン・ホーム・プロダクト社にて労使関係管理部長を務めているエドナ・カーは、こんなことを話している。

「私がいちばん悲しいのは、自分が本当にしたいことが見つからない若者があまりに多いことです。働いてもお給料しか得るものがないのだとしたら、こんなに可哀想なことはありません」。エドナは、大卒の就職希望者ですら彼女に「ダートマス大学を卒業しました。御社のために私にできる仕事はないでしょうか？」と訊ねてくるという。彼らは自分になにができるのかも、そしてなにがしたいのかすらも、分からないのである。

これでは、夢と希望にあふれてスタートを切った若者たちが、四十代でストレスまみれになり神経衰弱へと追い込まれてしまうのも、まったく無理はない。そう、天職を見つけるというのは、健康のためにもとても重要なことなのだ。ジョンズ・ホプキンス大学のレイモンド・パール博士は保険会社数社と協力して長寿に関する研究を行い、その最大の要因に「天職」を挙げた。彼はおそらくトーマス・カーライルと同様、「職を得た者は幸せなり。それ以上の祝福はあらず」と言うに違いない。

先日、石油会社の大手ソコニー・バキューム石油で人事担当重役を務めるポール・ボイントンと夕食をともにした。彼はここ二十年間にわたって六万人にも上る就職希望者たちと面接を繰り返し、『仕事を手にする六つの方法（6 Ways to Get a Job）』という本を書いている。そこで彼に「近ごろの若者が就職で犯してしまう最大のミスとは何だい？」と訊ねてみたところ、彼はこう答えた。「自分がなにをしたいのか分かっていないことだよ。たかだか数年で着られなくなってしまうスーツのことばかり考えて、一生のかかったキャリアのことを考えもしないだなんて、本当にぞっとするような話だ。自分の将来の幸せと安らぎが、そこにかかっているのにだよ！」

そうは言っても、いったいどうすればいいのかというと、これはなかなか難しい。そこでお薦めしたいのが、就職カウンセリングを受けることだ。受けてみてよかったと思うか、それとも傷ついて帰ってくるかは、あなたを担当するカウンセラー次第である。この仕事はまだ新しく、熟成していないのだ。だが、将来的には大きく発展するだろう。この新たな科学を、私たちはどう利用できるだろうか？　あなたも自分の周囲で職業カウンセリングを受けられる場所を見つけ、テストとアドバイスとを受けてみるといい。だが、アドバイスといっても提案のようなものである。判断は、あなた自身が下さなくてはいけない。そうした就職カウンセラーたちは、必ず正しいというわけではないのだ。カウンセラー同士で意見が食い違うこともある。とんでもないミスを犯すことだってある。たとえば、私の生徒のひとりは、単にボキャブラリーが豊富だからという理由だけで、作家になるようにアドバイスされた。なんとも馬鹿馬鹿しい話だ。そんなに簡単ならば、誰も苦労などしない。ものを書くこととは、思考や感情を文字にして読者に伝えることであり、そのためには豊富なボキャブラリーよりも、発想力や経験、信念、確証、そして熱意がなくては無理なのだから。だが、このカウンセラーもまったく無駄だったわけではない。生き甲斐《がい》を失い鬱憤《うっぷん》まみれになった速記者に、作家になるという夢を与えたのだから。

私が言いたいのは、就職カウンセラーたちも私やあなたと同様、完全ではないということだ。相談するなら何人か別のカウンセラーにも同時に相談し、あとでそれをまとめて考えてから自分で決断するべきだろう。

不安対処のための本にこんな章を設けるのは、おかしな話だろうか。だが、不安、後悔、ストレスといったものの多くが仕事に根を持つものである以上、まったくおかしな話などではない。ジョン・スチュアート・ミルでなくとも、合わない仕事に苦しむ人びとを見れば「社会的な損失である」と言うだろう。毎日嫌でたまらない仕事と向き合い続けなくてはいけないとしたら、それはこの世でもっとも不幸な人びとなのである。

軍隊で、押しつぶされてしまう人びとがいる。軍に合わないのだ。戦場で銃弾に倒れるのではなく、通常の任務ですっかり参ってしまうのである。もっとも高名な現役精神分析医のひとり、ウィリアム・メニンガー博士は、戦争中に神経精神病を専門に扱っていた。彼は、こう言っている。

「私たちは、適材適所の配置を目指して軍のことをあれこれと学びました。自分がしている仕事に価値を見出《みいだ》すことができるというのは、ものすごく重要なことです。興味もない、自分に合っているとも感じない仕事や、評価してもらえないと感じる仕事、そして自分の才能に向いていないと感じる仕事をしている兵士を何人も見てきましたが、決まって精神を病んでしまっているか、その予備軍ばかりでした」

これはなにも軍に限った話ではない。一般のビジネス界でも、自分の仕事が好きになれなければ心を病んでしまうのだ。

フィル・ジョンソンという男の話をしよう。彼の父親はクリーニング店を経営していたのだが、息子が頑張ってくれればと思い、自分の下で働かせることにした。だが、この仕事が気に入らなかったフィルは仕事をサボり、怠け、ろくろく働きもせずだらだらしてばかりいた。ときには無断欠勤すらした。父親は、そんなにもやる気と目的意識のない息子のせいで、従業員の前で赤っ恥をかくことになってしまった。

ある日フィルは父親に、自分は整備士になって機械工場で働きたいと打ち明けた。父親は、なぜわざわざ工場労働者になりたいのかとショックを受けた。だが、フィルの決意は固かった。そしてグリスまみれのつなぎに着替えると、クリーニング店にいたころとは別人のように、ひたむきに仕事に打ち込みだしたのである。労働時間も長くなったというのに、彼は嬉々《きき》として働いた。彼は工学を学び、エンジンの仕組みを勉強し、機械のことを知りつくすと、やがて戦勝の立役者となったB―17フライング・フォートレスの生みの親、ボーイング社の社長にまで登り詰め、一九四四年に亡くなったのである。もし彼がクリーニング店で働き続けていたら、彼と店はどうなっていただろう？　特に父親の死後を想像すると、目も当てられない気持ちになる。私の想像では、すっかり店を低迷させてだめにし、閉店へと追い込んでしまっていたことだろう。

家族を持つという賭《か》けについても、若者には伝えたいことがある。それは、「家族が望んでいるからという理由だけで、仕事を始めたりしてはいけない」ということだ。したい仕事が見つからないかぎり、してはいけない。だが、両親からのアドバイスには耳を傾けるべきだ。両親は、あなたの二倍ほど長く人生を生きている。経験と年月を経ないと身につかない知恵を、彼らは持っているのだ。だが、最後に決断を下すのは他でもないあなただ。仕事で幸福になるのも不幸になるのも、あなた自身に他ならないのだ。

さて、それではここまで書いたところで、仕事選びの助言と注意をあなたに伝えたい。

一　就職カウンセラーを探すときは、次の五つのことに気をつけてほしい。このアドバイスは、全米でもトップの職業カウンセリングの専門家、コロンビア大学のハリー・デクスター・キットソン教授が教えてくれたものだ。

A　「自分はあなたの就職適性を見抜く能力がある」などというカウンセラーを頼ってはいけない。その手の人物というものは、人相師や、占星術師や、人格分析家や、筆跡鑑定家や、そうした人びとと大して変わらない。

B　「あなたに適した職業を導き出すため、適性テストが用意してあります」などというカウンセラーは避けること。就職適性カウンセラーは本来、あなたの身体能力や社会的状況、経済的状況などを考慮して、オープンな職業機会を相談者に提供しなくてはいけない。だが、この手の連中は平気でその原則を無視するものなのだ。

C 豊富な求人情報を持っており、それを利用してカウンセリングを行ってくれるカウンセラーを選ぶこと。

D 徹底したカウンセリングを受けるには、最低でも二度以上の面談が必要になる。

E カウンセリングは、実際に顔を合わせて行うこと。

二 すでに人があふれ返っているような仕事や専門職は避けること。お金を稼ぐ道は数限りなくあるが、若い人たちには、そんなことは想像もつかないものなのだ。ある学校で男子学生に希望職を挙げさせたところ、三分の二の学生が挙げた職業は、五つ以内に収まった。二万にものぼる職業のうち、たった五つである。女子学生も、五分の四はこれと同じ結果になった。これでは、ごく一部の職業にどっと人が押し寄せるのも無理はない。知的労働に従事する人びとの中に、自信喪失や不安感、不安神経症がはびこるのも、無理はないのだ。マスコミ業界、ラジオ業界、映画業界といった人気の仕事へあなたが進もうとするならば、私はひとまずそれを思いとどまらせたい。

三　生活費を稼げる確率が十％程度の仕事には、近づいてはいけない。たとえば、生命保険のセールスだ。毎年何千という人びと――主に失業者だが――は、その結果なにが起こるのかも考えないまま生命保険のセールスマンになってしまう。そこで、フィラデルフィアにあるリアル・エステート・トラスト社のフランク・ベトガーに聞いた話をしよう。ベトガー氏は二十年もの長きにわたり、全米の保険セールスマンとして飛び抜けた成功を収め続けた人物だ。その彼によると、保険セールスに手を出した人びとの九割は、絶望し、心をくじかれ、一年以内に辞めてしまうのだという。そして残りの一割では、十人にひとりが九十％を売り上げ、残りの九人が残りのたった十％を売るのだそうだ。整理すると、もしあなたが生命保険のセールスマンになった場合、一年以内に辞めてしまう確率は九十％、そして、年に一万ドルを稼ぐことのできる確率はたった一％しかないというわけだ。もしあなたがそこに留《とど》まったとしても、ぎりぎりの暮らしをしなくて済む確率は十にひとつしかないのである。

四　何週間でも、ときには何ヵ月でもかけて、自分が人生を捧《ささ》げようと思う仕事のことをできる限り調べあげること。すでにその仕事をして十年、二十年、四十年と過ごしている人たちを見つけ、話を聞いてみればいい。彼らに話を聞くことは、あなたの将来を左右する重要な意味を持っている。私も過去を振り返れば、二度そうして話を聞いたことが、人生のターニング・ポイントになっている。あれが無ければ、私は自分の人生がどうなるのか想像すらつかなかったに違いない。

では、どうやって、誰に話を聞けばいいのだろう？　仮に、自分が建築家になるべく勉強をしようとしていると想像してみてほしい。だがその決断をする前に、まずあなたは何週間かかけて、自分の街や隣町に住む建築家に話を聞きに行ってみるべきだ。連絡先は、電話帳などで簡単に見つけることができる。約束を取って訪ねても、いきなり訪ねても構わない。もし約束を取りたいならば、このような手紙を書いておくこと。

「突然で恐縮ですが、ご助言を頂きたいと思っています。私は十八歳で、建築家になるため勉強をしようかと考えているところです。ですがその前に、お話を伺うことができるなら幸いと存じます。もし御社に伺ってもご多忙ということであれば、どうかどこかで、三十分だけでもお話を聞かせていただきたく思います」

以下は、訊《たず》ねてみてほしい質問のリストだ。

A　もし生まれ変わったとしても同じ仕事に就きたいと思うか。
B　自分の話を聞いて、建築家として成功する素質を感じるかどうか。
C　建築業界は、既にプロであふれてはいないか。

D　四年間建築を勉強すれば、なにか仕事があるだろうか。あるとしたら、最初はどんな仕事から始めるべきだろうか。

E　もし自分に建築家として平均的な力があるなら、最初の五年間はどのくらい稼げるだろうか。

F　建築家になる長所と短所とを教えてほしい。

G　もし自分があなたの息子なら、建築家という職業を勧めるだろうか。

あなたが臆病《おくびょう》で、そんな大胆なことをひとりでするのは無理だと思うのなら、助言がふたつある。

まず、同級生から一緒に行ってくれる相手を探すこと。ふたりいれば、心強さも倍増するというものだ。もし同級生に誰も見つからなければ、父親に頼んでみるのも手だ。

次に、相手があなたに助言をするのを嬉《うれ》しく思っていることを忘れてはいけない。自分を訪ねて来てくれて、彼は喜んでいるはずだ。大人はいつでも、若者に助言をすることに喜びを感じるもの。彼があなたとの話を楽しんでくれていることを、ちゃんと憶《おぼ》えておこう。

もし手紙を書くのがためらわれるのなら、直接オフィスを訪ねて行って、どうか助言をもらえないかと訊ねてみよう。

五人の建築家を訪ねて五人とも忙しくて手が離せなければ（ちょっと想像しがたい事態ではあるが）、さらに五人を訪ねてみること。きっと、あなたにかけがえのない助言をくれる相手は見つかる。その助言が将来、あなたを長年の浪費と失望とから救ってくれることになる。

お金を持っているならば、時間と助言とに見合うような差し入れを、なにか持っていくこと。

五

自分に向いている仕事はひとつしかないと思うなら、そんな間違った考えはすぐに改めること。どんな人でも、いろんな職業で成功できるし、いろんな職業で失敗する。私の経験を書こう。

農業、果物栽培、科学農法、医療、販売業、広告業、地域新聞の編集、教師、森林管理。これらは、「この仕事でも何らかの形で成功を収め、楽しみながら働くことができた」と私が思っている職業である。

逆に、簿記、会計、技師、ホテルや工場の運営、建築、機械産業全般をはじめとするあらゆる職業だったなら、私は楽しむことができず、不幸な日々を送ることになっていたに違いない。

パート9　お金の不安を軽くするには

第三十章　私たちの悩みの七割は……

もし私が人びとが抱くお金の不安をすべて消し去る方法を知っていたら、こんな本など書いてはいない。今ごろホワイトハウスで、大統領のそばに座っていることだろう。だが、そんな私にもひとつできることがある。それは、この道の権威たちの言葉を借りて真に有意義な助言をあなたに送り、どうすればさらに助けとなる本やパンフレットを入手できるかを教えることだ。

『レディーズ・ホーム・ジャーナル』誌の調べによると、人びとが抱く不安の七十%はお金のことだという。業績管理コンサルタント会社、ギャラップ・ポール社のジョージ・ギャラップ氏は「調査によると、ほとんどの人びとは、自分の収入が十%上がれば経済的な不安を感じなくなる」と述べている。確かにこれは多くの場合当てはまるが、それだけでは片付かないケースは目を見張るほど多い。たとえば、本書の執筆中に話を聞いた経理の専門家、エルシー・ステープルトンの話をしよう。彼女は長年にわたり、ニューヨークのワナメーカーとギンベルでファイナンシャル・アドバイザーとして働き、それと並行して、お金の不安から逃れられない人びとの力になるため、個人コンサルタントも務めてきた。そして、年収千ドル未満の運送業の人びとから年収十万ドルの重役たちまで、さまざまな階級の人びとの手助けをしてきたのである。

「もっと稼げたからといって、それで経済的な不安がなくなるというわけではありません。実際、収入が増えた分だけ支出を増やし、頭痛の種を多く抱える人びとを、私は数多く目にしてきました。人びとが不安を感じるのはほとんどの場合、お金が足りないからではなく、手元のお金の使い途《みち》が分からないからなのです」

あなたはこれを読めば「そんな馬鹿な」と鼻で笑うかもしれないが、ポイントは、彼女が「ほとんどの場合」と言っているところである。あなたは違うかもしれないが、あなたの姉妹や従兄弟《いとこ》を含めた多くの人びとのことを、彼女は言っているのだ。

もしかしたら「このカーネギーという男も、俺と同じ程度の週給しかもらえず、俺と同じだけ支払を抱えてたら、そんなことも言ってられないだろうさ」と言う人もいるかもしれない。だが、私もお金の問題を抱えていたことはある。かつてミズーリ州に広がるトウモロコシ畑と干し草小屋で、一日十時間、体が痛くて動けなくなるまで仕事をした。そんな暮らしからは、抜け出したくてたまらなかった。だが、そんなに苦労をしても、時給一ドルも、五十セントも、十セントすらも貰《もら》えなかった。一日十時間、私は時給五セントで働いていたのである。

二十年間、風呂《ふろ》も水道もない家で私は暮らしていた。気温マイナス十度の寝室で眠らなくてはいけなかった。五セントのバス代を節約するために何マイルも歩き、靴には穴が空き、ズボンはつぎはぎだらけだった。レストランに行ってもいちばん安い料理しか頼めなかったし、アイロンをかけることもできないので、毎晩マットレスの下にズボンを敷いて眠りについた。

だが、そんな暮らしの中でも私は十セント、二十五セントと貯金をした。お金がなくなるのが怖かったからだ。この経験を通して私に言えるのは、「借金や経済的不安とは無縁の暮らしを送りたいのであれば会社経営に学べ」ということである。お金の使い途の計画を立て、その計画に沿って使うのである。簡単なことだが、これをしている人は驚くほど少ない。出版社で部長を務める私の友人、レオン・シムキンは「なぜ人はお金のことになるとなにも見えなくなってしまうのだろう」と首をひねる。彼が知っている簿記係は会社の経理となると魔術的な手腕を発揮するのだが、個人の財布のこととなると、まるでわけが分からなくなってしまうのだという。たとえば金曜午後に給料を受け取り道を歩いていると、ショー・ウインドウに飾ってあるコートに一目惚《ぼ》れしてしまう。そして、家賃や光熱費などあらゆる固定費用の請求書のことなど忘れ、ぱっと衝動買いしてしまうのである。手元にはポケットの中のお金しかないというのに、である。もし彼が日々の仕事で会社の経理を見つめていたなら、そんなことをすれば経営破綻《はたん》してしまうことなど考えるまでもなく分かるはずだ。

ここが、ポイントである。お金のことを考えるならば、あなたは自分のために仕事をしていると考えるべきだ。実際、自分のお金を管理するのは自分の仕事なのだから。
だが、どんな原則でお金を管理すればいいのだろう？　どう予算計画を立てればいいのだろう？　ここに、十一のルールを紹介しよう。

ルール一：事実を紙に書き出す

五十年前、ロンドンで駆け出しの小説家だったアーノルド・ベネットは、ひどい困窮に押しつぶされかけていた。そこで彼は、お金の使い途を細かく記録しはじめた。そうして、自分がなににお金を使ったのかをすべて把握することができたのである。彼はこれが気に入り、やがて世界的な有名作家になって自家用ヨットを手に入れるほどの金持ちになってからも、記録をつけることをやめなかった。

ジョン・D・ロックフェラーも、同じような記録をつけていた。夜に祈りを捧《ささ》げてベッドにもぐり込む前に、一ペニー単位でその日の収支を把握するようにしていたのだ。

あなたも、早速ノートを買ってきて記録をつけてはどうだろう。別に、一生続ける必要はない。予算計画の専門家によると、綿密な記録をつけるのは最初の一ヶ月か、せいぜい三ヶ月でいいということだ。そうして自分がどんなお金の使い方をしているのか把握することで、その後の予算計画が整理できるのである。

お金の使い途を把握している人など、千人にひとりである。ステープルトン夫人いわく、人に綿密な出納帳をつけてもらうと、大抵の場合それを見て「こんなことにお金を使っていたのか！」と驚くらしい。自分でも信じられないのだ。さて、あなたはどうだろう？

ルール二：プロのアドバイスに頼る

ステープルトン夫人は「たとえ同じ郊外で隣同士のまったく同じ家に住み、同じだけ子供を持ち、同じだけ収入があったとしても、両家の予算計画はまったく違うのだ」と言う。なぜだろう？　それは、人が違うからである。予算計画とは個人個人によって違う、カスタムメイドのものなのだ。

予算計画とは、将来を悲観するために立てるものではない。むしろ、現実的な安心感を得て、不安から解放されるために行うものなのだ。「予算計画とともに生きる人は、より幸福な人生を得られるのです」と、ステープルトン夫人は言う。

だが、どう計画を立てればいいのだろう？　まずは私が書いたように出納帳をしっかりつけ、それからプロの助言を求めることだ。どの街にも相談に乗ってくれる専門家がいるが、彼らに頼めばお金の問題に対するアドバイスもくれるし、収入に見合った予算計画を立ててもくれるはずである。

ルール三：賢い使い途を知る

これは「お金と引き換えに最高のものを得る」ということだ。大手企業は必ずプロのバイヤーを抱えているが、彼らの仕事は会社のために最高の買い物をすることである。あなたは自分という企業の管財人となり経営者となり、彼らと同じように最高の買い物をしようとするべきだ。

ルール四：収入のことで思い悩んではいけない

ステープルトン夫人いわく、もっとも気をつけなくてはいけないラインは、一年の世帯収入が五千ドルに達したときだという。「ほとんどの家族は、年収五千ドルを目標にしています。それだけあれば安心して暮らせる、自分たちは到達したのだ、と思うのです。『月々の家賃から解放されよう』と郊外に家を買い、車を買い、家具をあれこれ新調し、洋服もどんどん買い換える。すると、当然赤字になってしまいます。これでは、それまでよりも苦しい暮らしとしかいえません。増えた分の収入よりも多くのお金を浪費してしまうのです」

これは自然なことだ。私たちは、より多くを人生から得たいと願っている。だが、どちらが幸せなのかよく考えてみてほしい。切り詰めた予算の中で生活することだろうか？　それとも請求書の山と取り立てとに悩まされ続ける暮らしだろうか？

ルール五：ローン会社に飛びつくな

もし緊急なお金が必要で借金しなくてはならなくなったとしよう。保険からは借りられず、証券もない。しかしあなたは家や車、その他もろもろ担保に入れられる物を持っているとする。さて、いったいどこでお金を借りればいいのだろうか？ それは銀行である。この国の銀行は厳しい規則のもとに業務を行っている。地域の信用を失うわけにはいかず、金利もしっかりと法で定められており、誰の相談にもちゃんと乗ってくれるのだ。あなたが金銭的なトラブルを抱えている場合にはそのことをあなたと話し合い、計画を立て、不安と負債とを解消する手助けもしてくれる。もしあなたが担保物件を持っているときは、なにはなくとも銀行に行くことである。

だが、担保に入れられる物をなにも持っていない場合にはどうなるだろうか？ 命を大事にしたいなら、肝に銘じておくべきことがある。それは「広告でぱっと見つけたローン会社に頼るな」ということである。広告を見ていると、彼らはまるでサンタクロースのように気前がいいことばかり書いている。そんなものを鵜呑《うの》みにしてはいけない。中には正直に仕事をしているまともな会社もある。彼らの仕事は、病気や緊急事態で急なお金が必要になった人びとへの対処である。銀行よりも金利は高くなるが、彼らからしてみればリスクもその分高く、回収にもお金がかかるので、これは仕方がない。そうしたローン会社に行く前にもとりあえずは銀行に行き、ちゃんと仕事をしているおすすめのローン会社はないか訊《たず》ねてみよう。あなたを脅すわけではないが、こんなエピソードを紹介する。

かつてミネアポリスの新聞社が、各ローン会社がラッセル・セージ財団の設けた規制のもとでちゃんと営業をしているか、調査を行った。この調査に私の知り合いも関わった。現在は『ユア・ライフ』誌の編集者をしている、ダグラス・ラートンという男だ。彼が語る貧困者たちの借金の実情は、聞いているこちらが身の毛がよだつようなものだった。最初は五十ドルを借りたはずが、払い終わる前にはそれが三百ドルや四百ドルにまで膨れあがっていたというのだ。給料までが差押えを受け、当の本人が会社を解雇されることもあった。そしてお金を払うことができない場合は高利貸し業者から人員が自宅へと派遣され、家財道具を洗いざらい持ち去ってしまうのだという。借りたお金はほんのすこしだというのに、四年経っても五年経っても完済することができない。異常だと思うだろうか？　ダグラス・ラートンは言う。「この調査により法廷は同じようなケースであふれかえり、裁判官もすっかりお手上げになるほどだった」

なぜ、そんなことが起こってしまうのだろう？　それは、明示されていない手数料や、他にかかる合法的な費用のためである。もし、あなたがローン会社からお金を借りるのなら、間違いなく返すあてが近いうちにあるときだけに限る。それならば金利もそれほどにはならず、借金が雪だるま式に増えてしまうようなことにもならないだろう。いつまでも返しきれずにいれば、金額はいずれ、アインシュタインでも目が眩《くら》むほどの桁《けた》まで膨れあがることになる。ラートンいわく、元金の二千倍、銀行で借りた場合の五百倍にまで増えてしまったケースもあったそうだ。

ルール六：疾病、火災、緊急事態の出費を抑える

保険があれば、あらゆる事故や災厄や緊急事態に対し、ある程度は対処ができる。だから、風呂場《ふろば》で転んだりはしかにかかったりといったことについては心配しなくてもいいが、大きな災難については自ら気をつけて、出費と不安の種を摘んでしまうべきだ。たとえば私の知るある女性は昨年十日間の入院をしたが、入院費用の自己負担額はたったの八ドルで済んだ。入院保険がものを言ったのだ。

ルール七：生命保険金は現金払いにしてはいけない

もしあなたが自分の死後の家族を心配して生命保険に入っているのなら、一括払いで保険金が下りるようにしてはいけない。

ニューヨークの生命保険会社で婦人課の課長を務めるマリソン・S・エベリーから聞いた話を紹介しよう。彼女は全米の婦人クラブを回り、夫の生命保険金でどう一生を生きるかについて講演をしている。

ある未亡人は現金で二万ドルの生命保険金を受け取ると、そのお金を使って息子のために自動車アクセサリー販売会社を立ち上げた。だが、結局会社は立ちゆかず、彼女は生活できなくなってしまったという。また、ある未亡人は不動産セールスマンの口車に乗せられ「将来的には二倍の価値がある土地」を購入させられてしまった。三年後、彼女はその土地を十分の一の価格で売らなくてはいけなくなった。他にも、千五百万ドル

の生命保険金を受け取って一年以内に、児童福祉局に駆け込む羽目になってしまった女性もいたという。こうした悲劇は、探すまでもなくごろごろ出てくる。

ニューヨーク・ポスト紙で金融記事の編集をするシルヴィア・S・ポーターは、『レディーズ・ホーム・ジャーナル』誌で「二万五千ドルの生命保険金の九十％以上は、七年以内に無くなってしまいます」と語っている。

数年前、サタデー・イブニング・ポスト紙にこんな社説が載った。「ビジネスの知識や経験がなく、助言をしてくれる銀行も持たない一般的な未亡人は、簡単にセールスマンの口車に乗せられ、夫の生命保険金を怪しげな事業へと投資してしまう。こつこつと働き続けてせっかく金を貯めても、遺族たちはせっかくの余生を奪われてしまうのである」

あなたが遺族のことを守りたいのならば、史上最高の資本家のひとり、ジョン・ピアモント・モーガンを見習うといい。彼は自らの意思により、十六人の遺産相続人を選んだが、そのうち十二人が女性だった。しかし彼は現金ではなく信託ファンドとして遺産を残し、一生毎月お金が入るように計らったのだった。

ルール八：お金との向き合いかたを子供に教える

以前『ユア・ライフ』誌で見つけた記事を、今でもよく憶《おぼ》えている。執筆者のステラ・ウェストン・タートルが自分の娘にお金のことを教えた記事なのだが、これが感動的なのだ。彼女は銀行から未使用の小切手帳を貰《もら》ってくると、それを九歳の娘に手渡した。そして自分が娘の銀行となって毎週の小遣いを預かったのである。娘はその週にお金が必要であれば、預金残高と照らし合わせて小切手を切った。娘はこれをとても楽しんだが、同時に、お金を扱うことへの責任感も抱くようになっていったという。

もしあなたが子供たちにお金の扱いかたを教えたいのならば、こういう手を考えてみるのはとてもいいことだと私は思う。

ルール九：小さな副業を考える

しっかりと人生設計をしたにもかかわらず、それを実現するためのお金が足りない。そんなとき、あなたにはいくつかできることがある。嘆いたり、怒ったり、不満を言ったりすることも確かにできるだろうが、逆に、他にお金を作る道はないかと計画を立てることもできるのだ。さて、ではいったいどうやってお金を作ればいいのだろう？　それは、「したほうがいいのにされていないこと」を見つけることである。

ニューヨークの八十三番通りに立つジャクソン・ハイツに住むネリー・スピアー夫人は夫に先立たれ、ふたりの子供たちも結婚してしまったため、三部屋もあるアパートにひとり暮らしをしていた。ある日ドラッグストアの売店でアイスクリームを食べながら、店頭にすっかり干涸《ひか》らびたパイが売られているのに気がついた。そこで彼女は店長を呼び出すと、ホームメードのパイを仕入れる気はないかと訊ねてみた。店長は、とりあえずふたつ注文してくれた。スピアー夫人は語る。

「料理には自信がありましたが、ジョージアに住んでいたころはメイドたちを雇ってすべて任せていたので、人生でパイを焼いたことなどいくらもありませんでした。そこでパイふたつの注文を受けると、お隣の女性にアップルパイの焼きかたを教わったのです。そうして作ったアップルパイとレモンパイを持っていくと、売店のお客たちはとても喜んでくれました。そして店は、今度は五つ注文してくれました。注文は徐々に増え、他の売店や食堂からも舞い込んでくるようになりました。そして二年後には、一年に五千個もパイを焼かなくてはいけないほどになっていたのです。すべて自宅のキッチンで焼いていたので、材料費のほかにはなにも費用がかかりませんでした」

スピアー夫人は注文が増えすぎて自宅のキッチンでは追いつかなくなり、店舗を構えると、パイとケーキ、パンなどを焼くために女の子をふたり雇った。戦時中は、彼女の店の前には一時間待ちになるほど行列ができていた。そのときの思い出を、彼女はこう語る。

「人生でいちばん幸せな日々でした。一日に十二時間から十四時間はお店に出ていましたが、仕事だという意識もないので、疲れ知らずでした。仕事というよりも私にとっては、自分の力で人をすこしだけ幸せにする冒険だったのです。忙しくて、孤独や不安など感じている暇がありませんでした。母と夫を失い、家庭を失った心の溝を、仕事が埋めてくれたのです」

私は、もし街に暮らす料理自慢の主婦たちも、同じようなことをすればスピアー夫人のように稼げると思うかと訊《たず》ねてみると、彼女は「もちろん稼げますよ！」と答えた。

イリノイ州メイウッドという、人口三万人ほどの街に住んでいる、小柄で内気なオラ・スナイダー夫人も、そんな女性のひとりだ。夫が病に倒れて自ら稼ぐ必要が出てくると、彼女はキッチンのストーブを使い、材料費十セントほどのビジネスを始めることにした。だが、経験もスキルもなければ、資本もない。ただの主婦なのである。彼女がストーブを使って作ったのは、卵白と砂糖でできたキャンディだった。それを鍋《なべ》に入れて学校の近くに持っていくと、ひとつ一ペニーで学校帰りの子供たちに売ったのである。「明日はもっとお金を持ってらっしゃい。毎日、手作りキャンディを持って来てあげるから」

最初の一週間で彼女が得たものは売り上げだけではなかった。人生に、新しい風が舞い込んだのである。彼女は、子供たちと一緒に自分のことも幸せにしていたのだった。不安など、感じている暇はない。

理想に燃える彼女は、仕事の手を広げてシカゴじゅうの人にキャンディを届けようと思い立った。まずは、路上でピーナッツを売っているイタリア人に声をかけてみた。彼は首をひねった。彼の店に客が買いに来るのはキャンディではなく、ピーナッツなのだ。そこでサンプルを渡すと、彼は彼女の手作りキャンディを気に入ってくれた。そして販売に同意してくれると、店頭に並べた当日からいきなり利益が出た。四年後、彼女はシカゴに一号店を出店する。二メートル半四方しかない、狭い店だった。彼女は夜にキャンディを作り、昼になるとそれを売った。かつて内気だった彼女が自宅のキッチンで始めたこのビジネスは、やがて十七店舗にまで広がった。そのうち十五店舗は、シカゴの人びとが忙しく行き交うループ辺りに出されている。

ポイントは、ネリー・スピアー夫人もオラ・スナイダー夫人も、お金のことで悩むよりも、行動する道を選んだということだ。ふたりとも広告費や人件費といった経費をかけず、自宅のキッチンでごく小さな規模から仕事を始めている。このような形ならば、経済的な不安など持つことのほうが難しい。

あなたの周囲にも、満たすべき隙間があちらこちらに見つかるはずだ。たとえば料理の腕を磨けば、自宅のキッチンを使って若い女性向けの料理教室だって開けるだろう。

空いた時間を使って副収入を得るためのノウハウが書かれた本は、図書館に行けばすぐに見つかる。男性にも女性にも、チャンスはたくさん転がっている。

ルール十：ギャンブルには手を出すな

競馬やスロットマシンでお金儲《もう》けをしようとする人びとが多いのには、いつも驚かされる。知り合いにスロットマシン・クラブを経営している人物がいるが、彼は客が勝てないように仕組まれたマシンを使い、「自分は勝ってやる」と意気込む無知な人びとのお金を巻き上げること以外、なにも考えていない。

また、全米で有名なギャンブルの胴元にも、私の成人クラスに来ていた生徒がいる。彼は、「自分が持つ知識を競馬にすべて注ぎ込んでも、勝てる気がしない」と言う。だが、愚かな人びとは年間に総額十億ドルもの大金を競馬へと注ぎ込んでいる。これは、一九一〇年の国債の、実に六倍にものぼる金額である。この胴元は、もし嫌でたまらない相手がいたら、競馬に金を注ぎ込むように仕向けるのがいちばんいい方法だと言う。すると彼は私は「予想屋に任せて賭《か》けたとしても、勝てないのかね?」と訊ねてみた。

「そんなことをしたら、それこそひと財産失いますよ」と答えた。


どうしてもギャンブルをするというのであれば、すくなくとも知恵だけはつけよう。勝てる見込みがどのくらいあるかを弾《はじ》き出すのだ。ブリッジとポーカーの実力者であり、高名な数学者であり、統計学者であり、さらに保険数理士でもある、オズワルド・ジャコビーの『勝ち目はいくらだ(How to Figure the Odds)』という本を読んでみるといい。二百十五ページのこの本では、競馬、ルーレット、クラップス(サイコロ賭博《とばく》)、スロットマシン、ポーカー、ブリッジ、ピノクル、株取引など、さまざまなギャンブルにおける勝率が解説されている。著者は、なにか妙な意図があってこのような解説を書いているわけではない。純粋に、ギャンブルにおける通常の勝率を提示してくれているだけだ。それを見ればあなたはきっと、必死に稼いだ給料を競馬やトランプといったギャンブルに注ぎ込む人びとを見て、哀れだと思うようになるだろう。もしギャンブルへの誘惑に駆られたならば、この本を読むだけで百倍、いや、千倍はお金の節約ができるはずだ。

ルール十一：変えられないものを嘆いてはいけない

問題が現実的にクリアできない場合は、私たちの向き合いかたを変えていくしかない。お金の不安を抱えているのは自分だけではないのだと、まずは考えてみることだ。あなたは隣人のように暮らせないのが不安なのかもしれないが、隣人はもしかしたら、そのまた隣人のように暮らせず不安を抱いているかもしれない。そのまた隣人も、さらにその隣人のように暮らせず、それを不安に思っているかもしれない。

アメリカの歴史的著名人の中にも、経済的なトラブルを抱えていた人びとがいる。リンカーンもワシントンも、大統領に就任する際には交通費を人から借りなくてはいけなかったのだ。

欲しいものが手に入らないと嘆いていれば、日々は不安といらだちとにまみれ、くすんでしまう。そんなことを自分にしてはいけない。哲学的にものを考えてみてほしい。ローマの偉大な哲学者セネカは、こう言っている。

「満たされない者は、世界を手に入れても満たされることがない」

忘れてはいけない。もしあなたがアメリカ全土を手に入れ、そこに囲いを作って大量の豚を飼ったとしても、あなたは一日に三食しか食べられず、一箇所でしか眠ることができないのだ。

お金の不安を和らげるため、十一のルールを憶《おぼ》えておこう。

ルール一：事実を紙に書き出す
ルール二：プロのアドバイスに頼る
ルール三：賢い使い途《みち》を知る
ルール四：収入のことで思い悩んではいけない
ルール五：ローン会社に飛びつくな
ルール六：疾病、火災、緊急事態の出費を抑える
ルール七：生命保険金は現金払いにしてはいけない
ルール八：お金との向き合いかたを子供に教える
ルール九：小さな副業を考える
ルール十：ギャンブルには手を出すな
ルール十一：変えられないものを嘆いてはいけない

パート10　私はこうして不安を乗り越えた三十二の実話

私を襲った六つの大問題

C・I・ブラックウッド　オクラホマ州オクラホマシティ　ブラックウッド・デイヴィス・ビジネスカレッジ経営

一九四三年の夏、私はまるで世界じゅうの不安の半分がこの肩にのしかかってきたような気持ちだった。

それまで四十年以上も、私は平凡な人生を過ごしており、夫として、父親として、そしてビジネスマンとして、当たり前のトラブルしか味わったことがありませんでした。それだけならばなんとでもできるのですが、一度に大問題が六つも起こってしまうと、そうもいきません。朝になれば六つの苦悩にさいなまれるわけですから、夜は眠るのも恐ろしく感じられ、ベッドの中で身悶《みもだ》え、寝返りを打ち続けました。

一　男子学生たちがどんどん戦争に行ってしまい、私のビジネス学校は経営の危機に瀕《ひん》していました。私たちの学校で訓練を受けた女性たちよりも、訓練されないまま軍需工場で働く若い女性たちのほうが好待遇だったこともあります。

二　息子が戦争に行っていました。私も他の親と同様、遠く戦地にいる息子を想うと不安で胸がつぶれるほどでした。

三　オクラホマシティは新空港建設のために広大な土地を買い上げることにしていました。私が父から譲り受けた自宅は、そのどまん中に立っていました。買い取られるにしても本来の価値の十分の一程度しか貰《もら》えないのは分かり切っていましたし、それよりなにより、住むところが無くなってしまいます。おりしも住宅不足のときでしたから、六人の家族を抱えた私は途方に暮れてしまいました。もしかしたらテントで寝泊まりしなくてはいけなくなるかもしれないと、本当に怖かったです。ですが、どこでテントを買えるのかも分からないような時期でした。

四　家のそばに排水路が掘られたせいで、私の敷地にある井戸が干上がってしまいました。土地が買い上げられるため、新しい井戸を掘るのは五百ドルをわざわざ捨てるようなものです。二ヶ月もの間、毎朝水を汲《く》んで貯蔵庫へと運んでいましたが、戦争が続く限りそれを続けなくてはいけないのかと気持ちは暗くなるばかりでした。

五　自宅は学校から十六キロ離れていたのですが、私はB級の燃料カードしか持っていなかったので、新しいタイヤを買うことができません。おんぼろフォードの古タイヤがだめになったら、どうやって仕事に行けばいいのかも分かりませんでした。

六　一年後には、いちばん上の娘が高校を卒業することになっていました。大学進学を希望していましたが、仕送りをするお金などなかったのです。そんなこと、とても娘には言えませんでした。

ある午後、私は自分のオフィスで座りながら、私ほど多くの悩みを抱えている人はいないのではないかと思い、すべてを紙に書き出してみることにしました。普通の問題とならばいくらでも格闘できますが、私の抱えた悩みは、どれもこれも私にはどうすることもできないものばかりでした。お手上げです。だからせっかくタイプライターで打ち出してファイルにしまったというのに、やがてすっかり書き出したことを忘れてしまいました。十八ヶ月後、書類整理をしているときに、ふとかつての自分の体までをも蝕《むしば》んだ、あの悩みごとのリストを発見しました。私は、とても感慨深くそれに読みふけりました。不安はどれひとつ、現実にはならなかったのです。どんなことが起こったのか、説明しましょう。

一　学校の閉鎖を恐れる必要など、まったくありませんでした。政府が帰還兵の訓練のために補助金を出すことになり、私の学校もすぐにいっぱいになったのです。

二　戦場の息子は私の不安などとは裏腹に、かすりきずひとつない元気な姿で帰って来てくれました。

三　空港建設のために土地を失うのではないかという不安も、現実にはなりませんでした。私の農場からすぐのところで石油が見つかって土地が高騰し、予算に見合わなくなってしまったのです。

四　井戸水の件についても、なにも心配することはありませんでした。土地の買い上げが中止になったことでお金を注ぎ込み井戸を掘り、豊かな水脈を手に入れたからです。

五　タイヤの心配など、まったく必要ありませんでした。ていねいな運転を心がけたことにより、じゅうぶん長持ちしてくれたのです。

六　娘の大学進学も、なにも問題はありませんでした。奇跡のような話ですが、大学が始まる二ヶ月前になって会計検査の仕事が私の元に舞い込み、本職の空き時間に、それをすることにしたのです。おかげで娘は予定通り、大学に進学することができました。

この六つの不安と繰り広げた格闘は徒労でしたが、私は感謝しています。おかげで、なにものにも変え難い教訓を手にすることができたからです。まだ起こってもいないことや、自分の力ではどうすることもできないことにくよくよしても仕方がないのだ、ということを。

さて、今日はあなたが不安に思っていた「明日」である。自分に問いかけてみてほしい。「あなたが抱いている不安は、本当に現実のものになるのだろうか？」

一時間で楽天家に変身できる

ロジャー・W・バブソン　マサチューセッツ州ウェルズリー・ヒルズ　経済学者

私は現状のせいで不安に襲われても、一時間以内に不安を消し去り楽天家になることができる。

方法をお教えしよう。自分の研究室に入り、両目を閉じ、歴史書だけをしまってある本棚へと歩く。そして目を閉じたまま手を伸ばして、一冊の本を手に取る。それがプレスコットの『メキシコ征服史』なのか、スエトニウスの『ローマ皇帝伝』なのかは分からない。まだ目を開けず、適当に開いてみる。そこで目を開けて、開いたページを一時間ほど読むのだが、読み進めていくほど、世界はずっと同じ苦しみに沈んでいたのだ、文明はいつでも危機に瀕していたのだ、ということが分かってくる。歴史書はどこを開いても、戦争、飢餓、貧困、疫病、同胞への裏切りといった、悲劇的な物語であふれている。

それを読んでいると、確かに現状はよくないが、それでも昔よりはずいぶんいいのだという気持ちになってくる。そして自分を悩ませている問題とちゃんと向き合えるようになり、世界は常によい方向へと向かっているのだと信じられるようになるのだ。

これだけで一章を費やしてもいいくらいの、重要なメソッドだ。歴史書を読んで一万年の歴史をひもとけば、永遠とも思えるその時間の流れの中では、あなたの問題など些細《ささい》なものなのだと分かるだろう。

私はこうして劣等感を克服した

エルマー・トーマス　オクラホマ州選出上院議員

十五歳のころの私は、いつも不安と恐怖と自意識過剰とに苦しみ続けていた。歳の割りに背ばかりやたらとひょろ長く、柵《さく》の手すりのようにがりがりに痩《や》せていた。百八十センチ以上もあるのに、体重は五十四キロにも満たなかったのだ。背が高いのに、野球をやってもかけっこをしても、周囲の少年たちには敵《かな》わなかった。みんなは私を馬鹿にして「ガリガリ君」というあだ名で呼んだ。私はそれが嫌で自意識過剰になり、誰とも会いたくなかった。だから、道から奥まって林に囲まれた自宅の農場に閉じこもり、滅多に人には会わなかった。自宅は大通りから一キロ近くも離れており、両親や姉弟《きょうだい》以外とは顔を合わさずに週を過ごすことも多かった。

あの不安と恐怖とに打ち負かされていたら、私はきっと人生の敗残者になってしまっていたことだろう。私は日がな一日ずっと、ひょろ長い自分の体にくよくよしながら生きていたのだった。他のことなどなにも考えられなかった。あのやるせなさと恐ろしさは、とても言葉で言い表せるようなものではない。学校教師をしていた母は、私の気持ちを理解して、こう言ってくれた。

「お前は教育を受けなくちゃいけないよ。自分の体のことが気に入らないのならば、中身で勝負して生きていかなくちゃ」

家には私を大学にやるような金はなかったので、自分でなんとかしなくてはいけなかった。そこで私はある冬に罠《わな》をしかけてオポッサム、スカンク、ミンク、アライグマなどを捕まえると、春にその毛皮を売って得た四ドルで豚を二頭買った。私は残飯を豚にやり、やがてトウモロコシで育てると、秋にそれを売って四十ドルを作り、その金を元手にインディアナ州ダンヴィルにあったセントラル教員学校へと進んだ。食費は毎週一ドル四十セント、部屋代は五十セントだった。母が作ってくれた茶色いシャツ（汚れが目立たないように、母は茶色を選んでくれたのだった）と、父の古着をいつも身に着けていた。古着は私の体に合わなかったし、履き古しのコングレス・ブーツもサイズが合わず、足を踏み出すたびにぶかぶかと脱げそうになった。他の学生たちと一緒に過ごすのは気まずく、私はいつでも自室で勉強をしながら過ごした。とにかく、自分にぴったりくる洋服を買い、堂々と胸を張って歩きたかった。

間もなく、私の不安と劣等感とを払拭《ふっしょく》してくれるできごとが四つ起こった。そのうちのひとつが私に勇気と希望と自信を与え、人生を変えてくれることになった。そのできごとのことを書こう。

ひとつめは、学校に入ってわずか八週間で試験に合格して三級の教員免許を貰《もら》い、田舎の公立学校で教えられるようになったことだ。たった半年の有効期限しかない免許だったが、初めて母以外の誰かから認められたという、確かな証拠だった。

ふたつめは、ハッピー・ホロウという地元の教育組織が、日給二ドルか月給四十ドルの条件で私を雇ってくれたことだ。誰かに認めてもらえたのだという気持ちは、私の中でさらに高まった。

三つめは、初めてもらった給料で、自分にぴったり合った洋服を買ったことだ。これでもう、恥ずかしい思いをしなくても済む。今誰かが私に百万ドルくれたとしても、たった数ドルのその洋服で味わった興奮の半分も味わえないだろう。

四つめが人生のターニング・ポイントになり、私の不安と劣等感への初勝利を与えてくれた。インディアナ州ベインブリッジで毎年開催されていたパトナム産業祭《カウンティフェア》でのこと、母がスピーチ・コンテストに出るよう私に言った。私は震え上がった。ひとりと話すのでさえやっとなのに、ステージでスピーチをする勇気など、あるはずがない。だが、母は私にはできるはずと強く信じているようだった。その強い気持ちが私の背中を押し、コンテストへの出場を決めさせた。

私が選んだテーマは、『アメリカの美術と学芸』という、どう考えても私向けではないものだった。実は、学芸とは何なのかも分からないままスピーチの準備を始めたのだが、どうせ聴衆も知らないので、それは大した問題ではなかった。

私は言葉で飾り立てたスピーチを暗記すると、木々や牛たちを相手に何度もリハーサルを繰り返した。とにかく母の気持ちに応えたかった私のスピーチには、きっと感情があふれ返っていたのだろう。自分が優勝したことを知ったときには、思わず目を丸くした。聴衆からどっと歓声が上がった。かつて私を「ガリガリ君」と呼んで馬鹿にしていた連中までもが「お前ならやれると思ってたぜ、エルマー」と、私の背中を叩《たた》くのだった。母は、私を抱きしめて涙をこぼした。今こうして振り返ると、あのスピーチ・コンテストこそが人生のターニング・ポイントだったのだと私には分かる。地元の新聞各社は一面に私の記事を載せ、将来有望だと書き立てた。おかげで私は地元の有名人になったが、なにより大事なのは、私が以前の百倍も自信をつけることができたことだった。あの優勝がなかったら、私が合衆国上院議員になることは決してなかったに違いない。あのとき私の視野が広がり、自分に思いがけない力が眠っていることに気づいたのだ。だが、そのときにいちばん有り難かったのは、コンテストに優勝したことによって、一年分の奨学金を与えられたことだった。

私はもっと教育が受けたかった。そこで、一八九六年から一九〇〇年の間は、教えることと学ぶことを並行して続けた。デポー大学の学費を貯めるため、私はウェイターや、溶鉱炉の番や、芝刈りや、経理の手伝いなどのアルバイトをし、夏には畑仕事や道路工事に精を出した。

一八九六年、十九歳だった私は大統領選でウィリアム・ジェニングス・ブライアンの応援演説のため、二十八回も登壇した。そしてデポー大学に進学すると、法律と演説法とを専攻した。一八九九年、私はインディアナポリスで行われたバトラー大学との討論会の代表に選ばれた。テーマは「上院議員は一般投票で選出されるべきか」である。他にもいくつかのスピーチ・コンテストで優勝し、一九〇〇年に大学年報『ザ・ミラージュ』と大学新聞『ザ・パラディウム』の編集長に選ばれたのだった。

デポー大学で文学史を修めると、私はホレイス・グリーリーの助言に従い、西部ではなく南西部へ、新天地オクラホマへと向かった。カイオワ、コマンチ、アパッチなど、インディアンの居留地が開かれると、私はホームステッド法を主張してオクラホマ州ロートンに法律事務所を開設した。そしてオクラホマ州上院議員を十三年間、合衆国下院議員を四年間務めてから、長年の夢を実現させた。合衆国上院議員にオクラホマ州から選出されたのだ。一九二七年から、今もなお在職している。

私は、自分の成し遂げたことをひけらかそうとして、こんなことを書いているわけではない。そんなことには、誰も興味など無いだろう。私がこの話をしたのは、かつて父親の古着とぶかぶかのコングレス・ブーツに身を包んでいた自分と同じように、不安や、自分の内気さや、そして劣等感に苦しんでいる可哀想な少年たちに、新たな勇気と自信とを与えたいと願うからである。

(注：かつてはみすぼらしい洋服を恥じていたエルマー・トーマスが、後に米国上院議員のベストドレッサーに選ばれたのは、非常に面白い話である)

私はアラーの楽園に暮らした

R・V・C・ボドリー　オックスフォード大学ボドリアン図書館の創設者、トマス・ボドリー卿《きょう》の子孫。『サハラの風』『メッセンジャー』を始め、十四冊の著作を持つ。

一九一八年、私は住み慣れた世界に背を向けてアフリカ北西部に渡ると、アラビア人たちとともにサハラ砂漠、つまりアラーの楽園で生活した。そこでは七年間を過ごした。遊牧民たちの言葉を学び、彼らと同じ衣服をまとい、同じ食事を食べ、ここ二千年の間ほぼ変わらぬ彼らの暮らしを自分も送った。羊を飼って、アラビアのテントの中で地べたに寝る。そして、彼らの宗教についても細かく勉強した。そして後に、マホメットのことを『メッセンジャー』という一冊の本にまとめた。

遊牧民たちと一緒に過ごしたあの七年間は、私の人生のなかでもっとも平和で、もっとも満ち足りていた。

私の人生は、それまでも豊かで変化にあふれていた。パリでイングランド人の両親の間に生まれた私は、そこで九年を過ごした。その後、イートン校と、サンドーハーストの王立軍事大学で学んだ。それから英国陸軍将校となってインドへ渡ると、軍務をしながらポロに興じ、狩りに出かけ、ヒマラヤの山々を探険しながら六年を過ごした。第一次世界大戦の折には戦場に出て、それが終わると講和使節団の副官としてパリ講和会議に送られた。そこで目にしたものに私は衝撃を受け、がっかりした。西部戦線での四年間、私は文明を守るためだと信じて戦ってきた。だがパリ講話会議の会場では、自分のことしか考えない政治家たちが、自分の利益ばかりを考え、国同士にわだかまりを作り、秘密裏に陰謀を企てながら、第二次大戦へと世界を仕向けていたのである。

戦争にも、軍隊にも、社会にもうんざりだった。生まれて初めて私は人生に悩み、不安を抱えながら眠れぬ夜をいくつも過ごした。ロイド・ジョージは、私に政界入りを勧めた。私は彼の助言に従うべきかどうか悩んでいたのだが、不思議なできごと——私のその後七年間を決めるできごとが起こったのは、そんなときのことだった。発端は、第一次大戦が生んだもっとも華やかでロマンチックな人物、アラビアのロレンスことテッド・ロレンスと交わした、二百秒にも満たない短い会話だった。アラビア人たちとともに砂漠で暮らす彼が、私にも同じことをしてみてはどうかと言うのだ。最初それを聞いたときは、耳を疑った。

なにはともあれ軍を除隊するのはもう決めており、次にすることを決めなくてはいけなかった。民間企業は私のような元軍人はなかなか雇ってくれないし、何百万人という失業者が世間にあふれているとなれば、なおさらだった。だからロレンスの助言どおり、アラビア人たちと生きてみることにしたのである。

あの決断は、私にとって福音だった。彼らは私に、どう不安に打ち勝つかを教えてくれたのだ。他のイスラム教徒たちと同様、彼らもまた運命論者だった。誰もが、マホメットがコーランに書き綴《つづ》った言葉はアラーの言葉なのだと信じていた。だから、コーランに「神が汝《なんじ》とその行動を創られた」とあれば、言葉どおりにそれを信じた。彼らが穏やかに生き、決して急がず、なにかあっても不必要に怒ったりしないのは、それが理由だった。神の定めとは、誰にどうすることもできないものだと、彼らには分かっているのだ。だが、それはなにか災厄が起こっても、ただ指をくわえて見ているということではない。

私がサハラに住んでいたころに経験した、シロッコという強烈な熱風の話をすれば、お分かりいただけると思う。シロッコは、三日三晩唸《うな》りを上げて吹き続けた。猛烈に荒れ狂うその風は、サハラの砂を巻き上げて地中海を越え、何百キロも離れたフランスのローヌ渓谷まで吹き飛ばした。その熱さたるや、髪の毛が焼けてしまうのではないかと思うほどだった。喉《のど》は干上がり、目は燃え、歯の隙間には砂粒が入り込んだ。まるで、ガラス工場で炉の前に立っているかのような気持ちだった。頭がおかしくなってしまうのではないかとすら、私は感じた。だが、アラビア人たちは泣きごとを漏らしたりはしなかった。ただ肩をすくめて「メクトゥブ《書かれている》」と言うだけなのである。

だが嵐が終わると、彼らはすぐに動き始めた。まず、どうせ死んでしまうのだからと、手元の子羊をすべて殺した。すぐにそうすることで、母羊を守ろうとしたのだ。子羊を殺し終わると、彼らは羊の群れを連れて南の水場へと移動した。族長が言った。「最悪の事態は免れた。なにもかも失ってもおかしくはなかったのだからね。四十%の羊たちが残り新たな始まりを迎えられたことを、神に感謝しなくてはいけない」

また、車でサハラ砂漠を移動中にタイヤがパンクしてしまったこともあった。運転手は、スペアタイヤの修理を忘れてしまっていた。タイヤが三本だけでは、どうしようもない。私はいらいらして、いったいどうするつもりなんだとアラビア人に訊《たず》ねた。すると彼らは、興奮してもなにも変わらない、暑くなるだけだと答えた。タイヤがパンクしたのはアラーの意志なのだから、自分たちにはどうすることもできないと言うのだ。私たちはパンクしたタイヤのまま、車をまた発進させた。やがて、車は完全に前に進むことができなくなった。ガス欠である。族長はただひとこと「メクトゥブ!」と言うと、またしても運転手がちゃんと給油しなかったことを責めようとはせず、穏やかに歌を唄《うた》いながら目的地を目指し始めたのだった。

アラビア人たちと過ごしたこの七年間で、私は欧米にあふれる神経症患者や狂人や酔っぱらいたちは、文明と呼ばれるものに追い立てられ、虐げられて生まれた人びとなのだと確信した。

サハラに暮らしているかぎり、不安などなにもありはしない。あのアラーの楽園で、私は緊張と絶望とに追い立てられた人びとが必死に探し求めている、静かな充足と健やかな肉体とを発見したのだった。

運命論を鼻で笑う人びとは多い。もしかしたら、彼らは正しいのかもしれない。それは誰にも分からない。だが、私たちの誰もが、運命とは私たちの手を超越したものなのだということを、折に触れて感じたことがあるはずだ。

たとえば、一九一九年の八月のあの午後、アラビアのロレンスとたった三分間の会話を持たなければ、その後に私が辿《たど》った人生はまったく違ったものになっていたことだろう。人生を振り返ってみれば、私にはどうしようもないできごとが起こり、人生を形づくっているのが分かる。アラビア人はそれをメクトゥブ、もしくはキスメット（アラーの意志）と呼ぶ。呼びかたは何でもいい。これが人を数奇な運命へと導くのだ。サハラを後にして十七年が過ぎた今、私はまだアラビア人たちに教わったとおり、抗《あらが》えぬものを安らかに受け入れ続けて生きている。この哲学が、星の数ほどの鎮静剤よりも深く、私の神経を鎮めてくれるのである。

私たちはイスラム教徒ではないし、運命論者になろうとも思わない。だが猛烈な熱風が吹き付けてくれば、どうすることもできずにただ受け入れるしかない。その風が止んだら、残ったものを掻《か》き集めて新たなスタートを切ればいいのだ。

不安を消せる五つの方法

ウィリアム・ライオン・フェルプス教授（私はエール大学のフェルプス教授が亡くなる直前、ふたりで昼食を摂《と》る機会に恵まれた。そのときに取ったノートから、この五つの方法を書き出しておく。――デール・カーネギー）

一　二十四歳のとき、とつぜん両目の具合が悪くなった。三、四分読書しただけで、まるで針を何本も突き刺されたような痛みが走るのだ。読書をしていないときもやたらと過敏になり、まともに窓を見ることすらできないほどだった。ニューヘブンやニューヨークで有名な眼科にもかかったが、症状はまったく変わらなかった。午後四時を過ぎると部屋でいちばん暗い隅で椅子に腰かけ、ひたすら就寝時間を待つことしかできなかった。恐ろしかった。教師の道を諦《あきら》め、西部で木こりでもしなくてはいけなくなるのではないかと、不安でたまらなかった。精神が肉体に及ぼす不思議な力を教えてくれるできごとが起こったのは、そんなころだった。

目の具合がひどく悪い、つらい冬のこと。私は大学の学部生たちへの講演を依頼された。講堂の天井からは、まばゆく巨大なガス灯がいくつも吊《つ》り下げられていた。

その光のせいで目がひどく痛くなり、私は壇上で座りながらひたすら床を見つめていた。だが三十分の講演中はなぜかまったく痛みを感じず、まばたきひとつせず光を目に受けることができた。そして講演が終わると、また両目が痛み始めたのだった。

ふと、たった三十分ではなく一週間ほどなにかに集中していれば、目が治るのではないかと思った。あのとき痛みを感じなかったのは、精神が肉体に打ち勝ったからに違いない、と。

その後、航海の途中でも似たような体験をしたことがあった。歩けないほどの腰痛に襲われ、痛くて痛くてまっすぐ立つこともできなくなってしまったのだ。そんな状態だというのに、乗客たちに講義を開いてほしいと依頼された。だが話し始めるやいなや痛みが消え失《う》せ体が自由になり、私は背筋を伸ばして壇上を歩き回りながら、実に一時間も話を続けることができたのである。講演が終わると、そのままさっさと歩いて自室へと引き返した。腰痛はすっかり治ったのだと思った。だがそんな私の気持ちをよそに、腰痛はすぐさま舞い戻ってくると私を苦しめだしたのである。

こうした経験を通して私は、人の精神状態とは非常に大事なものなのだということを悟った。人生とは楽しめるうちに楽しんでおくべきなのだということを、心で悟った。それ以来私は「今日こそ最初で最後の一日なのだ」というつもりで日々を生きている。日々は胸躍るような冒険に満ちており、胸躍らせている者は不安に追い立てられることもありはしない。私は、教師の仕事が好きでたまらず、『教える喜び』という本まで書いたほどだ。教師とは、私にとってただの仕事や職業以上のものだった。画家が絵を描くのを愛しているように、歌手が唄うのを愛しているように、私は教えることを愛していたのだ。毎朝ベッドで目を覚ますと、生徒たちのことを思って無上の喜びを感じる。人生を成功させてくれるのは情熱なのだと、私はいつも信じている。

二　読書に夢中になることで、不安を追い払うことができるのを知った。五十九歳のころ、私は慢性的な神経衰弱に悩まされ続けていた。デーヴィッド・アレク・ウィルソンの名著『カーライルの人生』に読みふけったのは、そのころだ。この本に夢中になって憂鬱《ゆううつ》を忘れてしまったことが、私の回復を後押ししてくれたのである。

三　あるとき、ひどい憂鬱状態に追い込まれた私は、とにかく一日じゅう体を動かし続けることにした。毎朝テニスを五、六セットもやって駆け回り、それからシャワーを浴び、昼食をとり、午後には欠かさずにゴルフを十八ホール回った。金曜には、午前一時まで踊りまくった。汗をかくのは最高だ。汗とともに、憂鬱も不安も体の外へと流れ去ってしまう。

四　ずっと以前から、せかせかと忙しく働きながら緊張に追われるような暮らしを避けてきた。ウィルバー・クロスの哲学に頼ろうとしてきたのは、そのためである。コネチカット州知事だったころ、彼は私にこう言った。「一度にいくつものことをしなくちゃいけなくなると、ときどき一時間ほどのんびりくつろぎながら、ゆっくりパイプでもふかすことにしているよ」

五　忍耐力と時間もまた、私たちの問題を解決してくれるものだと知った。私は悩みごとがあるとき、問題を客観視しようと心がける。そして、自分にこう問いかけてみるのだ。「二ヶ月後にはすっかり平気になっているはずなのに、なぜ今こんなに悩んでいるのだろう？　どうせなら、今から二ヶ月後と同じ気持ちでいるよう心がけるべきではないか？」

最後に、フェルプス教授の不安解消法をまとめておこう。

一　熱意を持って生きる。「今日こそ最初で最後の一日なのだ」という気持ちで生きること。

二　読書を楽しむ。「慢性的な神経衰弱に悩まされ続けていた。デーヴィッド・アレ

三　ク・ウィルソンの名著『カーライルの人生』に読みふけったのは、そのころだ。この本に夢中になって憂鬱を忘れてしまったことが、私の回復を後押ししてくれた」
四　遊びを楽しむ。「ひどい憂鬱状態に追い込まれた私は、とにかく一日じゅう体を動かし続けることにした」
五　リラックスして仕事と向き合う。「ずっと以前から、せかせかと忙しく働きながら緊張に追われるような暮らしを避けてきた」
「私は悩みごとがあるとき、問題を客観視しようと心がける。そして、自分にこう問いかけてみる。『二ヶ月後にはすっかり平気になっているはずなのに、なぜ今こんなに悩んでいるのだろう？　どうせなら、今から二ヶ月後と同じ気持ちでいるよう心がけるべきではないか？』」

昨日は頑張れた。今日も頑張れる

ドロシー・ディックス

私は、貧困と病のどん底を生きてきました。その苦しみをどう生き抜いたのかを訊《たず》ねられると、私はいつもこう答えます。「昨日は頑張れた。今日も頑張れる。明日どんなことが起こるのかなど、絶対に考えてはいけない」貧乏も、苦悩も、不安も、絶望も、私は知りつくしてきました。いつだって、限界以上に働き続けなくてはいけませんでした。人生を振り返ってみれば、まるでそこは死んだ夢や破れた希望、ばらばらになった幻想が散らばった戦場みたいです。その戦場で私は、勝てる見込みの薄い戦いを続け、こうして歳よりもずっと早く老け込んでしまったのです。

ですが、自分を可哀想だとは思いません。過去を嘆いたりもしませんし、あんな苦悩と無縁の暮らしをしてきた女性たちを羨《うらや》む気持ちもありません。なぜなら私は彼女たちのようにただ存在していたのではなく、生きてきたのです。彼女たちのように人生という杯の表面に浮かんだ泡だけをすすっただけではなく、私は最後の一滴まで飲み干したのです。私は、彼女たちには絶対に知ることができないことを学び、絶対に見えないものを見てきました。涙に洗い流された広い視野を持たないと、世界のすべてと心の繋《つな》がりを持つことはできないのです。

私は「厳しき日々」という偉大な大学で、楽に生きてきた女性たちが決して知ることのない哲学を学びました。日々をありのままに受け入れること、明日を思い悩んで問題を抱え込まないことを学んだのです。明日を思い悩めば、人の心は縮み上がります。ですが私は怖くありませんでした。「たとえ恐れていたとおりになったとしても、それに立ち向かうための力と知恵は与えられるのだ」ということを、経験を通して知っていたのです。すこしくらい苛立《いらだ》つことがあっても、そんなことは私に関係ありません。幸福の宮殿もひとたび崩れてしまえば、召使いたちがフィンガー・ボウルの下に布を敷き忘れようと、コックがスープをこぼそうと、そんなことはどうでもいいことになるのです。人に多くを望まないことを憶《おぼ》えた私は、自分に対して正直じゃない相手とも、噂好きの相手とも、楽しくやっていけるようになりました。そして、ユーモアを忘れないようにしています。世間には、泣くか笑うかしかできないようなことがあふれているからです。自分の苦労を嘆くのではなく笑い飛ばせるようになれば、もう誰にもその人を苦しめることはできません。私は自分の積んできた苦労を嘆いたりはしません。その苦労があったからこそ、自分の人生をくまなく味わい尽くすことができたからです。払った苦労に見合うだけのものを、私はそこから得てきたのです。

ドロシー・ディックスは「一日というひと区切り」を生きることで、不安を乗り越えた。

夜明けを迎えられるとは思わなかった

J・C・ペニー

一九〇二年四月十二日、五百ドルを元手に億万長者になってやろうと、ひとりの若者がワイオミング州ケンメラーに雑貨店を開いた。ルイス・クラーク急行の旧《ふる》い貨物列車が通る、人口千人ほどの小さな炭鉱町である。若者夫婦は店の屋根裏で、空っぽの生地の箱をテーブル代わりに、小さな箱を椅子代わりにして暮らしていた。妻は赤ん坊を毛布に包んでカウンターの下で寝かせ、夫とともにお客の対応をした。

現在、その若者の名は、世界最大の洋服店チェーンの名前になっている。J・C・ペニーは全国に千六百店の支店を構えるほどにまで成長したのである。私は近ごろペニー氏と夕食を共にし、そこで彼の人生に訪れた劇的な瞬間の話を聞くことができた。

何年か前、私は人生でもっともつらい経験に襲われ、不安と絶望とに苦しみました。不安といっても、J・C・ペニー社とは関係の無いものです。会社の経営は盤石だったのですが、私個人はといえば一九二九年の大恐慌を前に、いくつかうかつな契約を交わしてしまっていたのです。おかげで他の多くの人たちと同じように、自分のせいでもないことで非難の的になりました。私は不安でたまらず不眠症になると帯状疱疹《ほうしん》という、激痛をともなう皮膚病にかかってしまいました。

オハイオ州ハミルトンで一緒に高校生活を送ったエルマー・エグルストンという友人が、当時ミシガン州バトル・クリークのケロッグ・サナトリウムで勤務医をしていたので、彼に診てもらったところ病状はかなり重いとのことでした。そこで手を尽くして治療をしてもらったのですが、あいにく効果はなく、私は日に日に悪化していきました。生き甲斐《が》心身ともに打ちひしがれ、絶望し、わずかな希望の光すら見出《みいだ》せませんでした。生き甲斐《い》もありはしません。まるで友人など誰もいず、家族にすら背中を向けられてしまったような気持ちでした。ある夜、エグルストンが睡眠薬を出してくれたのですが効果は長続きせず、私はすぐに目を覚ますと「これが人生最後の夜だ」という気持ちになりました。そしてベッドから抜け出し、もう夜明けは迎えられそうにないと、妻と息子に別れの手紙を書いたのです。

翌朝目を覚ました私は、まだ自分が生きていることに驚きました。階下へと降りてゆくと、近所の小さな教会から流れてくる毎朝の礼拝の歌声が聞こえました。私は教会へ行くと賛美歌と、聖書の朗読と、祈りに耳を傾けました。そのとき、なにかが起こりました。説明することはできません。奇跡としか言いようがないのです。まるであっという間に暗い地下牢《ろう》から暖かく眩《まぶ》しい太陽の下へと連れ出されたような、地獄から天国へと引き上げられてしまったかのような気分でした。生まれて初めて、私は神の力を感じました。そして、自分の抱える問題は、すべて自分に責任があるのだと悟ったのです。神はその愛で私を守っていてくれるのだと、私には分かりました。その日から、私は不安に悩まされたことはありません。私は今七十一歳ですが、あの朝、あの教会で訪れたもっとも劇的な二十分間のできごとは忘れられません。「神はお守りくださる」

J・C・ペニーはほとんど一瞬にして不安に打ち勝つ方法を知り、完全なる癒《いや》しを見出した。

ジムでサンドバッグを叩くか、ハイキングに出かける

エディー・イーガン大佐　ニューヨーク在住弁護士、ローズ奨学金委員長、ニューヨーク州体育委員会元委員長、アントワープ五輪にてボクシング、ライトヘビー級金メダルに輝く。

私は自分がなにかで頭を悩ませ、水車を回すエジプトのラクダみたいにぐるぐると不安に囚《とら》われ始めると、体をいじめぬいてそれを追い払うことにしている。ランニングでもいいし、郊外へのハイキングでもいいし、ジムで三十分サンドバッグを叩《たた》いたり、スカッシュをしたりしてもいい。とにかく、体を動かせば心の悩みなど吹き飛んでしまうんだ。週末は、とにかく体を動かして過ごす。ゴルフコースを走ったり、テニスをしたり、アディロンダック山地に行ってスキーをしたりね。そうして問題のことなどそっち

のけでくたくたになるまで体を動かすと、新たな気力とパワーを胸に、問題に向き直ることができるんだ。

私はニューヨークで働いているが、よくエール大学のジムで一時間ほど過ごさせてもらっている。スカッシュやスキーをしていれば、誰だって悩みなんて忘れてしまう。そんな暇は無くなってしまう。高くそびえ立つ不安の山々は小さなモグラ塚程度になり、新鮮な気持ちがそれをすぐ平らに均《なら》してくれる。

不安の最高の解毒剤は、運動だ。不安を感じたら頭より体を動かすようにすれば、きっとびっくりするような効果が現れる。私はそうやって、運動をして不安を追い払っている。

私は「バージニア工科大のお悩み男」だった

ジム・バーゾール　ニュージャージー州ジャージー・シティ　ボールドウィン通り一八〇番　C・F・ミューラー・カンパニー　工場責任者

十七年前、バージニア州ブラックスバーグで陸軍士官学校にいたころ、私は「バージニア工科大のお悩み男」として知られていた。あまりに悩みすぎて何度も体を壊したので、学校の診療所に私専用のベッドまで置かれている始末だった。看護師は私が姿を見せると、すぐに駆け寄って来て注射を打った。私には、なにもかもが不安だった。ときどき、なにを不安に思っているのか忘れてしまうほどだった。成績が悪くて大学を退学させられるのではないかと、不安だった。物理学を始め、いくつかの試験で落第した。平均で七十五点から八十四点を維持しなくてはいけないのは分かっていた。ひどい苦痛を伴う消化不良や不眠症など、自分の健康状態が不安だった。恋人にキャンディを買ってあげることも、ダンスに連れ出してあげることも、思うようにできなくて申し訳なかった。彼女が他の男を選んで結婚してしまうのではないかと不安だった。こうして、あれこれとつまらないことで悩みながら、昼も夜も胸を痛め続けていたのだった。

困り果てた私は、すべてをデューク・ベアード教授に打ち明けることにした。大学での四年間、彼と過ごしたあの十五分間ほど私の健康と幸福を膨らませてくれたものはない。教授は言った。「ジム、君は腰を据えて事実を見つめなくてはいけないよ。今そうして不安に費やしている時間とエネルギーを解決のために使えば、不安になることなどなにもありはしない。君は、悩むという悪癖が習慣になってしまっているだけなんだ」

教授は、私に悩みの習慣を打ち壊す三つのルールを与えてくれた。

ルール一：自分がなにを不安に思っているのか、問題をちゃんと見つける。

ルール二：問題の原因を見つける。

ルール三：問題を解決するため、すぐに行動を始める。

その後私は、すぐに建設的な計画を作り始めてみた。物理で落第したことを不安に思うのではなく、なぜ落第したのかと自問してみた。バージニア工科大学の学生新聞で編集長を務めていた自分が、馬鹿ではないのは分かっていた。

私が物理で落第したのは、そもそも物理に興味がないからだった。物理を学んだところで、工業技術者として仕事をするうえでは、何の役にも立ちはしない。だが、私は向き合いかたを変えると、自分に言い聞かせた。「学位を取るには、物理の試験に合格しなくちゃいけないんだ。それなのにつべこべ言うなんて、いったい何様のつもりだ？」

私はまた物理を取り直した。そして、不安に時間を費やす代わりに必死に勉強し、今度は試験に合格した。

お金の不安も、大学のダンスパーティでパンチを売ったりして解消した。父からもお金を借りたが、卒業後すぐに返済した。

人に取られるのではないかと不安だった恋人にも、プロポーズをした。今彼女は、私の妻になっている。

今振り返ってみると、私があんなに不安だったのは、原因を探ろうとする気持ちを失い、事実に向き合うことを避けようとしたせいで、わけが分からなくなっていただけなのだと分かる。

ジム・バーゾールは、問題を分析することで不安を克服した。彼は第四章「どのように不安をひもとき解決するか」で解説した原則を使ったのである。

私を支えてくれた言葉

ジョセフ・R・シズー博士　ニュー・ブランズウィック神学校校長（一七八四年に創立された、アメリカ最古の神学校）

ずっと以前、私は人生とは自分には抗《あらが》えない力のもとにあるものなのだと感じ、不安と幻滅の日々を送り続けていた。新約聖書の中に書かれた言葉と出会ったのは、そんなある朝のことである。

「私を遣わされた父は、私と共におられる」

それを目にしたとき、私の人生は一変した。私を取り巻くものがなにもかも、すっかり変わってしまったのである。この言葉を胸で繰り返さなかった日は、一日たりともありはしない。私の元には多くの人びとが相談に訪れるが、私は必ず彼らにこの励ましの言葉を贈って帰している。私はこの言葉とともに歩み、平穏と強さとを見出してきた。私にとっては、これこそが宗教の本質である。人生を価値あるものにしてくれるものすべての中に、この言葉が宿っているのだ。これぞ私の、人生の聖句なのだ。

どん底まで落ち、生き抜いた

テッド・エリクセン　カリフォルニア州ベルフラワー　サウスコーヌタ通り一六二三七
ナショナル・エナメリング&スタンピング社　南カリフォルニア代表

以前の私はとにかくくよくよしている男だったが、今はすっかり生まれ変わった。一九四二年夏、私は人生からすべての不安を追い払ってくれる経験をしたのだ。あの一件に比べたら、どんなトラブルでもまるでゴミのようだ。

ずっと昔からアラスカの商業漁船の乗組員としてひと夏を過ごしてみたいと思っていた私は、一九四二年、アラスカのコディアックから鮭漁に出る三十二フィートの底引き網漁船と契約した。このくらいの漁船ならば、乗組員は三人である。まずは船長、次に船長補佐、そして雑用係である。雑用係は普通スカンジナビア人の役目であり、私はスカンジナビア人だった。

底引き網での鮭漁は潮次第なので、一日に二十時間も働くこともよくあった。一週間ぶっ通しでそれが続くこともあった。他のふたりがやりたがらないことは、ぜんぶ私の役目だった。甲板掃除。漁具の片づけ。エンジンの熱でむせかえる狭いキャビンに置かれた小さなストーブで食事の用意もしたし、皿洗いもした。船の修理も私の役目だったし、獲《と》れた鮭を缶詰工場に運ぶため、はしけに移すのも私の仕事だった。長靴の中で、足はずっとずぶ濡《ぬ》れだった。船はよく浸水するのだが、それを汲《く》み出すような暇が私には無かったのだ。

だが、そんな仕事をすべてひっくるめても、「コルク線」と呼ばれる仕事の前では遊びも同然だった。これは、船首に足をかけて、網についたコルクの浮きや巻き綱を引き上げるだけの作業である。こう言うと簡単そうに思えるのだが、実際にやってみるとこれが実に重く、力一杯引いてもうんともすんとも言わないのだ。網をたぐり寄せても、船のほうが引っ張られてしまうほどなのである。びくともしない網を、私は全力で引っ張らなくてはいけなかった。一週間が終わるころには、私の気力も体力も一緒に終わりかけていた。体は悲鳴を上げていた。どこもかしこも痛くてたまらず、何ヶ月もその痛みは引いてくれないほどだった。

なんとか休める時間ができると、私は食料庫の上に置かれた湿ったマットレスで眠りに就いた。背中のもっとも痛む部分にマットレスのこぶを当てるようにして、薬でも盛られたかのように眠った。全身に、強烈な疲労という毒薬が回っていた。

だが、ああして痛みと疲労とに精一杯耐えていたおかげで不安を忘れられたのだから、今は感謝している。今でもなにか問題に直面したときには、不安を感じる代わりに「エリクセン、あのコルク線の作業よりも苦しいと思うか?」と自分に問いかけてみる。もちろん、あれより苦しいわけなどありはしない。だから私は元気を出し、勇気をもって体当たりしてみる。

そうしてたまには苦しい経験をしてみるのも有意義なものだと、私は思っている。どん底を生き抜いた経験は必ず役立ち、目の前の問題を小さなものへと変えてくれるのだ。

かつて私は世界最悪の間抜けだった

パーシー・H・ホワイティング　ニューヨーク　西四十二番街五〇　デール・カーネギー&カンパニー取締役

私はさまざまな病気を患い、どんな人間よりも多く生と死の境目を見てきた。私は、普通の心気症患者ではなかった。父がドラッグストアを経営しており、ほとんどその店内で育ってきた。毎日医師や看護師たちと話していたので、薬品の名前や病気の症状などについては、普通の人びとよりも詳しかった。普通の心気症と違うのは、症状である。ある病気のことについて何時間か不安を募らせていると、実際にその病気の症状がすべて体に現れてしまうのだ。

あるとき、私の住んでいたマサチューセッツ州グレートバリントンで、ジフテリアが大流行したことがあった。父の店には毎日毎日、感染患者を持つ家の人びとがやって来て、薬を買って行った。そして、恐れていたことが起こる。私がジフテリアに感染してしまったのだ。すっかり、そう思い込んでしまったのである。ベッドにもぐり込んで不安に震えていると様々な症状が現れてきて、私は病院送りになった。医師は私を診ると「なるほど、感染していますね」と言った。私は安心した。どんな病気だろうと、はっきり陽性だと分かれば怖くはない。私は寝返りを打つと、眠りに就いた。そして翌朝、すっかり健康になって目を覚ましたのである。

それから何年もの間、私はさまざまな奇病にかかって、人びとの注目と同情とを集めた。破傷風や狂犬病になって死にかけたこともあった。しばらくすると、私はごく一般的な病気へと落ち着くようになった。主に癌と結核だった。

今でこそ笑い話だが、当時はつらくてたまらなかった。何年もの間、自分は死の淵《ふち》を彷徨《さまよ》っているのではないかと、恐ろしくてたまらなかったのだ。春になり新しい服を買うときには、胸の中で「どうせ着古すまで生きられないのに、金の無駄じゃないのか」と言った。

だが、この十年間は嬉《うれ》しいことに一度も死にかけたりはしていない。自分の馬鹿げた妄想を笑い飛ばすことで、体に現れる症状を消し去ってしまったのだ。体に恐ろしい症状が現れそうになると、私は笑って自分にこう声をかけた。「見ろよホワイティング。

お前はこの二十年間いろんな致死の病で死にかけてきたが、まだぴんぴんしてるじゃないか。この間だって、新しく保険会社の審査に通っただろう。そろそろ自分のことを端からみて、とんだ間抜けだと笑ってやったらどうだ?」

そうこうしているうちに、笑い飛ばすことと不安を抱くことは同時にできないものなのだと、私は分かってきた。だからそれ以来、私はいつでも自分のことを笑い飛ばすことにしている。

この話のポイントは、自分のことをあまり深刻に考えすぎないということだ。つまらない悩みなど笑い飛ばしてしまえば、不安など追い払えるのだと分かるだろう。

常に補給線を確保してきた

ジーン・オートリー　世界で愛される、有名なカウボーイ歌手

思うに、ほとんどの不安は家族のトラブルとお金のことである。私と同じ環境で育ち同じことを楽しめる、オクラホマの小さな町出身の妻を持つことができたのは、私にとって幸せなことだった。ふたりで黄金律を守ろうとしている限り、家族の間には大した

問題も起こりはしない。

お金の問題も、ふたつのことをすることで最小限に抑えられた。まずひとつめは、「あらゆることに対して百％誠実に向き合う」というルールを徹底したことだ。お金を借りれば、きっちり耳を揃えて返す。不誠実でいれば、つまらないことでもたくさんの不安を生み出す種になってしまうからだ。

ふたつめは、新しいことを始めるときには、いざというときの切り札を用意しておくことだ。軍事の専門家であれば、戦闘の第一原則とは補給線の確保であると言う。

この原則は軍事のみならず、個人にもそのまま当てはまる。たとえば、まだ私が若くテキサスやオクラホマに住んでいたころ、州が大干ばつに襲われたことがあった。一家は、毎日の糧を稼ぐこともままならなかった。お金などありはしなかったので父は馬を幌《ほろ》馬車に繋《つな》いで方々を回り、馬を売り歩いて生活費の足しにした。もっと安定した生活がしたかった私は鉄道の駅で仕事を得て、空いた時間に電信技術を学んだ。やがて、フリスコ鉄道の補欠交換手に採用してもらうことができた。そしてあちらこちらの駅に派遣されては、病欠や休暇の職員の代打を務めたり、人の手に余った仕事を請け負ったりして働いた。給料は、月に百五十ドルだった。その後、もっと高収入の仕事にもありついたが、私には、鉄道の仕事は経済的に安定しているのだという気持ちがあった。だから、いつでもその仕事に戻れるよう道を確保しておいた。そしてその補給線は、私が新たにもっといい職に就くことができるまでは、絶対に切らないように気をつけていたのだった。

たとえば一九二八年のこと、フリスコ鉄道の補欠交換手としてオクラホマのチェルシーで働いていたある夜、ひとりの客が電報を打ちにやって来た。彼は私がギターを弾きながらカウボーイ・ソングを唄《うた》っているのを聞くと、「そんなに上手《うま》いのなら、ニューヨークに行って舞台かラジオで仕事を探すべきだ」と言ってくれた。私はその言葉に舞い上がったが、彼が電報に書いた名前を見て、目の玉が飛び出るほど驚いた。そこには「ウィル・ロジャース」と、あの有名歌手の名が書かれていたのである。

だが私はすぐにニューヨークに飛ぼうとはせず、九ヶ月間もかけて考え抜いた。そして「ニューヨークで失敗したところで失うものなどなにもないのだから、ひとつやってみよう」という気持ちになった。立場上、鉄道も無料で使うことができる。サンドイッチとフルーツを持って行き、車内に寝泊まりすればいい。

私はニューヨークへと旅立った。到着すると一週間五ドルで家具付きの部屋を借り、自動販売機で食事をし、二ヶ月半もストリートを歩き回った。だが、得るものはなにもなかった。いつでも仕事に戻れるようにしておかなかったら、私はきっと不安のせいで病気になってしまっていたことだろう。五年間も鉄道で働いていた私は、復職のための優先権を持っていたのである。だが、その権利は元々三ヶ月の期間しかなく、残りはもう二週間になっていた。だから私は無料乗車券を使い慌ててオクラホマへと舞い戻ると、また鉄道会社に戻り、補給線の確保に精を出した。数ヶ月ほど働いてお金を貯めると、またニューヨークへと戻った。今度はチャンスに巡り会うことができた。

あるとき、レコーディング・スタジオのオフィスにオーディションに出かけ、受付の女の子に『ジャニンヌ』の弾き語りを聞かせていると、そこへ作曲した張本人ナサニエル・シルクレットがふらりとやって来たのだ。私が唄っているのが自分の歌だと気づくと、彼は大喜びをした。そしてビクター・レコーディング社への紹介状を書き、そこへ行くように言ってくれたのである。ようやく自分のレコードができた。だが、緊張と自意識過剰とで、できばえはあまりいいとは言えなかった。そこでビクターのレコーディング担当者のアドバイスを受け入れタルサへと戻ると、昼の間は鉄道会社で働き、夜にラジオに出演してカウボーイ・ソングを唄った。この暮らしは楽しかった。補給線が確保してあるのだから、不安はなにもない。

タルサのKVOOというラジオ局では、九ヶ月間唄わせてもらった。その間に、ジミー・ロングと一緒に『That Silver-Haired Daddy of Mine』という曲を書いたところ、これが当たった。そして、アメリカン・レコーディング社の社長、アーサー・サッサリーからレコーディングの依頼が舞い込んできた。それから何曲かを一曲五十ドルのギャラでレコーディングすると、ついにシカゴのWLSというラジオ局でカウボーイ・ソングを唄う仕事にありついた。報酬は、週に四十ドルである。そこで唄って四年が経つころには、報酬は週に九十ドルになり、その他にもステージに立って三百ドルを稼いだ。

一九三四年、私の元に大きな幸運が訪れた。映画業界の浄化運動が起こり、連盟が組織されたのだ。そのためハリウッドのプロデューサーたちはカウボーイ映画を撮りたがったが、そこで彼らが求めたのが、唄えるカウボーイという新たなカウボーイ像だった。アメリカン・レコーディング社の社主は、リパブリック映画社の共同出資者でもあったのだが、彼は「もし唄えるカウボーイが欲しいなら、うちでレコードを出してるのがひとりいるよ」と周囲に声をかけてくれた。そうして私は、週に百ドルで唄うカウボーイ映画に出演することになった。それで成功する気はまったくしなかったが、不安は感じなかった。いつでも昔の仕事に戻れるのを知っていたからだ。

だが、映画出演は思いも寄らなかったような大成功になった。今の私は年に十万ドルと、映画の利益の半分を自分の収入にしている。こんなことが永遠に続くわけではないのは知っているが、そこに不安はない。なにかが起こって財布がすっからかんになろうとも、そのときはオクラホマに戻ってフリスコ鉄道で働けばいいのだ。私には、生きた補給線があるのだ。

インドで聞こえた声

E・スタンレー・ジョーンズ　演説家であり、全米で有名な宣教師

私はこの人生の四十年を、インドでの布教活動に捧《ささ》げた。初めのころはインドの熱気と、布教活動に付きまとう大きな責任とに耐えるだけでも精一杯だった。八年目の終わりを迎えるころ、私は極度の精神的消耗と神経の疲労とにさいなまれ、何度も倒れた。だから、一年間アメリカで休みを取るように申し渡された。帰りの船上、私は日曜の説教の途中でまたもや倒れ、船医から、国に着くまで安静にしているよう命じられてしまった。

アメリカでの一年の休養を終えた後、私はまたインドへ戻るために出発したが、途中でマニラで停泊すると大学生たちを前に布教会を開くことになった。会を重ねる中、私はまた何度か倒れた。医師たちは、もしインドに戻れば命取りになると私に警告した。私はそれを無視してインドへと向かったが、心の中には黒雲が立ち込めていた。ボンベイに着くころにはあまりに具合が悪くなっていたため、そのまま丘陵地帯に行って数ヶ月間の静養を取り、それからまた平原へと戻ると自分の仕事を続けた。だが、静養にも意味はなかった。また倒れ、長期休暇を取るため丘陵地帯へと送り返されてしまったのだ。心も神経も肉体も、すべてがぼろぼろだった。力など、使い果たしてしまっていた。もう一生、元どおりの健康を取り戻すことができないのではないかと、不安になった。どこかに救いを求めなくては。布教活動を断念してアメリカに戻り、農場で働きながら健康を取り戻すしかないと思った。あんなに落ち込んだことはない。その頃は、ラクナウで布教集会を続けていたのだが、ある夜祈りを捧げている最中に、私の人生をぐるりと変容させてしまうできごとが起こった。我を忘れて祈りを捧げているとき、ふと「お前は、私が与えたこの仕事を続ける気があるか？」と声が聞こえたのだ。

「いいえ、神よ。私はもう駄目です。力を使い果たしてしまいました」。私は答えた。

「もしお前が私の手にそれを委《ゆだ》ねたいなら、私が引き受けよう」。声が言った。

「神よ、では今すぐそのようにしましょう」。私は答えた。

私の胸に深い平穏が訪れ、全身へと広がっていった。終わったのだ！　私は大いなる生命の一部となったのだ。その夜、私は気持ちが昂《たか》ぶり、足も地に着かないような気持ちで家路を辿《たど》った。世界中が聖域になってしまったかのようで、私は自分の肉体の存在すら忘れてしまっていた。それから何日もの間、私は朝から晩まで働き続け、ベッドにもぐり込んでも「なぜ疲れなどまったく感じていないのに眠らなくてはいけないのだろう」と首をひねった。まるで生命と平穏と安息と――キリスト自身と――溶け合っているかのようだった。

私は、このことを人に話してもいいものかと迷った。そして迷いながらも、やはり話すべきだと思い立った。どう受け止められるかは分からないが、とにかく伝えるべきだと感じたのだ。あれから私は、このうえなく忙しい暮らしを二十年以上にわたり続けてきたが、昔のような不安には二度とさいなまれたりしなかった。体も、すっかり健康だった。いや、体だけではない。まるで体と心と魂に、新たな生命が吹き込まれたような気持ちだったのだ。あの経験をしてからというもの、私はより高き人生を歩むようになっていた。私は迷わず、ただそれを受け入れたのだった。

あれから長い年月が過ぎ、私は世界各地を旅しながらときには一日に三度も講演を行い、そのかたわらで時間を見つけては『キリストと巡るインド（The Christ of the Indian road）』をはじめ、十二冊の本を執筆した。そんな生活の中でも、約束を忘れたり、遅刻したりしたことは一度もない。六十三歳になる今、かつての不安はすべてとっくに消え去り、私は奉仕の喜びと、人に人生を捧げる幸福とに満ちあふれている。

恐らく、私が経験した肉体と精神の変容は、心理学的に分析し、説明できるものなのかもしれない。だが、そんなことはどうでもいい。広大な生命の前では、人の歩む道程など取るに足らないような些細《ささい》なものなのだから。

ひとつだけ確かなことがある。それは、ラクナウでの私が衰弱と絶望の底にいた三十一年前のあの夜、私の人生がすっかり変容し、高みへと押し上げられたということだ。あの声は私に「もしお前が私の手にそれを委ねたいなら、私が引き受けよう」と言い、私は「神よ、では今すぐそのようにしましょう」と答えたのだ。

玄関に保安官が現れた日

ホーマー・クロイ　ニューヨーク　パインハースト通り　小説家

一九三三年のある日、保安官が玄関にやって来て、私は裏口から逃げ出した。あれが人生最悪の瞬間だった。子供たちが生まれ、家族で十八年間を過ごしたあのロング・アイランド、フォレスト・ヒルズ、スタンディッシュ通り一〇番の我が家を、私は失ってしまったのだ。そんなことが起こるとは、夢にも思っていなかった。十二年前、私は世界の頂点まで登り詰めたと思っていた。小説『給水塔の西』の映画化権を、ハリウッドでも最高額で売ったのだ。家族とともに海外に行き、二年間を過ごした。スイスで夏を過ごし、フランス領リヴィエラで冬を過ごし、のんびりした金持ち暮らしを満喫していた。

パリに半年間滞在し『巴里《ぱり》見るべし』と題した小説を執筆した。映画版にはウィル・ロジャースが出演したが、これが彼の初映画となった。ハリウッドに残って彼のために映画を何本か書いて欲しいと頼まれ迷ったが、残らないことに決めた。だが、ニューヨークに戻ると問題が持ち上がった。

いつからか私は、「自分にはまだ眠っている才能があるのだ、自分はこんなものではないのだ」という気持ちに取り憑《つ》かれるようになっていった。誰かから、ジョン・ジェイコブ・アスターがニューヨークの土地取引で億万長者になったことを聞かされた。だが、アスターごときが何者だというのだ。たかが移民の行商人ではないか。彼にできて、自分にできないはずがない。私も大金持ちになれるはずだ！　私は早速、ヨット雑誌を読みふけった。

私は無知であるがゆえに、恐れ知らずだった。エスキモーたちが石油燃料のことなど知らないのと同じくらい、不動産売買に対しては無知だった。さて、実業家として輝かしい一歩を踏み出すためには、どうやって資金を集めたらいいのだろう？　これは簡単だった。私は自宅を担保に金を借り、フォレスト・ヒルズで最高のビル建設用地を買ったのである。私は人形のハンカチほどの土地売買すらしたことがないくせに「ここの地価が高騰したら売り払って、贅沢《ぜいたく》な暮らしをしてやるのだ」などと思っていた。けちな給料生活を送るサラリーマンはなんと哀れなのだと思っていた。私は彼らと違い経済的な才能を神に与えられたのだと、思い上がっていた。

だがカンザス州に吹き荒れるサイクロンのような激しい不況が訪れ、私はトルネードに揺さぶられる鶏小屋のように震えて暮らさなくてはいけなくなった。

月日は飛ぶように過ぎていった。私はそのうえ、担保に入れた自宅の利子も払わなくてはいけなかったし、生活費も捻出《ねんしゅつ》しなくてはいけなかった。私は不安に襲われ続けた。

雑誌にユーモア小説を書こうとしていたのだが、なにを書いても『エレミアの哀歌』のような憂いを帯びてしまった。なにも売れるものがない。小説も失敗した。金はすっかり底を突いてしまった。売れるものといえばタイプライターと、歯に詰めた金歯だけだった。牛乳屋も、うちに牛乳を配達するのをやめた。ガスも止められた。だから、アウトドア用の携帯コンロを買わなくてはいけないはめになった。広告などでよく見かけるような、ガソリンを円筒形のタンクに入れて火を点《つ》けると、怒り狂ったガチョウのように炎が燃え上がるやつだ。

石炭も切れてしまい、私たちは石炭会社に訴えられた。暖房といえば、暖炉しかなかった。夜中にこっそりと外に出かけ、金持ちが建てている家の建設現場から、木ぎれや板きれを拾って来てそれを燃やした。私だって金持ちになり、そんな豪邸を建てるつもりだったというのに。

私は不安のあまり眠れなくなってしまった。よく深夜に起き出しては、くたくたになって眠くなるまで外を歩き回った。

私はあの土地を失っただけではなく、そこに注ぎ込んだ心血までもを失ってしまったのだった。銀行は自宅の抵当権を行使し、私と家族を道路にほうり出した。

私たちは何とかしてすこしの金を工面すると、小さな賃貸アパートに移り住んだ。一九三三年の十二月三十一日のことである。私は段ボール箱に座り込んでアパートを見回しながら、「こぼしたミルクを嘆くな」という母の言葉を胸に呼び起こしていた。

だがこれはミルクではない。私の心血なのである。

私はしばらくじっと座り込んでから、自分に言った。「なに、どん底に落ちたがとにかく生きているじゃないか。あとは上ってゆくだけだ」

幸い、抵当に取られず私の手元に残ったものもあった。健康と友人たちだ。またやり直せる。過去を嘆くのはやめよう。私は、あの母の言葉を毎日毎日心の中で繰り返した。

不安に費やしていたエネルギーを、私はすべて仕事へと注いだ。するとすこしずつ、状況がよくなっていった。あの悲劇のおかげで強さ、勇気、自信を得ることができたのだと、今では感謝すらしている。どん底というものを、私はこの目で目撃した。人はどん底に落ちても死ぬことはない。私たちは、自分が思うよりもずっと強いのだ。ときどき不安や心配ごとに襲われかけると、私は段ボール箱に座っていたあの日のことを思い出し、自分にこう声をかける。

「なに、どん底に落ちたがとにかく生きているじゃないか。あとは上ってゆくだけだ」

彼はどの原理に頼ったのだろうか？　オガクズを挽《ひ》いてはいけない。変えられない運命と調和する。どん底まで落ちてしまえば、あとは上ってゆくだけなのだ。

私の最大の敵は不安だった

ジャック・デンプシー　ボクシング元世界ヘビー級王者

ボクシング生活を送る中で最強の敵だったのは、並み居るヘビー級選手たちではなく、不安だった。不安を食い止める方法を知らなくては、気力を失い、成功への道が閉ざされてしまうのだと知った。だから私はすこしずつ、その方法を開拓していった。

一　リングで勇気を持ち続けるため、戦っている間も自分に励ましの言葉をかけ続ける。たとえばアンジェロ・フィルポとの試合では、「俺は誰にも止められない。あいつは俺に歯が立たない。パンチなんて効くもんか。痛くも痒《かゆ》くもないぞ。なにがあっても、とにかく前に出続けろ」と、何度も何度も繰り返した。こうしてポジティブな声をかけて積極的に考えていると、力が湧いてきた。集中力が出て、パンチを喰《く》らってもなにも感じないほどだった。選手生活の中では唇が裂けたことも、まぶたを切ったことも、あばらを折ったこともあった。フィルポに殴り飛ばされて場外に落ち、記者のタイプライターの上に落ちて壊してしまったこともあった。だが、フィルポのパンチなどひとつも効いてはいなかった。効いたパンチは、レスター・ジョンソンにあばらを三本折られたパンチただひとつだけだ。痛いわけではなかったが、あのときは呼吸ができなくて苦しかった。私がもらったパンチで効いたのは、あのパンチだけである。

二

次は、悩むことなど馬鹿らしいと自分に言い聞かせ続けることだった。私が不安に襲われるのは、だいたいビッグ・マッチを前にしたトレーニング期間のことだった。夜は不眠に悩まされ、延々と寝返りを打ったり不安にさいなまれたりしたものだ。拳《こぶし》を骨折するかもしれない、脚を折るかもしれない、第一ラウンドでまぶたを深くカットしてパンチが当たらなくなってしまうかもしれない……。そんな不安に取り憑かれると、私はベッドを抜け出して鏡を見つめながら、自分に話しかけた。「まだ起こっていないことや起こりもしないことでそんなに不安になるなんて、お前はどうかしているぞ。人生は短いのだ。いつまで生きられるかも分からないんだから、生きている間は大いに楽しむべきだ。とにかく体が大事だ。健康より大切なものなどないぞ」。そして、不眠と不安を続ければ体を壊してしまうと、何度も自分に言い聞かせた。そうして何日も、何年も言い聞かせ続けているうちにようやくその言葉は私の体に染みこみ、不安は大量の水に押し流されるように、すっかり消え去ってしまったのだった。

三　なにより効果を発揮してくれたのは、祈ることだった。試合に向けて練習をしながら、私は一日に何度も祈りを捧《ささ》げた。そしてリングに上がると、ラウンドのインターバルに入るごとに祈った。そうすると、勇気と自信を持って戦うことができた。祈りを忘れてベッドに入るようなことは絶対にしない。神への感謝を捧げずに食事をすることもない。そうすると、その祈りに神は必ず応《こた》えてくれるんだ。

孤児院に入れられないよう祈ったこと

キャサリン・ハルター　ミズーリ州ユニバーシティ・シティ　主婦

私の少女時代は、恐怖で満ちあふれていた。母は心臓に病気を抱えており、毎日のように目眩《めまい》を起こしては倒れた。家族はみな、母が死んでしまうのではないかと恐れていた。母親が死んでしまうと、子供たちはミズーリ州のウォレントンにあるセントラル・ウェスレヤン孤児院に入れられることになる。六歳の私はそれを想像するだけでも恐ろしくてたまらず、いつでも祈り続けた。

「神様、どうか孤児院に行かなくてすむ歳まで、ママを連れて行かないでください」

二十年後、弟のマイナーは大けがをし、極度の痛みと二年間もの格闘を続けたあげく、この世を去ってしまった。弟は、自力で食事をすることも、寝返りを打つこともできなかった。痛みを和らげるため、私は昼も夜もなく三時間おきにモルヒネを注射してやった。そんなことを二年間も続けたのだった。当時、私はウォレントンのセントラル・ウェスレヤン・カレッジで音楽を教えていた。隣人たちは弟が激痛に悲鳴を上げるとカレッジにまで電話をかけてきたので、そんなときは授業を放り出し、注射をするために自宅に駆け付けなくてはいけなかった。毎晩寝るときには、次の注射をするため三時間後に目覚ましをかけた。寒い冬には窓の外に牛乳を出しておいてアイスクリームを作るのが好きだったのだが、これを励みにして真夜中にでもベッドから起きたものだった。

そんな困難ばかりの日々の中、私は自己憐憫《れんびん》や不安を忘れて自分の人生を愛するために、ふたつのことを心がけていた。ひとつめは、一日に十二時間から十四時間も音楽を教えて忙しくすることで、問題を頭から追い払うことだった。自己憐憫が湧き起こってくるたびに、私は何度でも自分にこう声をかけた。「いい？　自力で歩けて食事もできて、ひどい痛みに苦しんでいないのならば、あなたはそれだけで世界一幸せなの。なにが起こっても、そのことだけは忘れてはだめ。絶対に！　絶対に！」

私は自分に与えられた数多《あまた》の祝福に、自然な、そしてたゆまぬ感謝の気持ちを育《はぐく》もうと、ひたすら努力しようとした。毎朝目を覚ますと、日々が昨日より悪くなっていないことを神に感謝した。そして、問題をいろいろ抱えてはいても、自分はウォレントンでいちばん幸せな人間なのだと自分に言い聞かせた。さすがにその目標を達成できたとはいえないが、それでも私は町でいちばん感謝を抱く女性になることはできたと思っている。私よりも深い悩みを抱えている人びとは、きっとたくさんいるのだ。

この音楽教師は、この本で書いた原則に則《のっと》って、忙しくし続け、自分はなにに感謝すべきかを自ら確認することで、不安を乗り越えた。この方法は、あなたにも必ず役に立ってくれる。

私はヒステリーの女性のようだった

キャメロン・シップ　雑誌記者

私は数年にわたり、カリフォルニアにあるワーナー・ブラザースの公共部門で楽しく働いていた。特集記事のライターとして、新聞や雑誌に掲載する社のスターたちの記事を書いていたのだ。

突然、広告ディレクター補佐に昇進が決まった。社の経営方針が変わり、私は重役補佐という輝かしい肩書きを手に入れたわけだ。おかげで私は個人用の冷蔵庫と秘書ふたりのついた個人オフィスへ移り、脚本家、開発者、通信係など、七十五名の部下を抱えることになった。舞い上がった私はすぐ店に行ってスーツを新調し、威厳を漂わせようと話しかたまで変えた。ファイリング・システムを作り、ものごとの決定権を存分に行使し、昼食は手短に済ませるようになった。

いつの間にか、ワーナー・ブラザースの広報活動は、自分の肩にすべてかかっているのだと思い込むようになっていた。ベティ・デイヴィス、オリヴィア・デ・ハヴィランド、ジェームズ・キャグニー、エドワード・G・ロビンソン、エロル・フリン、ハンフリー・ボガード、アン・シェリダン、アラン・ヘイル……。そうしたスターたちは、公私ともに自分がこの手で支えているのだとすら、私は思っていた。

だが一ヶ月も経たないうちに、私は自分が胃潰瘍《いかいよう》にかかっていることに気づいた。もしかしたら、胃癌かもしれなかった。

戦時中の私の主な活動は、映画広報協会の戦争活動委員会で議長を務めたことだった。この仕事は気に入っていたし、会議で友人たちと顔を合わせるのも楽しかった。だが、だんだんと会議を開くのが不安になってきた。会議の後で、いつもひどく体調を崩すようになってしまったのだ。帰宅の途中でしょっちゅう車を止め、なんとか運転できるように気力を振り絞った。時間はあまりないのに、するべき仕事は山積みだった。どの仕事も重要なものばかりで、私にはとてもすべてをこなすことは不可能だった。

そこで私はある広告マンの勧めで、内科医の権威に診てもらうことにした。いわく、この医師にかかっている広告マンは非常に多いのだという。

医師の話は手短で、私にどこが痛むのか、仕事は何なのかを訊《たず》ねただけだった。どうやら病気よりも私の仕事のほうに興味があるようだった。だが、私はすぐに彼を信頼した。それから二週間、毎日医師はさまざまな検査を私にした。私は検査を受け、調べあげられ、レントゲンを撮り、X線スキャンを受けた。そして、ようやく診断結果を聞くことができた。

「シップさん」。医師は椅子に寄りかかりながら、私に煙草を差し出して言った。「いろいろと大げさな検査をしてきました。ひと目見て胃潰瘍なんて無いと思っていましたが、どうしても必要だったんですよ。あなたの性格から見てもご職業から見ても、ちゃんと裏付けをお見せしないと納得されないでしょうからね。さあ、これをどうぞ」

彼はそう言うと、カルテとレントゲン写真を出して、説明してくれた。胃潰瘍は、どこにも見当たらない。

「ちょっとお金はかかりましたが、それだけのことはあったでしょう。あなたへの処方《しょほう》箋《せん》は、ずばり『悩まないこと』に尽きます」

私が言い返そうとすると、医師はすぐにそれを遮った。

「まあお聞きなさい。そうは言ってもすぐに処方箋を納得してくれるとは思いませんから、ちょっとしたお薬を出しましょう。ベラドンナを含有するお薬です。お好きなだけ服用して下さって構いません。なくなったら、また取りにいらしてください。リラックスできますよ。副作用はありません。ですが、本当は必要ないことは憶《おぼ》えておいてください。悩むのをやめれば、それで大丈夫なんです。もしそれでも悩み続ければ、またあなたはここに来て、多額の治療費を払わなくちゃいけなくなります。それは嫌でしょう?」

本当ならば医師の指示通りにすぐ悩むのをやめるべきなのだが、私は違った。その後数週間、不安になるたびに薬を飲み続けたのである。薬を飲むと、すぐに気分が良くなった。

だが、薬を飲むのはどうも馬鹿らしかった。私は体が大きく、身長はリンカーンと同じくらいで、体重も九十キロはある。そんな自分が不安に負けて、小さな錠剤を服用しているのだ。これではまるで、ヒステリー女のようではないか。友人からなぜ薬を飲んでいるのか訊ねられても、恥ずかしくて答えられなかった。だんだんと、自分が滑稽《こっけい》に思えてきた。

「おい、キャメロン・シップ、お前はまるで馬鹿みたいだぞ。自分のこともつまらないことも、針小棒大に受け止めてしまって。ベティ・デイヴィスもジェームズ・キャグニーもエドワード・G・ロビンソンも、お前が現れる前からずっと有名人だったんだ。今夜お前が死んでしまったところで、ワーナー・ブラザースにもスターたちにもまったく関係ないさ。アイゼンハワーもマーシャル元帥もマッカーサーもジミー・ドーリットルもキング提督も、薬なんて飲まずに戦争を戦ったんだ。それなのにお前ときたら、胃がカンザスのつむじ風みたいにきりきり痛むものだからって、その白い薬を飲まないと映画広報協会の戦争活動委員会すらまともに仕切れないようなざまじゃないか」

私は、錠剤を飲まずにいることにプライドを持ちはじめた。しばらくすると私は薬をすべて流し台に捨て、夕食の前にすこし眠る習慣をつけながら、ゆっくりと以前の生活を取り戻していった。医師のところへは、二度と戻らなかった。

だが、彼にはあの高額な診療費など霞《かす》むほどの恩がある。自分を笑い飛ばすことを教えてくれたのは、彼だったのだ。だが、それより彼が素晴らしかったのは、私の馬鹿さ加減を笑おうとはせず、悩むことなどないではないかとも言わなかったことである。彼はひたすら真摯《しんし》に私と向き合い、顔を立ててくれた。あの狭い箱の中で出口を教えてくれた。だが今の私と同じように、あの医師は「この病気はあんな小さな薬などで治るものではなく、直すには心の持ちようを変えるしかない」のだと、分かっていたのである。

このエピソードの教訓は、「今薬に頼っている多くの人びとはパート7を読み、リラックスしよう」ということだろう。

皿洗いをする妻の姿を見て、不安を乗り越えた

ウィリアム・ウッド牧師　ミシガン州シャーレボイ

数年前、私は強烈な胃の痛みに襲われました。あまりに痛くて熟睡できず、夜中に何度も目を覚ましてしまうほどでした。父親を胃癌で亡くしていたため、自分もそうなのではないかと怖くなりました。よくても胃潰瘍でしょう。そこでミシガン州ペトスキーにあるバーンズ・クリニックに検査を受けに行きました。そこでは専門医のリルガ先生に検査を受け、胃のレントゲン写真を撮ってもらいました。先生は、胃潰瘍でも胃癌でもないから安心しなさいと言って、睡眠薬を処方してくれました。先生によると、胃の痛みは精神的なものだとのことです。私が牧師だと聞くと、先生はまず「あなたの教会員に、トラブルメーカーがいるのではないか」と訊ねました。

先生は、仕事のしすぎだと私に言いました。私もそう思っていました。毎週日曜の礼拝や、教会関連のさまざまな行事の他に、私は赤十字の委員長とキワニスの会長も務めていたのです。さらに週に二つ三つ葬儀があり、他の活動も山ほどこなしていたのです。

仕事へのプレッシャーは常にありました。のんびりする暇などありません。私はいつも緊張し、急《せ》かされ、気持ちを張り詰めさせていたのです。そして、すっかりなにもかもが不安でたまらなくなってしまいました。気持ちがどうしても前に進んでくれないのです。あまりに痛みが強烈だったので、私はリルガ先生の助言に飛びつきました。毎週

月曜日を休みにし、さまざまな責任や活動から解放されたのです。

ある日机の片づけをしていると、とてもいい考えが閃《ひらめ》きました。私は、うずたかく積み上がっていた説教のノートや昔のメモにそれぞれ目を通し、片っ端からゴミ箱の中に放り込んでいるところでした。ふと手を止め自分に言いました。「ビル、今ノートを捨てているように、不安だって捨ててしまったらどうなんだ？　昨日までの不安なんて、まとめてゴミ箱に放り込んでしまえばいいじゃないか」。これだ、と思ったそのとき、両肩に載せた重りがふわりと軽くなったように感じました。あのとき以来、私はもう必要のない不安はすべてゴミ箱に捨ててしまうことをルールにしています。

しばらく経ったある日、皿洗いをする妻の隣で濡《ぬ》れた食器類を拭《ふ》いていると、あることを思いつきました。唄《うた》いながら皿を洗う妻を見ながら、私は自分に言いました。「見ろよビル、お前の嫁さんはなんて幸せそうなんだ。結婚して十八年、彼女はずっと皿を洗い続けてきた。結婚した当時、これから自分が洗うことになる皿が未来に積み上がってるのを見たら、彼女はどう思っただろうな。まるで納屋みたいに積み上がった、汚れた皿の山だ。そんなものを見たら、どんな女でもうんざりするだろうよ」

私は、胸の中でこう答えました。

「妻が皿洗いを気にしないのは、毎日すこしずつ洗えばいいからさ」

そこではっとしたのです。私は今日の皿も昨日の皿も、まだ汚れていない未来の皿までいっぺんに洗おうとしていたのです。

なんて馬鹿だったのだろうと感じました。日曜朝には説教壇から人びとに向けて人生を説いているというのに、当の本人であるこの私が、緊張感と不安と焦燥感にまみれていたのです。恥ずかしくてたまらない気持ちでした。

今はもう、不安などありません。胃痛からも解放されました。夜もぐっすり眠れます。もう私は昨日の不安などゴミ箱に放り込み、明日の皿を洗おうとするのはやめたのです。

第一章で書いた「未来の重荷を過去の重荷と一緒に背負おうなどとしたならば、よろめかずに今日を生きることなどできはしない」という言葉を、あなたは憶えているだろうか？　あなたも、一度にさまざまなことを背負い込むのはやめるべきだ。

答え―それは忙しくすることだ！

デル・ヒューズ　ミシガン州ベイシティ　公認会計士

一九四三年、私は肋骨《ろっこつ》を三本折った上に肺も損傷し、ニューメキシコ州アルバカーキにある退役軍人病院に入院した。ハワイ諸島で行った、海軍の水陸両用艇による上陸演習で事故に遭ってしまったのだ。私が飛び降りようとしたところへ大波がやって来たせいで水陸両用艇が持ち上げられ、私はバランスを崩して砂浜に叩《たた》き付けられてしまったのである。体をしたたか打った衝撃であばらが三本折れ、右の肺に穴を開けてしまったのだった。

入院して三ヶ月が過ぎたころ、私は人生最大のショックを受けた。医師に、まったく何の回復も見られないと告げられてしまったのである。私はじっと考えると、病状に進展が無いのは不安が原因なのではないかと思い当たった。それまではずっと活動的な暮らしを送っていたというのに、入院してからの三ヶ月は一日じゅうただじっと仰向《あおむ》けに寝転がったまま、考えごと以外なにもしていなかったのである。考えれば考えるほど、不安は膨れあがった。世間にはまだ自分の居場所があるのだろうか？　体に障害が残ったりはしないのだろうか？　ちゃんと結婚して普通の人生を送ることができるのだろうか？　ありとあらゆることが不安だった。

私は医師に頼み込んで隣の病棟へと移してもらった。『カントリークラブ』と呼ばれるその病棟では、患者たちが好きなことをして過ごすのを許されていたからだ。

カントリークラブに移った私は、ブリッジに興味を持つようになった。一ヶ月半のうちに、私はブリッジの遊びかたを憶《おぼ》え、他の患者たちと遊び、カルバートソンの書いた攻略本を読みふけった。それからというもの、私は入院生活のほとんどを、夜になるとブリッジをして過ごした。また油絵にも惹《ひ》かれ、毎日午後三時から午後五時の間はプロから習うようになった。ときには、人が見てもなにが描いてあるのか分かるような傑作もできた。また、石鹸《せっけん》や木材を使って彫刻を彫るのも教わり、関連の本を読むのは本当に楽しかった。そうして日々を忙しく過ごしているうちに、私は自分の怪我で悩むことなどしなくなっていった。赤十字から寄付された心理学書も何冊か読んだ。そうして三ヶ月が過ぎると、医師たちはみんな私のところにやって来ては、「目覚ましく回復している」と嬉《うれ》しそうに言ってくれた。生まれてから、あんなに嬉しい言葉が他にあったろうか。私は喜びのあまり、叫び出したいような気持ちだった。

私が言いたいのは、寝ている以外なにもすることがなく不安だったころは、まったく回復しなかったということだ。不安という毒で自分の肉体を悪くしてしまっていたのだ。折れた肋骨すら、くっついてはくれなかった。だがブリッジをしたり、油絵を描いたり、彫刻を彫ったりしはじめるとたちどころに病状が改善し、医師たちの言う「目覚ましい回復」が訪れてくれたのである。

今、私は健康に暮らしており、肺もあなたと同じくらい元気になっている。

ジョージ・バーナード・ショーの言葉を、あなたは憶えているだろうか？「人が不幸になるのは、自分が幸か不幸かあれこれ頭を悩ませる暇があるからだ」。とにかく活動し、忙しくすることだ。

時間はあらゆることを解決してくれる

ルイス・T・モンタント・ジュニア　ニューヨーク　西六十四番街　セールスおよびマーケット・アナリスト

私は不安のせいで十年間を失った。十八歳から二十八歳までの十年間――本当ならば、若者にとってもっとも実り多く豊かな十年間のはずだ。

今になれば、それもこれもすべて自分が悪かったのだと私には分かる。

とにかく、なにもかもが不安だった。仕事、健康、家族、そして劣等感。びくびくして、知り合いに会うのを避けるように道を渡ったりしたものだ。誰かとばったり出くわしても、鼻で笑われるのが怖くて気づかない振りを装った。

だが八年前のある日に不安を克服してから、今までほとんど不安とは無縁の生活を続けている。ある午後、私はある男のオフィスにいた。私よりずっと多くのトラブルを抱えているのに、出会った中でいちばん朗らかな男だった。彼は一九二九年に一財産を築いたが、すべてを失ってしまった。そしてまた一九三三年に財をなし、また失った。さらに一九三七年にまた金持ちになり、これもまた失った。彼は破産すると、敵や債権者たちに追い立てられた。だが、人びとをぼろぼろにして自殺へと追い込むようなトラブルも、彼にはどうということもなかった。

八年前あのオフィスで、私は自分も彼のように生まれたらよかったのにと神を呪っていた。彼はその朝受け取ったばかりの手紙を私に投げてよこすと、「読んでごらん」と言った。

意地の悪い質問がいくつも書かれたその手紙からは、怒りがにじみ出していた。もし私がそんな手紙を受け取ったら、動転してしまっていたことだろう。「ビル、どんな返事を書くつもりなんだい？」

「そうだなあ、じゃあちょっとした秘密を教えてあげるよ」。ビルが言った。「もし君が不安になるようなことがあったら紙と鉛筆を持ち出して、いったいなにが自分を不安にさせているのか書き出してみるといい。そして、机の右のいちばん下にある引き出しにしまう。で、二週間ほど経ってからもう一度見てみるんだ。もしまだ書いてあるのと同じことが不安なら、左の下の引き出しにしまう。そしてまた二週間待つ。紙にはなにも起こらず、ただそこにしまわれている。だけどその間にも、君を悩ませているトラブルには様々なことが起こる。私は分かったんだ。じっと待ってさえいれば、人を悩ませる問題など風船に穴を開けたみたいに消え去ってしまうものだとね」

私はその言葉を聞いて、思わずはっとした。彼の助言に従い始めてもう何年も経つが、おかげで不安などほとんど無くなってしまった。

時間は様々なことを解決してくれる。今あなたが悩んでいることも、きっと解決してくれる。

話すことも、指を動かすことすらも禁じられた

ジョセフ・L・ライアン　ニューヨーク　ロング・アイランド　ロイヤル・タイプライター社　海外事業部主任

数年前、私は自分を緊張と不安のどん底に陥れたある事件の証人として、出廷したこ

とがありました。裁判が終わって自宅へ帰る途中、私は列車の中で猛烈な発作に襲われました。心臓発作です。息をすることすらも、ほとんどできませんでした。

自宅へとなんとか辿《たど》り着き、医師に注射を打ってもらいました。自室までなどとても行けるような状態ではなかったので、リビングのソファで意識を失いました。ですが目を覚ましてみると、なんと近所の牧師が私のために最後の祈りを捧《ささ》げているではありませんか！

家族たちが深い悲しみをその顔に浮かべているのを見て、私は衝撃を受けました。自分はもうこれまでなのだと感じました。あとで妻から聞いた話では、医師からはあと三十分はもたないだろうと言われていたのだそうです。私の心臓はとにかく弱り切っていたので、話すことも、指を動かすことすらも禁じられてしまいました。

私はもともと信心深い人間ではなかったのですが、それでもたったひとつ「神に背いてはならない」ということは分かっていました。だから目を閉じて「どうか御心のままに……それが運命であるのなら、どうか御心のままに」と胸の中で繰り返したのです。

死を覚悟すると全身の力が抜けていき、恐ろしさも消えてしまいました。私は声に出さず「これ以上悪いことなど起こりえるだろうか？」と自分に問いかけてみました。思いつくのは、発作が激痛を引き連れて舞い戻って来ることだけです。そんなことになれば、私はすぐに神に召されてしまうでしょう。

一時間ほどソファに横になっていましたが、再び痛みに襲われることはありませんでした。私はふと、今死ななかったら人生はどうなるだろうかと考えてみました。そして、健康を取り戻すためならば何だってしてやろうと思い立ったのです。緊張や不安に自分の身をさらすのはやめにして、生きる力を取り戻すのです。

これが四年前のこと。それ以来私は、心電図を見て医師が目を丸くするほどに元気を取り戻しました。もう不安はありません。人生を歩む新たな意欲を手に入れたのです。

ですが、私が今の自分になることができたのも、人生の最悪を味わい、そこから這《は》い上がろうとしたからなのです。あのように最悪の状態を受け入れていなかったならば、恐怖とパニックで命を落としていたに違いありません。


ライアン氏が生き延びることができたのは、「起こりえる最悪の事態と向き合う」というウィリス・H・キャリアの魔法の公式を使ったからである。

偉大なる追放者

オードウェイ・ティード　ニューヨーク高等教育委員会　委員長

不安とは習慣である。私はこの習慣を、遠い昔に乗り越えた。私が不安と無縁でいられるのには、大きく三つの理由がある。

第一に、私はとにかく忙しいので、自分の身を滅ぼすような不安になど浸っていられないことだ。私は主要となる仕事を三つ抱えているが、どれもこれも、片手間というわけにはいかないフルタイムの仕事ばかりなのだ。コロンビア大学で教えながら、ニューヨークの高等教育委員会では委員長を務めている。さらに出版社のハーパー&ブラザーズでは、経済および社会部門の責任者でもある。その三つの仕事をこなしているだけで、私にはもうくよくよと思い悩んでいるような時間は無くなってしまうのである。

第二は、私が偉大なる追放者だからだ。ひとつの仕事から別の仕事にうつるとき、私は今抱えている問題のことなどはすべて心から追放してしまうことにしている。そうして次の仕事に移るのは、とてもいい刺激を与えてくれるし、リフレッシュになる。気持ちが休まり、心が晴れ晴れとしてくるのだ。

第三は、仕事を終えてデスクを片づけるときには、すべての問題を胸の中から追放してしまうよう心がけてきたことだ。仕事には、終わりというものがない。どんな仕事だろうといつでも未解決のトラブルを抱え、私の注意を自分へと向けようとするのだ。もし家にまでそんなものを持ち帰り夜な夜な頭を悩ませていたのでは、とても身が持たないうえに、不安に抵抗する能力すら失ってしまうことになるだろう。

オードウェイ・ティードは第二十六章『疲労と不安を予防する四つの習慣』で解説し

た、四つの習慣の達人である。

あのまま不安任せにしていれば、とっくに墓場行きになっていた

コニー・マック

私は六十三年にわたってプロ野球界に身を置いてきた。一八八〇年代にこの世界に入ったころは、給料などまるで貰《もら》えなかった。私たちは空き缶や遺棄された馬具などにつまずきながら、空き地で試合をしなくてはいけなかった。試合が終わるたびに観客たちに帽子を回し、寄付を募った。そうしてすこしばかり金を貰っても、父に先立たれた母や弟妹たちを養わなくてはいけない私には、とてもとても足りなかった。ときには、チームメイトたちとイチゴを穫《と》ったり貝を拾ったりして空腹を満たさなくてはいけないこともあった。

不安の種は山ほどあった。監督として七年連続最下位という苦杯を舐《な》めたのは、私ただひとりである。八年間で八百の黒星を喫した監督も、私ひとりである。そうして負け続けているうちに、私は食事も睡眠もとれなくなってしまった。だが、二十五年前に私はあらゆる不安と手を切った。あのときそうしていなかったら、私はとっくに墓場行き

になっていたことだろう。

リンカーンが大統領だった当時に生まれた私の長い人生を振り返り、私が不安を乗り越えられた理由を書いてみよう。

一　不安とは無駄なことであると悟ったこと。不安を抱いてもどうにもならず、自分の仕事をむしばむばかりである。

二　不安は健康を壊してしまうことを知った。

三　次の試合にどう勝つかを考えるのに忙しく、過去の敗戦を気にしている余裕などありはしなかった。

四　試合が終わって丸一日経つまでは、試合でミスを犯した選手にも気にさせないことを鉄則にしていた。監督就任当時は選手たちと一緒のロッカールームで着替えをしていたのだが、試合に負けるとどうしても選手を責め、敗因について口論になってしまっていた。だが、そんなことをしても不安になるだけだと分かったのである。人前で非難された選手は心底嫌気がさし、共に戦う気力を失ってしまう。だから「試合直後はどうしても責めずにはいられない」と悟った私は、試合後すぐに選手たちの顔を見るのをやめることにしたのである。敗因については、翌日に話し合った。そのくらい時間が経てば気持ちも鎮まり、選手のミスを大げさに受け止めなくなっているし、こちらが落ち着いて話すことができるおかげで、選手たちも自己弁護に走ったりはしない。

五　選手たちの欠点を指摘して士気をそぐのではなく、いいところを褒めて鼓舞することにした。チーム全員に、いい言葉をかけてやるよう心がけた。

六　疲れているときほど不安を大きく感じることに気づいた。だから一日十時間をベッドで過ごし、午後には昼寝をした。たった五分だけの昼寝でも、ずいぶんと違う。

七　行動し続けることで私は不安を遠ざけ、この歳まで生き長らえることができた。今私は八十五歳だが、自分が同じ話ばかりくどくど繰り返してしまうようになるまでは、引退しないと決めている。そんなざまになったら、それは自分が老いぼれたということだ。

コニー・マックは不安対処の本を読むことなく、自ら対処法を作り上げた。あなたも自分の過去を振り返り、かつて自分を救ってくれた対処法を書き出してみてはどうだろう？

一度にひとつずつ

ジョン・ホーマー・ミラー　『自分を見つめる（Take a Look at Yourself）』著者

ずっと以前、私は「不安からは逃げようとしても逃げ切れない。向き合いかたを変えて消し去るしかないのだ」ということを学んだ。不安とは自分の外側ではなく、内側にあるものなのだ。

歳を取るにつれ、不安のほとんどは時間とともに流れ去ってゆくものなのだと私は気づいていった。そう思えば、自分がたかだか数週間前になにに悩んでいたのかすら、思い出せないことがある。そこで私は「最低でも一週間経つまでは、自分の抱えた問題を振り返るな」というルールを作った。もちろん、それだけで消えてくれるような不安ばかりではなかったが、すくなくとも、そのせいで心が支配されてしまうようなことは無くなった。一週間が過ぎるころには不安が消滅しているか、でなければ私の向き合いかたが変わったことでそれほど気にならなくなっているのだった。

大いに私を助けてくれたのは、医師であり人生という名の偉大なる芸術家であるウィリアム・オスラーの本である。その中の一節が、私の不安の大半を吹き飛ばしてくれたと言っていい。

「なにかを成し遂げようとするのであれば、とにかくベストを尽くすだけ尽くして、あとは未来の手に委《ゆだ》ねることだ」

問題と向き合うときには、父から聞いた、あるオウムの言葉を私はモットーにしている。ペンシルバニアにあった狩猟クラブの廊下で、鳥かごのオウムが繰り返していた言葉だという。クラブの会員たちがやって来ると、オウムは「紳士の皆さま、一度にひとりずつ。一度にひとりずつ」と声をかけた。父は、問題と向かい合うなら「一度にひとつずつ、一度にひとつずつ」と私に教えてくれたのだった。その言葉に従い、一度にひとつずつの問題と向き合うようにすると心の動揺が鎮まり、重苦しい責任感や終わりの見えない仕事の中でも、落ち着いていられるようになったのだった。

「一度にひとつずつ、一度にひとつずつ」

彼もまた「今日というひと区切り」を生きることで不安を乗り越えた。あなたも、本書第一章を読み返してみてはどうだろうか。

青信号を求めて

ジョセフ・M・コオッター　イリノイ州シカゴ

少年時代から青年期、そして大人になるまで、私はとにかく不安に悩まされ続けてきた。不安の元凶は種々様々で、現実のものもあれば空想のものもあった。たまに不安を感じないときがあると、私はなにか忘れているのではないかと不安になった。

ところが二年前、私は新しい人生を歩み始めた。そのためには自分の短所やわずかな長所などを自己分析し、「綿密かつ正直な性格診断」をしなくてはならなかった。これをしたことで、すべての不安の源を突き止めることができたのである。

問題は、私が今日という日だけを精一杯生きようとしないことだった。昨日の失敗を悔やみ、未来にびくびくしながら生きていたのである。

「今日は、昨日恐れていた明日」という言葉は何度も耳にしてきたが、私にはそうは思えなかった。二十四時間の時間割を作って生活してはどうかとアドバイスも受けた。「自分がどうこうできるのは今日一日だけなのだから、今日を最大限に生きようとすべきだ」と言われたこともあった。そうすれば忙しくなり、過去や未来のことを不安に思うことなど無くなるというのだ。論理的なアドバイスではあったが、私にはどうしても、そんなことを実行に移す気にはなれなかった。

だがあるとき、闇を貫く光のように、答えが見つかった。一九四五年五月三十一日午後七時、ノースウエスタン鉄道のプラットホームでのことである。あの衝撃の瞬間のことは、今でも鮮明に憶《おぼ》えている。

私たちは、友人を何人か駅まで送ってゆくところだった。彼らは休暇を終えて、ロサンゼルス号で帰ることになっていた。まだ戦時中で、ものすごい人混みだった。私は列車には乗り込まずに先頭車両のほうへとホームを歩き、そこで足を止めると巨大な輝くエンジンを見つめた。線路を見渡してみると、大きな信号灯が見えた。黄色が点灯していたが、すぐに明るい青信号に変わった。機関士がベルを打ち鳴らした。「ご乗車ください！」と耳慣れたアナウンスが流れるとやがて列車は巨体を唸《うな》らせながら、三千七百キロの旅へと出発した。

心の中でなにかが蠢《うごめ》きだした。なにかの考えが形になりはじめていた。奇跡が起こる予感がした。そして、突然分かったのだ。あの機関士が、私の探していた答えをくれたのだ。彼はたったひとつの青信号の光だけを見て、長旅へと列車を出発させた。私が彼の立場だったら、きっと他の青信号もすべて青だろうかと不安になるに違いない。もちろんそんなことがあり得ないのは知っているが、それこそが、私が人生に求めていたものだったのだ。私はただ駅に座り込み、道の先にあるものを恐れてどこへも動けずにいたのである。

私は、さらに考え続けた。あの機関士は、道中どんなトラブルに見舞われるかなどと恐れてはいなかった。遅延があるかもしれないし、徐行しなくてはいけなくなるかもしれないが、だからこそ鉄道には信号システムがあるのではないか。黄色信号はスピードを落とし、のんびり走れと列車に伝える。赤信号は、危険だから止まれと伝える。だから列車は安全に旅ができる。なんと素晴らしいシステムなのだろう。

私は、なぜ自分の人生にはああいう信号システムが無いのだろうかと考えてみた。だが、実はあったのだ。神から授かった、決して誤動作など起こさない信号システムが。だが、どこにあるのだろう？　きっと神が創られた信号なの私は青信号を探し始めた。

だから、神に訊《たず》ねればよいのではないだろうか。私は、訊ねてみようと決めた。

そして今、私は毎朝神に祈ることで、その日の青信号を確認している。ときには、黄色信号に気づいてスピードを落とすこともある。赤信号を見つけ、事故になる前に停止することもある。この発見をしてからの二年間、私は不安を抱いたことなど一度もない。二年間で七百以上の信号を見つめ続け、人生という旅は「次の信号は何色だろう」という不安から解放された、ずっと安全なものへと変わったのだ。次の信号が何色だろうと、私にはどうすればいいか分かっている。

ジョン・D・ロックフェラーが四十四年も寿命を延ばせた理由とは

ジョン・D・ロックフェラーは三十三歳にして、初めて百万ドルを貯めた。そして四十三歳になると、世界最大の独占企業であるスタンダード・オイルを創業する。だが五十三歳のロックフェラーは、不安に捉《とら》えられてしまうことになる。不安と緊張に満ちた生活のせいで、彼の健康は蝕《むしば》まれてしまっていた。ジョン・K・ウィンクラーはロックフェラーの伝記の中で、五十三歳の彼を「まるでミイラ男のようだった」と書いている。

五十三歳のとき、ロックフェラーは原因不明の消化不良性疾患を患い、髪の毛どころかまつ毛まで抜けてしまい、残ったのはわずかな眉毛《まゆげ》ばかりになってしまった。ウィンクラーの伝記によると「病状は悪化の一途を辿《たど》り、一時は人間の母乳で生活するよう命じられた」らしい。医師は、彼は神経性脱毛症の一種、アロペシアにかかっているのだと考えていた。すっかり頭がつるつるになり帽子をかぶった彼の姿は、見る者をぎょっとさせた。後に彼はひとつ五百ドルのかつらを作り、生涯それをかぶり通した。

ロックフェラーはもともと、丈夫な体に恵まれた人物だった。農家育ちで肩はたくましく、背筋をすっと伸ばしながら力強い足取りで歩いた。だが気力も体力も充実しているはずの五十三歳の彼からは、そのたくましい肩も力強い足取りも影を潜めてしまっていた。別の伝記作家ジョン・フリンは「鏡の中に映る彼は、まるで老人だった。終わりの見えない仕事、晴れない不安、人びとに浴びせられる悪口雑言、眠れない夜、そして運動不足と休養不足でぼろぼろだった」と書いている。彼は世界一の大富豪になっていたが、一文無しでも食べないような粗末な食事を口にして暮らさなくてはいけなかった。当時の彼の収入は週に百万ドルだったが、そうした栄養食にかかるのは、せいぜい週にたった二ドルだった。医師は、少々の酸味を加えたミルクとビスケット数枚の食事しか、彼に許さなかったのである。肌の艶《つや》はすっかり褪《あ》せてしまい、まるで古びた羊皮紙で骨を包んでいるかのようだった。五十三歳の彼がそれでも死ななかったのは、大金を注ぎ込んで治療の限りを尽くしたからであった。

彼は、不安とショック、高血圧、気持ちを張り詰めた暮らしといったものを自ら抱え込み、自分を墓穴の手前にまで追い詰めてしまったのだった。彼は二十三歳にしてすでにぞっとするほどの決意で人生の目的を追い求めており、知人たちの言葉によると、「いい儲《もう》け話以外には、笑顔のひとつも見せようとはしなかった」そうである。首尾良く大金を稼ぐと彼は帽子を床に投げ出して勝利の踊りをしたが、逆に損をすると、すぐに体を壊した。保険には「百五十ドルは高い」と言って入らなかった。

ある夜、猛烈な嵐がエリー湖を襲った。ロックフェラーは船に積んだ貨物がだめになってしまうのではないかと心配でたまらなかった。翌朝になって共同経営者のジョージ・ガードナーがオフィスに行ってみると、ロックフェラーはもうやって来て、歩き回っているところだった。

「急げ！」彼が声を張りあげた。「今からでも保険がかけられないか、ひとっ走り行って確かめて来てくれ！」

ガードナーは早速市街へと急いで保険の契約を結んで来たが、戻ってみるとロックフェラーはさっきよりもぴりぴりと神経を尖《とが》らせていた。無事に積荷が到着したことを告げる電報が届いていたのである。彼はそれを読み、百五十ドルをどぶに捨ててしまったと思い、具合が悪くなってしまったのだ。あまりに体調が悪くなり、ロックフェラーは自宅に戻ってベッドにもぐり込んだ。当時彼の会社は年間五十万ドルを売り上げていたというのに、彼はたった百五十ドルのせいで寝込んでしまったのである。

彼には娯楽や運動に使うような時間はなく、金儲けと日曜学校の教壇に立つことの他には、何にも時間を割こうとはしなかった。共同経営者のジョージ・ガードナーが三人の仲間たちと中古ヨットを購入すると、ロックフェラーはひどく不機嫌になり、ヨットに乗ろうともしなかった。ある土曜日、ガードナーはオフィスでロックフェラーが働いているのに気づき、「おいジョン、ちょっとヨットで出てみないか？　きっと楽しいぞ。仕事のことは忘れて、楽しもうじゃないか」と声をかけた。ロックフェラーはそれを聞くと不機嫌そうに「ジョージ、お前ほど金遣いが荒いやつは他にいないよ。銀行の信用を無くしてしまうぞ。自分の信用だけじゃなく、僕の信用までね。とにかく、そのままじゃこのビジネスが駄目になってしまう。ヨットになんか乗らないよ。見たくもない！」と答え、土曜の午後じゅうオフィスで仕事に没頭した。

このユーモアと客観性の無さは、彼のビジネス・キャリアについて回った。後年彼はこう語っている。「この成功は一時的なものなんだと思わずにベッドにもぐり込んだ日は、一日たりともない」

数百万ドルという富を築きながらも延々とそれを失う不安に付きまとわれていたのだから、体を壊してしまうのも無理はない。遊んだり楽しんだりはしようとせず、劇場にも行かなければトランプもせず、パーティに出かけることもしなかった。マーク・ハンナが「他の部分は正常だったが、お金のことにかけては狂っていた」と言うとおり、まさしく金の亡者だったのである。

オハイオ州クリーブランドで、ロックフェラーは隣人に「人に愛されたい」と打ち明けている。だが冷酷で疑り深い彼を好きになる人は、あまりいなかった。モルガン財閥のジョン・モルガンも彼と商売をしようとはせず「あいつは好かん。あんな奴と取引するなんて願い下げだ」と言い捨てたという。ロックフェラーの実の兄弟も彼のことをひどく嫌い、「私の家族をあいつの手の内にある土地になど眠らせていられるか」と言って、子供の亡骸《なきがら》を一族の墓から掘り出し移してしまった。また、ロックフェラーの雇っていた従業員たちは、彼のことを恐れ、いつもびくびくしていた。皮肉なのは、ロックフェラーもまた彼らを恐れていたことである。彼らが業務上の秘密を漏らすのではないかと、不安に思い続けていたのだった。

彼は、人を心の底から信用したりせず、石油精製機器の独立業者と契約を結んだときにも、誰にもそれを秘密にして、妻にすら言うなと釘《くぎ》を刺した。「黙って仕事をしろ！」が、彼のモットーだった。まるでベスビアスの噴火口からあふれる溶岩のように黄金が彼の金庫へと流れ込み続けた。だが、その隆盛も極まったかに見えたころに、彼の帝国は突如として崩壊した。本や新聞や雑誌が、一斉にスタンダード・オイルの悪徳商法を攻撃しはじめたのである。鉄道会社との秘密契約や、冷酷な手段で競合社を叩《たた》くそのやり口が、次々と露《あら》わになっていった。ペンシルバニアあたりの油田地帯で、ジョン・D・ロックフェラーはもっとも嫌われた人物だった。彼にひどい目に遭わされた人びとは、ロックフェラーの人形を作って吊《つる》し首にした。本物のロックフェラーを青リンゴの木に吊したいと思っている人びとは、ごろごろいた。彼の事務所には、怒り狂った言葉で綴《つづ》られた脅迫状が止めどなく届き続けた。

ロックフェラーは、命の危険を感じてボディガードを雇うと、自分を取り巻く憎悪の嵐など素知らぬ顔をして「私を蹴《け》っても呪っても構わんが、邪魔になるようなことだけはしてくれるな」などと偉ぶってみせた。だが彼も、結局自分はただの人間なのだと気づくことになる。憎悪と不安とを受け止められず、体を壊し始めてしまったのだ。

この新たな、肉体を内部から蝕もうとする敵は、彼にとって理解のできない不思議なものだった。最初はこの「ときおり起こる体の不調を隠しながら」病気のことを心から追い出そうと彼は努めた。だが心の不安が引き起こす不眠、消化不良、そして頭髪の脱落などといった身体的症状は無視のしようがない。医師は彼に、ショッキングな事実を告げた。金と不安か、それとも命か、どちらかを選ぶように迫られたのである。引退しなければ命に関わると言われると、彼は引退の道を選んだ。だがその前に、不安と強欲と恐怖とは、彼の健康をすっかり壊してしまっていたのである。

アメリカ随一の女流伝記作家イーダ・ターベルは、彼と顔を合わせて衝撃を受けた。「彼の顔には恐ろしいような年輪が刻まれていました。あんなにも老いさらばえた人間を、私は見たことがありません」と、彼女はそのときのことを書いている。フィリピン奪還を果たしたばかりの当時のマッカーサー元帥より数歳若いはずのロックフェラーが「老いさらばえた」とは、いったいどういうことだろう? ロックフェラーの肉体の衰えは、それほどの憐《あわ》れみをターベルに感じさせたのだった。スタンダード・オイルを始めとする独占企業を糾弾する書籍を執筆するため取材をしていた彼女は、この一大帝国を築き上げたロックフェラーを好意的な目で見たりはしなかったろう。だが、人びとの顔色を窺《うかが》いながら日曜学校の教壇に立つロックフェラーを見た彼女は「自分でも意外な感情を彼に抱き、それが徐々に深まっていきました。彼が可哀想に思えてきたのです。恐怖ほど恐ろしい道連れが、他にいるでしょうか？」と書いている。

医師たちはロックフェラーの命を救おうと、彼に三つのルールを伝えた。彼は生涯、そのルールを守り通すことになる。

一　不安を避けること。どんな状況であれ、なにを不安に思ってもいけない。
二　リラックスし、屋外で軽い運動をたっぷりすること。
三　食事に気をつけ、腹八分目程度でやめること。

ロックフェラーの命を救ったのは、恐らくこのルールだろう。彼は仕事をやめてゴルフを憶《おぼ》え、ガーデニングをし、隣人とおしゃべりをし、トランプに興じ、歌を唄《うた》った。だが、それだけではない。「拷問の日々と不眠の夜とを渡りながら、ロックフェラーは自分を省みていた」と、ウィンクラーは言っている。人のことを考えるようにしたのである。いくら稼げるかなどと考えるのはぴたりとやめ、金でどれだけ人を幸せにできるかを考え始めたのだ。

つまり彼はその巨万の富を、人びとと分かち合い始めたのだ。とはいえ、易々《やすやす》とそうできたわけではない。教会に寄付をしようとすると、全土の聖職者たちは「汚れた金に触るな」と声を荒らげた。だが、それでも彼は寄付をし続けた。ミシガン湖のほとりに建つ小さなカレッジが借金苦で閉鎖寸前に追い込まれていると聞き、彼が数百万ドルの寄付をしたからこそ、今や世界に名高いシカゴ大学が誕生したのである。

彼は黒人たちにも手を差し伸べた。ジョージ・ワシントン・カーバーの事業を続けるため、タスキーギー大学をはじめとする黒人の大学にも寄付をしたのである。鉤虫《こうちゅう》撲滅にも尽力した。鉤虫の権威チャールズ・W・スタイルス博士が「ひとりあたり五十セントの薬があれば、南部に蔓延《まんえん》する鉤虫症が治療できるんです。その五十セントを出して下さる方がいないのです」と語るのを聞き、自分が出すと申し出たのである。彼は何百万ドルもの大金を注ぎ込み、南部の発展を妨げていた最大の元凶であるこの病気を撲滅。そのうえロックフェラー財団を設立し、全世界にはびこる病気と無知とに戦いを挑んだのである。

ロックフェラー財団に命を救われたことのある私には、特別な思い入れがある。一九三二年、私が中国にいたころ、中国全土にコレラがはびこっていた。中国の農民たちは、まるでハエのようにばたばたと死んでいった。そんななかでも、北京のロックフェラー医科大学に行けば、中国人でも外国人でも予防接種を受けることができたのである。私はそこで初めて、ロックフェラーの富がどう世界に貢献しているのかを目の当たりにしたのである。

歴史を振り返っても、ロックフェラー財団に並ぶような組織はどこにも見当たらない。特別な財団なのである。ロックフェラーは、世界のあちこちで有志の人びとがさまざまな形で活動しているのをよく分かっていた。さまざまな研究、大学の設立、医師は病と闘っている……。だがこうした有益な事業は、資金難のためにしょっちゅう潰《つい》えてしまっているのだった。ロックフェラーは、こうした志ある人びとの事業を乗っ取るのではなく、寄付をすることで彼らを助けようと立ち上がったのだ。世界にもたらされたペニシリンという名の奇跡をはじめ、彼の富によってもたらされた発見はあまりにも数多い。かつては五人中四人の子供たちを死に至らしめた病、脊髄膜炎《せきずいまくえん》であなたの子供が命を落とさずに済むのは、ロックフェラーのおかげである。さらに、マラリア、結核、インフルエンザ、ジフテリアなど、未《いま》だに脅威となる数々の病気の治療法も、彼の力により進歩してきた部分が大きいのだ。

そうしてお金を寄付したロックフェラー自身は、ついに心の平穏を手にした。歴史家のアラン・ネヴィンズは「一九〇〇年以降も彼がスタンダード・オイルへの糾弾を気に病んでいたという意見があるが、それは誤解である」と述べている。

ロックフェラーは幸福だった。すっかり生まれ変わり、不安とは手を切ったのである。生涯最大の敗北を味わった夜でも、ぐっすりと眠ったのである。

この最大の敗北とは、彼の築き上げたスタンダード・オイルに、史上最高額の罰金刑がかけられたことである。米国政府は「スタンダード・オイルは独占禁止法に露骨に違反する独占企業である」と糾弾したのである。法廷での闘いは、五年間にも及んだ。法曹界の頭脳を集結し、法廷史上もっとも長い闘争が繰り広げられたが、最終的にスタンダード・オイルは敗訴した。

ケネソー・マウンテン・ランディス判事が判決を読み上げると、弁護士たちはロックフェラーがショックを受けてしまうのではないかと心配した。彼がどれほど変わったのか知らなかったのである。

その夜、ひとりの弁護士がロックフェラーに電話をかけた。そしてやんわりと判決を伝えると、心配そうにこう言った。「あまりお気になさらないでください、ロックフェラーさん。今夜は、よく眠れますように」

ロックフェラーはこれを聞くと大声で笑い、こう言った。「ジョンソンさん、ご心配なく。ちゃんと眠りますとも。君こそ、気にしちゃいけないよ。おやすみ！」

かつて百五十ドルのために眠れなかった男の言葉である。ロックフェラーは、長い年月をかけて不安を乗り越えた。そして五十三歳で死ぬはずが、九十七歳まで生き長らえたのである。

結婚生活の危機を、セックスの本が救ってくれた

B・R・W

できれば匿名でこの話を紹介したくはない。だが、あまりにプライベートなことだから、本名を使うのもためらわれるのだ。ともあれ、これが真実だということは、デール・カーネギーが保障してくれるだろう。彼にこの話をしたのは、今から十二年前のことだった。

大学を卒業すると大きな産業組織で仕事にありついたが、その五年後、会社は僕に、はるばる太平洋を越え、極東支社の代表になるよう辞令を下した。アメリカを離れる一週間前、私は人生最愛の女性と結婚をした。だがせっかくのハネムーンで僕たちは——特に彼女は——互いに幻滅することになってしまう。ハワイに到着するころには彼女はもうすっかりがっかりし、胸を痛め、さっさと帰りたいと言い出すほどだったのだ。彼女を思いとどまらせているのは、せっかく見送ってくれた友人たちにそんな姿を見せるわけにはいかないという気まずさだけだった。

僕たちは東洋で二年間にわたり悲惨な日常を送った。僕はあまりに不幸すぎて、自殺を考えたことすらある。だがそんなある日、僕は人生を変えてくれた一冊の本に出会う。僕は大の本の虫なのだが、ある夜現地に住むアメリカ人の友人宅を訪ね、ぎっしりと本

が詰まった本棚を眺めていると、ある本が目に留まったのである。『完全なる結婚』という本で、著者はヴァン・デ・ヴェルデという人物だった。タイトルだけを見ると、安っぽいだけのつまらない本に思えた。だが、どうにも興味をそそられた僕は、その本を手に取ってみた。見たところ全般的に夫婦の性生活を取り上げた本のようだったが、かといって下品ではなかった。

もし誰かに「セックスについての本を読んでみなよ」と言われたら、僕はかっとなったことだろう。読むくらいなら自分で書いてやる、と。だが、とにかく僕の結婚生活は悲惨だったので、とりあえずその本を読んでみることにし、恥ずかしながらも友人に「この本を貸してほしい」と頼んだのだった。そしてこの本との出会いが、僕の人生を覆す大事件になったのである。僕だけでなく、妻にも読ませた。ふたりで本を読んだことで結婚生活は悲惨な地獄から、祝福に満ちた信頼の生活へと変貌《へんぼう》した。もし僕が百万ドルも持っていたら、きっとこの本の権利を買って出版し、何千何万の夫婦たちに無料で配って回るだろう。

以前、高名な心理学者ジョン・B・ワトソン博士が「セックスとは人生でもっとも重要なテーマである。幸福な男女関係にもっともひびを入れるのが、セックスなのだ」と書いているのを読んだことがある。もし彼が言うとおりなのだとすれば、セックスのことをよく知らないまま結婚し、将来の幸福を台無しにしてしまう夫婦がいるのだとしたら、それは無視できないことである。

もし、結婚生活に起きる誤りを学びたければ、G・V・ハミルトン博士とケネス・マガウアンの『人が起こす結婚の過ち（What is Wrong With Marriage）』を読むことをお薦めする。ハミルトン博士はこの本を書くために四年間も取材を重ねてきたのだが、こんなことを言っている。

「夫婦関係のトラブルと性生活とが無縁だという精神分析医がいたら、そんなに馬鹿げた話はない。むしろ、満足のいく性生活を送ることができたなら、多くの困難は消滅してしまうのだ」

あの悲劇を味わった僕には、これが真実なのだと分かる。

僕は、一冊の本によって結婚生活の危機を救われた。もしあなたが新婚夫婦に贈り物をするなら、カトラリー・セットなどはやめ、この手の本を探して贈るべきだ。どんな食器類を持って行くよりも、多くの幸せを運んで来てくれるのだから。

リラックスを忘れることは、ゆっくりとした自殺である

ポール・サンプソン　ミシガン州ワイアンドット　シカモア　ダイレクト・メール広告社

半年前まで、私はがむしゃらに人生を走り続けてきた。ずっと気持ちを張り詰めさせ、リラックスなどしたことがなかった。毎晩くたくたになるまで神経をすり減らし、ぐったりして帰宅した。なぜだろう？　それは「おい、君は自殺でもするつもりか？　仕事を減らしてのんびりしろよ」と言ってくれる人が誰もいなかったからである。

毎朝あわてて飛び起き、急いで朝食を済ませ、急いでひげを剃《そ》り、着替えをすると、車窓から飛び出そうとするハンドルを押さえつけるかのように必死に握りしめて車を職場へと飛ばした。そしててきぱきと仕事をし、急いで家に帰り、寝るときまで急いで眠ろうと心がけた。

そんな状態が続いてどうしようもなくなると、デトロイトの有名な神経専門医の門を叩《たた》いた。医師は、リラックスするよう私に言った（この本の第二十四章で書かれているのと同じ原則を、彼は教えてくれた）。働いていても、運転していても、食事をしてい

ても、ベッドに入っていても、リラックスすることを決して忘れてはいけないのだと彼は言った。リラックスを忘れることは、ゆっくりとした自殺と同じなのだと。

それからというもの、私はリラクゼーションを実践し始めた。夜ベッドに入ると、自然に眠りが訪れるまで意識的に体の力を緩め、ゆっくりと呼吸をした。今は朝になると、実に気持ちよく目覚められる。かつて、くたびれた気分で緊張とともに目覚めていたのとは大違いだ。食事中も運転中も、リラックスしている。もちろん、注意散漫に運転をしているわけではなく、神経ではなく心で運転をするようにしているのだ。リラックスすることがいちばん求められるのは、職場である。私は一日に何度か仕事の手を休め、自分がちゃんとリラックスできているかを確認する。今では電話が鳴っても、誰かに横取りされる不安に駆られて飛びつくようなことはない。そして誰かと話をしていても、眠っている赤ん坊のようにリラックスできるようになった。

その結果、人生はより大きな喜びと楽しみとに満ちあふれてくれた。今ではもう、神経の疲れとも不安とも、すっぱり縁が切れている。

私に訪れた本当の奇跡

ジョン・バーガー夫人　ミネソタ州ミネアポリス

私は完全に打ちのめされていました。心の中はぐちゃぐちゃで、問題だらけで、人生に喜びなどとても見出《みいだ》せませんでした。神経がぴりぴりと張り詰め、夜は眠れず、昼にくつろぐこともできません。三人の幼い子供たちは遠く引き離され、それぞれ別の親類に預けられていました。軍から戻って来た夫も別の町にいて、新たに法律事務所を立ち上げる準備に追われていました。戦争も終わり新たな出発に向け、私はとにかく不安と心細さで胸がいっぱいだったのです。

私は夫の将来や子供たちの幸福、そして当たり前の家庭といったものは元より、自分自身の人生すらも窮地へと追い込んでしまっていました。夫は家を見つけることができず、新たに建てるしか道はありませんでした。すべては、私の回復にかかっていました。そう思って頑張ろうとすればするほど、失敗への恐怖が私の中で膨れあがります。やがて私は、あらゆる責任が恐ろしくてたまらなくなりました。もう自分自身を信用することもできません。自分など生まれてこなければよかったのだと感じました。

絶望の暗闇に囚《とら》われた私に母が手を差し伸べてくれたのは、そんなときでした。この感謝を、私は決して忘れません。母は私の闘う気持ちを揺さぶり起こしてくれたのです。自分に負け、神経も心も荒れるに任せてしまった私のことを、母は叱責《しっせき》してくれました。「目の前の状況と闘うのではなく、恐れてどうする。人生を生きず、逃げ出してどうする」と、私を叱ってくれたのです。

その日から、私の闘いは始まりました。そしてその週末には、自分のことは自分でするからもう家に帰っても大丈夫だと両親に告げ、自分には不可能と思える壁を乗り越えようと決意したのです。私は、子供たちふたりとともに家に取り残されました。ですが夜はぐっすり眠り、食事の量も増え、だんだんと元気も出てきました。一週間経ったころ、唄《うた》いながらアイロンがけをしている私のところへ両親がまた戻って来ました。私は、自分が闘いに勝利を収めつつあることで、すっかり意気揚々としていました。この教訓を忘れることはできません。どうにもならないと思っても、人生から目を背けてはいけません。諦《あきら》めず、闘わなくてはいけないのです。

それからというもの、私はとにかく無理をしてでも仕事に没頭し続けました。そしてついに子供たちも夫も、みんなひとつの家に戻ることができたのです。私は「必ず逞《たくま》しく愛に満ちた母親になるのだ」と胸に誓いました。そして夢中になって、子供たちや夫の将来を、自分以外のすべての将来をちゃんと考え始めたのです。自分のことなど考えている暇はありませんでした。そんなとき、私に本当の奇跡が訪れたのです。

私は日に日に強くなり、無事に日々を送れる喜びと、将来の計画を立てる喜びと、生きている喜びを胸に目を覚ますようになりました。その後も、特に疲れているときには憂鬱《ゆううつ》がこっそりと忍び寄ってくるようなこともありましたが、そんなことで頭を悩ませたり、憂鬱になって当然だと思ったりさえしなければ、心の黒雲はゆっくりと薄らぎ、やがてすっかり晴れてしまうのでした。

あれから一年が過ぎ、私は今、無事に成功を収めた夫と、一日十六時間働いてでも守りたいと思う美しい家と、三人の健康で幸福な子供たちに囲まれています。そして私には、心の平穏があるのです。

挫折

モルナール・フェレンツ　ハンガリー人劇作家「働くことこそ最上の麻酔薬である！」

父から人生の座右の銘となる言葉を聞いたのは、今からちょうど五十年前のことだ。父は医師だった。私はちょうどブダペスト大学で法律の勉強を始めたばかりだった。ある試験で落第した。恥辱に耐えかねた私は、失敗の最愛の友、酒——細かく言えばアンズ酒——に逃げ道を求めた。

ある日、だしぬけに父が私を訪ねて来た。父はすぐさま、私の成績と酒とに気がついた。私は、なぜ酒に逃げたのかを彼に話して聞かせた。

父は、どうすればいいかをその場で教えてくれた。酒も睡眠薬も、どんな薬も、本当の逃げ道になどなりはしないのだと、彼は言った。本当に頼れる薬は世界中を探してもたったひとつだけ、それは「働くこと」なのだと。

まさしく父の言うとおりだった。仕事に打ち込むのはなかなか難しいものだが、徐々に人は慣れてゆくものだ。そこには、確かな麻酔作用と習慣性がある。そしてひとたび習慣になれば、守らずにはいられなくなるものだ。私はもう五十年間、この習慣を破ったことがない。

注　著者の許可を得て抜粋。『Words to Live By-A Little Treasure of Inspiration and Wisdom（導きの言葉――ひらめきと知恵の小さな宝物）』（一九四七年　サイモン＆シュスター、ウィリアム・ニコラス）より

不安で食べられなかった十八日間

キャスリン・ホルコム・ファーマー

三ヶ月前、私は不安のために丸々四日間眠れない日々を過ごしました。そして十八日間、固形物を一切食べられなくなってしまったのです。食べ物の匂いを嗅《か》いだだけで、気分が悪くてたまりません。あのむかつきは、言葉で言い表せるようなものではありませんでした。こんな気持ちを味わうくらいなら、地獄のほうがましだとすら感じました。頭がおかしくなるか、死んでしまうのではないかと思ったほどです。もう以前の自分には戻れないかもしれないと思いました。

人生のターニング・ポイントとなったのは、この本の見本誌をもらったその日でした。それからの三ヶ月間、私は一ページ一ページをじっくり読みふけりながら、人生の新しき道を探し求めてきました。すると、信じられないほど心の視野が広がり、気持ちが安定したのです。今はもう、日々の闘いにもくじけたりはしません。「自分を発狂寸前にまで追い込んでいたのは今日抱えた問題ではなく、過去のできごとへの不安や、まだ知らぬ明日への恐怖だったのだ」ということが、今の私には分かるのです。

今は、なにかを不安に感じ始めると、私はすぐに立ち止まり、この本に書かれた原則を思い出してみます。今日の仕事に追われて気持ちが張り詰めるのを感じると、すぐそれに打ちこみ、心から緊張を追い出してしまいます。

かつて私を半狂乱にしたような問題に直面したときには、落ち着いてこの本のパート1、第二章に書かれた三つのステップを実践してみます。まず「起こりえる最悪の事態はなにか」を考え、次にそれを心で受け入れ、そして問題と向き合い「必要ならば受け入れると決めた最悪の事態を、どう改善できるのか」を考えるのです。

自分ではどうにもできないことや、どうしても受け入れたくないことで不安になると、手を休めて短い祈りを捧《ささ》げます。

神よ、お与えください。
私には変えられぬものを受け入れる冷静さと、
変えられるものを変えるための勇気と、
その違いを見分けることのできる知恵を。

この本を読んでから、私は新たな人生を、美しい人生を歩むことができるようになりました。もう不安のせいで健康と幸福とを台無しにしたりはしません。一日に九時間眠ることもできるし、美味《おい》しい食事を楽しむこともできます。目の前のもやが晴れ、ドアが開かれたのです。自分を取り巻く世界の美しさを享受し、そこに喜びを感じているのです。今はこの人生と、こんなにも美しい世界に生きられることへの感謝でいっぱいです。

あなたにも、この本を何度も読み返してほしい。ベッドサイドに置き、自分に役立つ部分があれば傍線を引きながら読むことを勧めたい。この本を熟読し、あなたのために役立ててほしい。この本は、ただ「読めばいい」という本ではない。新たな生きかたを示すガイドブックなのだ。

本書は角川文庫のための訳し下ろしです。

新訳《しんやく》 道《みち》は開《ひら》ける

D・カーネギー　田内志文《たうちしもん》＝訳

平成26年 11月25日　初版発行
令和6年 4月15日　6版発行

発行者●山下直久

発行●株式会社KADOKAWA
〒102-8177　東京都千代田区富士見2-13-3
電話　0570-002-301（ナビダイヤル）

角川文庫 18853

印刷所●株式会社KADOKAWA
製本所●株式会社KADOKAWA

表紙画●和田三造

●お問い合わせ
https://www.kadokawa.co.jp/（「お問い合わせ」へお進みください）
※内容によっては、お答えできない場合があります。
※サポートは日本国内のみとさせていただきます。
※Japanese text only

ISBN978-4-04-101965-8　C0198

◆◆◇

角川文庫発刊に際して

角　川　源　義

第二次世界大戦の敗北は、軍事力の敗北であった以上に、私たちの若い文化力の敗退であった。私たちの文化が戦争に対して如何に無力であり、単なるあだ花に過ぎなかったかを、私たちは身を以て体験し痛感した。西洋近代文化の摂取にとって、明治以後八十年の歳月は決して短かすぎたとは言えない。にもかかわらず、近代文化の伝統を確立し、自由な批判と柔軟な良識に富む文化層として自らを形成することに私たちは失敗して来た。そしてこれは、各層への文化の普及滲透を任務とする出版人の責任でもあった。

一九四五年以来、私たちは再び振出しに戻り、第一歩から踏み出すことを余儀なくされた。これは大きな不幸ではあるが、反面、これまでの混沌・未熟・歪曲の中にあった我が国の文化に秩序と確たる基礎を齎らすためには絶好の機会でもある。角川書店は、このような祖国の文化的危機にあたり、微力をも顧みず再建の礎石たるべき抱負と決意とをもって出発したが、ここに創立以来の念願を果すべく角川文庫を発刊する。これまで刊行されたあらゆる全集叢書文庫類の長所と短所とを検討し、古今東西の不朽の典籍を、良心的編集のもとに、廉価に、そして書架にふさわしい美本として、多くのひとびとに提供しようとする。しかし私たちは徒らに百科全書的な知識のジレッタントを作ることを目的とせず、あくまで祖国の文化に秩序と再建への道を示し、この文庫を角川書店の栄ある事業として、今後永久に継続発展せしめ、学芸と教養との殿堂として大成せんことを期したい。多くの読書子の愛情ある忠言と支持とによって、この希望と抱負とを完遂せしめられんことを願う。

一九四九年五月三日